大夏书系 | 教师专业发展

校本研修的八条主张

黄建初 / 著

华东师范大学出版社
·上海·

图书在版编目（CIP）数据

校本研修的八条主张 / 黄建初著.
—上海：华东师范大学出版社，2023
ISBN 978-7-5760-3728-9

I.①校… II.①黄… III.①教学研究 IV.① G420

中国国家版本馆 CIP 数据核字（2023）第 042988 号

大夏书系 | 教师专业发展

校本研修的八条主张

著　者	黄建初
策划编辑	李永梅
责任编辑	薛菲菲
责任校对	杨　坤
装帧设计	奇文云海·设计顾问
出版发行	华东师范大学出版社
社　址	上海市中山北路 3663 号　邮编 200062
网　址	www.ecnupress.com.cn
电　话	021-60821666　行政传真 021-62572105
客服电话	021-62865537
邮购电话	021-62869887
地　址	上海市中山北路 3663 号华东师范大学校内先锋路口
网　店	http://hdsdcbs.tmall.com/
印刷者	北京密兴印刷有限公司
开　本	700×1000　16 开
印　张	15.5
字　数	229 千字
版　次	2023 年 7 月第一版
印　次	2025 年 6 月第二次
印　数	6 101-7 100
书　号	ISBN 978-7-5760-3728-9
定　价	59.80 元
出版人	王　焰

（如发现本版图书有印订质量问题，请寄回本社市场部调换或电话 021-62865537 联系）

目 录

序一　作为一个人：教师生命自觉的唤醒与培育　001
序二　教师学做研究的价值　007

主张一 | 改善心智模式　001

一　勇于挑战、勤于学习、善于反思
　　是优秀教师的共同特征　001
二　研究结论的验证　006
三　良师益友助成长　010
四　要有点学术气　017
五　行动研究助力教师改善心智模式　020

主张二 | 好实践长出新观念　027

一　教师研究与专家研究的"小异"　028
二　十年探索：在求善中求真　034
三　实现"理论联系实际"的行走路径　044
四　警惕经验带来的局限　046
五　借助"第三只眼睛"总结提炼经验　050
六　是嫁接，不是移植　052

主张三 | **何以走向日常化** *057*

  一 循着真问题做本土化教学研究 *057*
  二 课例研究把教学与研究合而为一 *059*
  三 有了主张，写作就不难 *066*
  四 教育写作日常化研究 *071*
  五 "写课"研究 *082*
  六 经验总结费思量——说时易，写时难 *089*

主张四 | **建立自己的山峰** *105*

  一 教师要建立自己的山峰 *105*
  二 职位有限，学术无边 *107*
  三 择友须谨慎 *109*
  四 善待青年 *116*
  五 变坐而论道为"田野研究" *122*

主张五 | **培苗先培根** *125*

  一 读书的甘甜 *125*
  二 关于读书的一次讨论 *131*
  三 培苗先培根——研修从读书开始 *136*
  四 永燃那不该熄灭的火种 *141*
  五 提高思维品质 *145*
  六 学一点中外教育史 *147*

主张六 | **用观察打开课堂"黑箱"** 149

　　一　　课堂观察回顾　150
　　二　　用课堂观察改变"有色眼镜"看人　154
　　三　　"发现"是课堂观察的重要价值　161
　　四　　教师介入学生学习活动的课堂观察　174
　　五　　用手机拍摄照片记录学习过程　178
　　六　　焦点学生和关键事件分析的课堂观察　185

主张七 | **用调查搜集证据** 191

　　一　　量化（数量）的证据搜集方法例析　192
　　二　　把质性的数据转化为数量关系的
　　　　　调查研究　198
　　三　　访谈（言说）的搜集方法　200
　　四　　体验的搜集方法　209

主张八 | **心灵世界的宽广** 211

　　一　　人的精神成长靠什么　211
　　二　　增添学术驱匠气　214
　　三　　立德传人与立言传世　217
　　四　　有悲悯情怀的教育研究　218
　　五　　在研究中找回"真我"　222
　　六　　净化心灵　225

后　记 227

序一

作为一个人：教师生命自觉的唤醒与培育

　　特级教师黄建初在我心中是一位令人尊敬的真正一线教育专家，或者用我近年来一直思考的一个概念来表达，他是我心目中真正的"教育学术人"。去年暑期，黄老师就嘱托我为这本书写篇序，但直到今春，我都迟迟难以下笔。过于苛刻的完美主义追求，三年疫情以来，一言难尽的倦累、茫然的生命情状，使得我很多次都想放弃，想做个不履行当初"承诺"的"逃兵"。因为我担心无法面对和把握这本用多年专注认真思考与教育热情写成之书所承载的那种"生命之重"——这个时代最为缺乏的那种发自"真心"的、珍贵的严肃性与神圣性。

　　黄老师在书中坦诚，多年前他就把"教师如何做研究"作为自己的聚焦方向和终身志业，这本书也是他前一本书《走向实证——给教师的教科研建议》未尽之意的实现。通过多年来对黄老师的了解和多次深入交流以及前后阅读他的两本书的学习体悟，我觉得黄老师是有独立人格与思想、有系统思考与研究、有丰富素材积累、有科学实证精神、有深厚实践智慧和有丰富生命趣味的教育学术人。对于本书中黄老师基于多年专业思考、资料积累和行动探索所提出的系列研修主张和精妙做法，我更多的是钦佩、欣赏与认同。作为一名教育基本理论的研究者与生命实践者，我可能更关注这本书后面的"人"的生命性状与深层底蕴。多年来，我一直思考和探索的教师主题可以表达为教师生命自觉的唤醒与培育，因此也想从这个角度切入，分享下阅读这本书的感受和思考。

教育学术人对于教育实践的关注不仅有"扎根"于教育之"术""用"的生产性的"实践兴趣"，还有"追根"于教育之"法""道"的深层性的"理性兴趣"。在我看来，黄老师在本书中对教师校本研修实践路径和方法的重视与探索，其背后也应该蕴含着这样的根本旨趣与深层教师人性假设——"作为一个人：教师生命自觉的唤醒与培育"，这才是古今中外一切教师研修包括教师校本研修的根本之"道"所在。"教师在学生面前呈现的是其全部人格，而不只是'专业'。"（叶澜语）作为一名教师，我所理解和表达的教师生命自觉即为如此：当我作为教师时，我把自己作为人丰富而美好的本质慢慢地展开，自由，投入，既是真我，也是忘我；当我作为人时，我把自己作为教师神圣而美好的本质美妙地展开，喜爱，享受，既是期待，也是等待。具体而言，教师生命自觉可以包括教师作为成长性生命的发展自觉、作为理性生命的理论自觉、作为希望性生命的价值自觉、作为学习性生命的反思自觉、作为关系性生命的交往自觉和作为日常性生命的努力自觉。在阅读本书的过程中，我都能清晰而敏感地触摸和感受到章节之中所蕴藏的这些教师生命自觉的丰富意蕴。

第一，教师作为成长性生命的发展自觉。对于高举精神与文明之重的职业，人容易倦息。因为所有的人都是平凡之躯的肉身凡人，灵与肉的冲突与距离，总是不能保证我们能时刻自如地承受着这生命之重。有时候，我们需要放下，但不是放弃。放下，是为了拥抱痛苦与伤口，汲取力量重新出发与再次成长。教师，本质上从事的是以"成长"为志业的职业，教师生命自觉的第一本质在于其意识到作为成长性生命的自觉。这种自觉，尤其体现在教师发展自觉的领悟与实践之上。外部名利与肯定性评价的增加，不是教师生命成长的本质；教师内部精神的丰厚与笃定、教育本质的不断洞识、教育思维方式的升级、教师职业境界的提升、教师生命发展的觉醒与自觉引领等才是教师生命成长的本质内涵。

第二，教师作为理性生命的理论自觉。我秉承教师成为教育学术人的观点，其出发点恰恰在于教师作为理性生命的内在本质要求。这种理性，不同于纯粹的理论理性或"学科理性"，它是一种教育情境中教育理论与教育实践互动生成中的综合性、生长性和创造性的生命理性。而如今，我们面临的是一个越来越趋向于"点赞社会"或"肯定性认同的社会"，"人们不再争辩，不再奋力寻求更好的理据，而屈服于制度强制"（韩炳哲语），个体甚至被"肯定性暴力"所裹挟，不敢在同质化的喧嚣中坚守和发出不同声音。教师总是容易处于各种洪流、各种强制、各种力量、各种制度、各种立场和各种"即兴"式选择的"裹挟"之中，需要作为理性生命的理论自觉。理论自觉，意味着教师对自己熟稔的经验、熟悉的世界、习惯的观念、自动的行为等产生"适度的陌生化"和"必要的理性与审美距离"。"痛则不通，通则不痛"，理论自觉会让教师有一种豁然通透感——"喔，原来如此！"这里，理论的视角、视野、方法、思维等都是帮助教师唤醒理性生命自觉的深层力量，帮助教师获得真正的教育理性。

第三，教师作为希望性生命的价值自觉。诚如帕克·帕尔默在《教学勇气——漫步教师心灵》中所言，"最用心的教师往往最容易受伤"。于是，在一个过度追求功利与外在绩效的社会中，许多人宁愿选择"不付出""少付出""少期待"，这样就会尽量"不受伤""少受伤""少失望"，把"失望"乃至"绝望"隐藏起来或进行回避。这样，教师也渐渐地不敢抱有希望，失去了与"希望"携手旅行的教育勇气、实践智慧乃至生命意向性。渐渐地，教师的生命会变得麻木，陷入一种精神的自我麻醉状态。当教师从希望性生命走入沦落之途，最后变得彻底麻木，那他或她就会成为教育世界里拿着薪资的"行尸走肉"，这对于自己、对于学生、对于教育都是最残酷的"背叛"与"戕害"。我会经常想起周星驰电影的一句台词："做人如果没有梦想，跟咸鱼有何区别？"而所有的职业中，教师又恰恰是最需要葆有希望性生命品质的职业，这份希望性是——为学生、为学科与文化、为教育、为社会、为人类的明天,也是为自己每个学期、每天和每堂课上不能再来的那段人生生命旅程。这种教师作为希望性生命的呈现状态,不是一种剧场式社会中的价值"秀"。它平淡如水又弥足珍贵,却一直为真正的教师所拥有。

第四,教师作为学习性生命的反思自觉。如果带着今日世界纷繁庞杂的教育问题与教师发展困惑,穿越回两千多年前的春秋时代,请教先师孔子:"夫子,您觉得什么才是作为一名教师最本质的东西呢?"夫子可能会微笑而自然地道出他毕生为之践行的答案:"学而不厌,诲人不倦。"这句意蕴深刻、含蓄隽永的话中,"学而不厌"自然在先,"诲人不倦"不可遗忘。教师的职业本质虽然重在"教"且"育",而其存在论上的优先性则必然蕴含着"与……(一起)学""让……学""使……学"的辩证性内涵。欲"教"且"育",反而首先要"学而不厌";这种"学而不厌",又内在地关联着"诲人不倦"的意向与实践,这也意味着学习性话语不能取代教育性话语,否则学习性话语会蜕化为一种系统性强制与话语暴力。"学而不厌,诲人不倦"是教师作为学习性生命自觉状态最优美而准确的中国化表达。古今中外所有的教师研修、培训、学习、教育、发展等,都渴望着这一通达而朴实的教师境界。对于"沉入"乃至"沉沦"于真实庞杂的日常学校教育场域之中的教师,唤醒其作为学习性生命的觉察与实践最关键的一点也许在于其唤醒与培育"反思的自觉"。"欲展彩凤双飞翼,心唯反思一点通",教育实践与理论是教师生命的双飞翼,而作为学习性生命的反思自觉则是联结这双飞翼的"一点通"。

第五,教师作为关系性生命的交往自觉。即使实践的落脚点之一是教师校本研修,但我们也要将教师的生命放到一个更加具有丰富关系性的教师生命大天地和大格局中去尊重与理解。在数字信息时代,世界逐渐成为一个全面链接或连接社会,但链接或连接并不等于关系。链接或连接也许更多的是某种物性意义上的表面"接触",而"关系性"则是生命彼此的实质涉入与深度回应。教师本质上是一种特殊的关系性生命——为了教育意向与教育实践转化创造的基于关系、融入关系、理解关系、转化关系与创生关系的"关系性生命"。如果没有这种对教师作为关系性生命的自觉领悟,关于教师的诸种教育、培训、研修、发展等实践操作都反而会让教师生命陷入越来越单

一、干涸和被奴役而不得解放的生命状态。作为关系性整全生命的教师，他或她要有一种基于此的生命交往自觉——与"天""地""人""事""物""道"等生命宇宙诸元的交往。他或她要与广袤的天地和世界交往，要与异质性的他者交往，要与各种"物"的古典与现代性状交往，要在与"事"的各种生活和教育遭遇中交往，要与符号阅读和写作中的精神生命交往，要与"虚无""大全""道"和"真理"交往，要与矛盾丰富的自我和高贵的孤独交往等。

第六，教师作为日常性生命的努力自觉。法国哲学家亨利·柏格森在其经典之作《创造进化论》中提出，物质是"向下"坠落的，生命则是"向上"的过程。作为实存世界中具有肉身之躯与日常之性的教师生命，他或她无法完全回避那些物质性的"向下"坠落惯性。而作为人类生命性状和精神事业中的一种特殊形态，教师的生命内在本质则要求其保持"向上"，一种越来越纯粹的"向上"。这就昭示着真正生命自觉的教师必然要拥有和修炼作为日常性生命的"努力自觉"。教师作为日常性生命的努力自觉，使得教师生命"是其所是，是其所应是"，包含着对教师生命的"伦理承诺"，其具有的生命意义是教师生命与教育的"诗性表达"（金生鈜语）。教师的努力自觉不是获得外在目标与功绩考核的工具，也不是为了努力而努力，而是源自教师生命的初心与本心——"成己成人"（叶澜语）。

对于"作为一个人：教师生命自觉的唤醒与培育"这样的话语或命题，从黄老师自己整个教育职业和教师生命发展的创造性历程以及他在书中所全面呈现的对教师研究、教师校本研修、教师共同体发展等方面的多年观察、体悟和实践而言，我相信黄老师应该于此与我"心有戚戚焉"！我也深深地期待真正热爱教育、尊重教师、感恩生命的教育实践者们、教育管理者们、教师教育者们和教育研究者们，一起唤醒与培育"作为一个人"的教师生命自觉！

李 伟

（笔名李牧川，教育学博士，华中科技大学教育科学研究院副教授、博士生导师，华东师范大学"生命·实践"教育学研究院研究员）

序二

教师学做研究的价值

教师学做教育研究很重要。一些聚焦于教师专业成长的课题，常常用本校教师获奖、发表文章作为证据证明研究的价值。这样的说辞多少有点牵强，说服力也不强。用获奖证明，不做研究的教师也获奖了。用发表文章证明，不做研究的教师也发表文章了。在教科研自己的圈子里说说教育科研的价值有多大，还可以找到听众，出了圈子别人往往不睬你，不买你的账。

教育科研如何证明自身的价值成了一个重要问题。

20世纪80年代起，在上海教育界有了专职从事教育研究的机构和专业研究人员。从此教育研究进入普教界，"科研兴校""科研兴教"达成共识，教科研成为促进学校发展和教师专业成长的抓手。

当今教育处在一个社会既飞速发展又乱象百出的复杂的转型时期，这就要求教师有明辨是非、真假的能力。当真假教育都出现在教师面前的时候，很有可能会让人迷失方向，不知所措。对教育的真伪，是良善还是伪劣的辨析，是教师与生俱来的吗？不是。是随着教龄增加而自然而然增加的吗？也不是。这种能力需要后天的修炼，通过学习、实践、研究、反思，练就一双慧眼予以明辨。我们假设教师的定力从教育研究中来，那么，教科研对教师产生了什么积极影响，需要予以证明。

一

我的书《走向实证——给教师的教科研建议》出版后，"大夏书系"的编辑做了一期"公微"，题目是《教师一定要学做课题研究吗？》，文章例举了我书中提到的傅鸿海老师的故事。我发现傅老师尽管没有做过立项、获奖的课题，但他用行动研究的方法从事数学教学研究，而且获得了丰硕的成果，得到专家和同行的一致称赞。

傅老师是一位高中数学特级教师。我曾经通过他所在学校的科研副校长，希望他能申报一个市级课题，却遭到他的拒绝。他愿意自己做研究，而不愿意受制于科研管理部门的种种制约。因为傅老师的教学业绩斐然，我曾经从他的案例中得出"不做课例，照样精彩"的结论。但这个结论后来被推翻了。

几年前，我主持惠南学区工作室培养骨干教师。2018年6月12日，我请傅老师给工作室教师做报告。他报告的题目是《求索奋进 无悔人生——浅谈教学研究与教师成长》。学员听得很投入。他在报告中说，为了做数学教学研究，他曾经整个暑假天天在图书馆看书、查资料。傅老师在数学教学上丝毫不懈怠，高中17年教学生涯（他毕业后先在高校任教，后来转入高中）从未用过相同的备课笔记。傅老师用自己的故事告诉我们，只有下苦功多学习，勤思考多总结，才能称得上好老师，才能成为研究型教师。听完傅老师的教学研究故事，我突然悟到他做的教学研究，虽然没有课题立项的批准书，没有结题的程序，但还是遵循了教育研究的基本方法和流程。

他先发现要研究的问题，比如数学的变式教学、数学"双基"教学与二期课改的关系、教育创新问题，然后到图书馆阅读做笔记，这就是文献研究法的体现。他把通过思考形成的解决问题的方法付诸课堂实践，看是否能够产生作用，学生成绩是否得到了提高，这就是行动研究的方法，暗含了研究的假设与验证的技术路线。最后是撰写文章发表，或在市数学教学研讨会上做发言交流，这其实就是研究成果的归纳和提炼，并且公布于众，以得到同行和专家的检验。这个过程与课题研究的程序相一致。

傅老师的研究与一位科研领导的观点一致，教师做研究要关注"真问题、真方法、真成果"。

二

教师通过研究能够成为研究型教师、专家型教师已经被多数人认同。我还发现教师参与研究可以改善心智模式。

2019年9月，我接受上海学习共同体研究院之邀，前往内蒙古赤峰市克什克腾旗（以下简称"克旗"）主持课例研究专题培训研修班，给50位骨干教师做培训。我把在上海南汇和浦东新区培养骨干教师的经验置放到克旗，做了一次验证性实验。由于克旗与上海的教育差异很大，我得到了对不同地区教师培养的再次实验。

从克旗骨干教师培养的经验中，我有了新的发现。我在《领航教师培养新视角》一文中提出参与研究的教师会改变自己的心智模式。何谓心智模式？每个人都有自己的思维定式，按照自己过去的经验和记忆，处理我们看到的那部分世界，然后在脑海里构建一个自己的世界。虽然身处同一个世界，但是每个人看到的世界、做出的反应是完全不一样的。我们会过滤掉世界上的大部分信息，只看自己想看到的那部分信息，并且用自己的经验和记忆解释这些信息，构建属于自己的世界，这就是我们所说的心智模式。

我在文章中阐述，领航教师的成长轨迹是什么是我一直思考的问题。透过表象细察领航教师心智成长的过程，或有启示。领航教师的成长需要经历心智模式转变的凤凰涅槃。我从隐性的视角分析领航教师的发展阶段，由低到高经历三个层级的更迭。第一层级，引发认知冲突；第二层级，转变心智模式；第三层级，成就教育信仰。

引发认知冲突不难。每一次学习共同体组织的教育峰会和大型研讨活动，参与者众多，常常出现教室里人满为患的局面。好多教师不仅参加活动，还撰写心得体会。阅读这些文章，能够看到教师原有的教育教学观念受到了冲击，说它有点刻骨铭心也不为过。

进入心智模式的转变之路非常不易，这从完成"凤凰涅槃"的领航教师案例可见。所以，从"引发认知冲突"到"转变心智模式"再到"成就教育信仰"，人数呈递减趋势。从"引发认知冲突"走到"成就教育信仰"的领航教师屈指可数，就那么几十个人。我对经过"心智模式"转变的教师充满敬意。领航教师程春雨对我说，要他再回到原来传授式教学一统天下的状态，他是回不去了。重要的是，他已经有了学习共同体教改的信仰。

"教育信仰"一词是克旗教研中心侯艳杰老师告诉我的，她是克旗课例研修班的班长。侯老师在参加了由我主持的培训活动后撰写的小结中提出了"信仰"，我觉得非常好。这也可以看作是侯老师"心智模式"转变的体现。

侯老师提到的信仰太有意义了。我一直主张教师要转变教育观念，这是根据我和教师一起开展学习共同体教改实验得到的启发。我始终认为，与方法技术的习得相比，转变教师的教育观念更难。一旦观念转变了，方法技术的拿捏，教师自有本领在。从侯艳杰老师的话语中我读出了更为深刻的含义，那就是比转变观念更深一层的"信仰"的达成。没有信仰，照样可以教学，但有了信仰，就有了战胜困难的勇气、信心和力量。

三

教师参与课题研究是转变心智模式的有效载体。

做课题研究需要先形成研究思路，做一个系统的规划；然后阅读相关文献，做调查研究和行动研究，收集资料数据并据此分析研究的成果；最后撰写研究报告，得出研究结论。这个研究过程对教师的挑战性很大，也是心智模式转变的过程。只有挑战性大才能在促进教师专业发展方面取得较大的收获。

文献研究是做任何一项课题的必要环节。文献研究可以梳理出课题的由来与当下的意义，辨析已有成果，获得理性认识。对教师来说，通过文献研究建立文献意识是学做研究的理由之一。

证据意识是学做研究的重要思想。刘良华教授把研究分为两大类：哲思研究和实证研究。两类研究的不同之处在于哲思研究以思辨搜集证据，实证研究以调查搜集证据。实证研究的通俗表达是"拿证据来"。

教育研究正在转型中，是从哲思研究走向实证研究的重要转型。哲思研究重思辨，实证研究讲证据。佐藤学教授的学习共同体研究倡导用课堂观察搜集证据做分析，就是实证研究的典范之一。通过课堂搜集证据，对课题研究颇有益处，也开拓了教育研究搜集证据的新思路。研究需要得出结论，结论需要有事实支撑。教师做一次完整的课题研究，学会运用调查法——课堂观察、课后访谈、问卷调查，还有实物分析来搜集证据，有助于建立证据意识，学会结论来自证据，无证据不轻易下结论。建立证据意识是倡导教师学做课题研究的理由之二。

学习共同体教改实验实施过程中，很多领航教师已经学会了课堂观察，也撰写了一批有质量的"课堂观察与分析"。但是，观课堂、察学生、析学习过程，怎样对所观察到的事实证据做出有意义的解读，成了横亘在教师面前的一道坎。刘良华教授的研究成果有助于我们开阔视野、找到方向。他的著作《教育研究方法（第2版）》（华东师范大学出版社2014年版）的封面上有一句话：走向有理论视角的实证研究。这是他的研究成果。刘教授为我们指明了方向。建立理论视角是倡导教师学做课题研究的理由之三。

做规范的课题研究除了能增进教师的文献意识、证据意识和理论视角以外，还有助于增强教师的问题意识（问题是研究的逻辑起点）、方法意识（研究是讲究方法的）和写作能力（写作促进思维发展）。

为了研究的需要，我们暂且把教师分为两大类：做过研究的教师和没有做过研究的教师。从总体上统计两类教师的获奖数、文章刊发数，前者明显要高于后者，这是一项证据。另外，也可以举例反证心智模式不同会对事物产生不同的看法。一位执教初中数学的乔老师，开展"数学思想方法"拓展课教学，与我交谈时津津乐道于学生参加市级数学竞赛的获奖数。我听了后问，假如学生明年参加竞赛，获奖数减少，怎么看？我说，即使明年参赛获奖减少，这门拓展课的价值依然存在。有过数学思想方法历练的学生，思维能力会明显高于没有参加过拓展课学习的学生。这就是数学思想方法对学生终身发展的意义。

关于心智模式改善的作用，陈向明教授和张东云老师在《阅读对教师专业发展的作用——以一位小学教师为例》中，举了一位老师的案例。这位老师参加了陈教授主持的教师行动研究工作坊培训，得到了心智模式的改善。她说：在参加工作坊之前，自己重点关注的是方法与策略，读的是《轻轻松松当好班主任》《做一个不再瞎忙的班主任》《正面管教》《卓越课堂管理》之类的书籍。从书中吸收的内容，大多是具体的"术"，选择接纳与不接纳的标准是方法是否有效。"这导致有一些方法是反教育的，我却难以分辨。与在工作坊阅读体验对比后，我发现当我只重视策略，不重视策略背后的理论时，行动很容易变形，导致形似而神不在。"而工作坊导师推荐的书籍大多涉及教育观念的转变，如《被讨厌的勇气》和《幸福的勇气》介绍的就是策略背后的理论基础。

陈向明教授据此得出结论——选择的书籍最好具有针对性，能够启发教师深入思考问题的实质，从自己的信念和价值观入手改变自己的心智模式，而不仅仅改变行动策略。这个结论对教师学做研究的价值也是极好的注解。

黄建初

主张一

改善心智模式

一、勇于挑战、勤于学习、善于反思是优秀教师的共同特征

1982年1月我从华东师范大学历史系毕业,分配到南汇县中学教历史,1991年调到县教师进修学校做教研员,1999年被进修学校任命担任科研室副主任。这份经历对我从事教育科研工作有好处,积累的经验是一笔财富。

20世纪末,改革开放的春风吹到教育领域,教师队伍出现了出走、调离的风潮。学校留不住好教师,怎么办?挡是挡不住的,唯一能做的是提高教师素质,培养一支优秀的教师队伍,以缓解压力。

我的第一个课题是"优秀教师成才的调查研究",对南汇县"康桥杯"优秀教师和"中路杯"骨干教师做问卷调查和访谈,形成了一篇调查报告。通过这次调研,我发现组织教学评选活动有助于教师的成长;对科研室来说,组织成果评奖也是一条路径。

2007年，我总结教师成长的规律，撰写了一篇文章投稿到《教育参考》期刊，编辑部主任徐本仁先生阅看了文章，建议我把三段内容的三个小标题做修改，由此归纳出三条路径12个字：勇于挑战、勤于学习、善于反思。文章的框架结构清晰了，逻辑关系也被梳理出来了，最终在编辑部主任徐本仁先生的指导修改后公开发表。

从调查研究报告到论文发表，中间还得到专家的"指引"——香港大学徐碧美教授的《追求卓越——教师专业发展案例研究》（人民教育出版社2003年版）一书中的研究结论指引了我之前积累资料的方向。这就是理论视角"照射"的作用，用理论视角"照射"资料，能够在"一堆乱麻中理出头绪"。

2007年，《上海教育科研》编辑部等单位组织"黄浦杯"长三角征文评选活动，我把《通向优秀教师的发展路径分析》一文投给杂志社，并最终得以刊登。

通向优秀教师的发展路径分析

勇于挑战——选择能突破自己能力极限的事做

优秀教师、名特教师必然是一个勇于挑战自己的人。有例为证。2006年，76岁高龄的特级教师钱梦龙先生在"全国第四届创新教育实验研讨会"主办方的一再邀请下，为参会的教师们上示范课。当这堂少浮华、重平实的课引起热烈反响后，中学语文特级教师李镇西给与会者讲了一个幕后故事：最初，钱先生接受邀请后准备上最经典的《死海不死》。后来，考虑到学生都是高中生而换成了《世间最美丽的坟墓》。可临参会前他又给换了。他说，老用自己上过的课去讲不好，于是就挑选了一篇全新的课外阅读文《睡美人》。

专家教师的挑战精神使人仰慕。也有普通的教师，在最平常的小事——选公开课的价值趋向上，显示出挑战的勇气。

有一位普普通通的初中语文教师不随大流，独辟蹊径。她说："学校要我在校内上一节运用多媒体教学的公开课，选什么内容上课呢？说明文一向因其枯燥乏味而不受学生的喜爱，不少老师也懒得下太大的功夫去捉摸它，但说明文又是广泛应用的文体，实用性特别强，广告、产品说明书、应聘材料等都是说明文，可以说，当学生步入社会后，接触最多、使用最多的还是说明文。作用之大与所受关注之轻的反差让我深思，我决定本次讲课就把多媒体搬进说明文的教学，希望因多媒体的介入，能让说明文教学也成为学生的所爱。"这位老师选课的价值取向显然与目前流行的某些选课取向不同，其中隐含着什么启示呢？

香港大学的徐碧美教授在《追求卓越——教师专业发展案例研究》一书中指出："人们迎接和寻找挑战的取向与态度和专家智能的发展这两者之间的关系表现为在迎接和追求挑战的过程中，需要超越本身的目前的能力水平而去学习新技能和新知识。这就是伯拉特和斯卡达玛丽亚[1]所说的'在能力边缘工作'。根据他们的观点，专家和非专家的差异是'专家……愿意处理那些能增加他们专家知能的问题，而非专家倾向于处理那些不超越自己能力范围的问题。当专家接受新任务或他们选择用挑战的方式来完成某一任务时，他们就能够形成超越目前水平的能力'。"这一研究结论告诉我们，教师的专业发展从某种意义上讲，就是去学习做教育需要的、我们原来不会的工作，发展就已经隐含在其中了。

勤于学习——让学习成为生活的组成部分

学习和培训，已成为新时期教师的必修课。但目前流行的学习和培训方式方法，到底对想成为优秀教师的同志起到了哪些作用，对这一问题我们还需要冷静地思考。

在讨论语文教学质量时，很多教师指出了语文教学中存在学生阅读严重不足的问题。教师有没有阅读不足这个问题呢？于漪老师在回顾自己的成长时，特别强调了学习在教师成长中的重要性。她说：教得好，首先是学得好，学得

---

[1] 伯拉特和斯卡达玛丽亚都是教育专家。

好才教得好。教师的词典里没有一个"够"！教海无涯学为舟。这句话很精辟，是于漪老师经验的高度概括。课改如火如荼，教学既新又变，但缺乏以学习为基础的理论宽度和认识深度，缺乏历史意识和哲学自觉，这种变革难以跨越现实达到理想的彼岸。以新课程标准提倡的核心理念"以学生的发展为本"为例来讨论，把"以学生的发展为本"内化为教师自己的认识，需要学习很多内容，因为它的理论基础有很多。我们只有通过学习，不断提高自己的认识，才有可能变盲目为清醒，变"跟风"为自觉。

以上是教育知识方面的学习。其实，广泛的阅读也是优秀教师必备的特征。优秀教师常常会用与众不同的独特视角，去发现问题并试图解决问题，而伴随着这表象的背后，必然是广泛的阅读、持之以恒的思考与实践。

向明中学有一位丁老师，教育之余学习研究博弈论，然后以博弈论的视角剖析当前的减负问题，写了《"减负"博弈》的文章，发表在《上海教育科研》上。丁老师的研究虽然无法改变目前学生负担过重的状况，但他从博弈论的视角解说减负，至少为我们提供了新的参考。

学习可以使教师的工作更趋理性。"教师怎样诠释和表征他们在教学中遇到的问题十分重要。如果问题表征不准确，他们只会找到错误的解决方法。"[1]而要做到这一点，学习是必修课，是达到新水平的桥梁。

优秀教师、名特教师必定是自觉的学习者。

善于反思——通过研究形成反思的习惯

研究是教师养成反思习惯的捷径。一位教中学物理的朱老师完成了一项课题研究，题目是"高中学生物理问题解决调控的指导研究"。

在教学中，朱老师碰到了这样的问题：上课时学生听懂了，但解题时出错了。初诊：学生没听明白，学生没有做较多的习题。通过对试卷的分析与对学生的访谈，朱老师发现试卷中80%左右的错误是在学生已经具备相关

---

[1] 徐碧美.追求卓越——教师专业发展案例研究[M].北京：人民教育出版社，2003.

知识与技能的情况下发生的,导致这一类错误的原因有两方面:一是学生未掌握物理问题的解决策略;二是解题过程中的"焦虑"的影响。结论:学生自主调控的意识与能力普遍较弱,教师必须加以指导,及时介入。在制定研究方案的过程中,他学了有关理论,参考了有关文献,发现有专家强调"调控"的重要性。有实验证明,物理教学要求学生写出解题策略,成绩有明显提高。朱老师决定对所教学生实施调控策略的指导。调控指导分为课内与课外两个途径。调控策略分为策略调控指导和心态调控指导两方面。朱老师研究出了"物理问题解决调控算法"图解,供学生使用,对心态焦虑的学生进行个别指导并收集了大量数据进行分析,证明了调控指导对学生的帮助是有效且可行的。

从朱老师的案例我们可以悟出一些道理:研究助朱老师成功,反思使朱老师成长。一些教育中的顽症,我们仅仅用熟悉的方法去解决而不能解决时,必须借助新思想、新方法,需要换一种视角看问题,寻找新方案。在这个过程中,反思无疑是走出困境的重要因素。

对于教师来说,不断地反思,在看似没有问题的地方找到问题,尝试用新的视角、新的方法提出并解决改革中涌现的大量问题,是成为优秀教师、名特教师的唯一坦途。徐碧美教授在《追求卓越——教师专业发展案例研究》一书中说:

> 在专家教师知识的发展中,有意识的思考和对经验的反思是很重要的。专家会质疑那些所谓的最佳策略和棋着在当前具体的环境中是否仍然有效,即使仍旧有效,它们是否还是最佳的策略或棋着。我认为,进行有意识的思考是专家知识得以发展的关键。

我们在分析上海的名师时,发现一个值得注意的现象:名师之所以为名师,是因为他们都把学习作为自己生活的一种方式,把挑战看作自己的天职,把反思当成一种习惯。当我们在不知不觉中,选择能突破自己能力极限的事做,让学习成为生活的组成部分,通过研究形成反思的习惯,那么,我们离名师已经不远了。勇于挑战、勤于学习、善于反思是支撑优秀教师、名特教师的"三足",又是通向优秀教师、名特教师的坦途,我们要持之以恒,积水成渊。

二、研究结论的验证

1 师峰有路研为径

教师培训是进修学校的一项中心工作,我应邀到中小幼学校讲课,以《通向优秀教师的发展路径分析》一文为核心,形成讲课稿"师峰有路研为径",前半部分讲优秀教师的特征——"勇于挑战、勤于学习、善于反思",后半部分讲自我修炼的行走路径——一是学做课题研究,二是参加学习型组织,三是撰写博客文章。所举的例子有钱梦龙先生、于漪老师、吴非老师、张雪辉老师、朱佩明老师、谢云("江湖一刀")老师、侯登强("随火车远行")老师、孙明霞("生命的色彩")老师,等等。

"师峰有路研为径"的讲题有过数次修改。当我发现有很多教师"不做课题,照样精彩"后(40年前,没有课题研究一说,照样有大量的优秀教师出现),便将讲题改为"优秀教师成长路径分析"。而后又想到,对一般教师而言,"12字"的成长路径难道不适合吗?于是,又修改成"教师成长路径分析",对青年教师讲课也有作用。

2017年,我请"不做课题,照样精彩"的傅鸿海老师给惠南学区青年骨干教师讲他的成长经验,结果发现他虽然不做课题,却一刻也没有离开对教学的研究。他研究数学教学的路径、程序,其实就是行动研究的套路——从发现问题开始,阅读教育经典和教育经验文章,把思考和假设置放到课堂里实施,看看效果如何,最后撰写成文章公开发表、宣讲。

重新审视我的观点,发现"师峰有路研为径"没有错。回看来时路,我的研究结论虽然有过"否定之否定"的兜兜转转,末了依然回到了原点——研究是优秀教师成长的一条坦途、通衢。

2　以优秀教师的范例再验证

2009年，孙明霞老师出了《用生命润泽生命》一书，是她在博客"生命的色彩"上撰写的教育随笔集，里面的文章大都是她对课堂教学的研究。我感到这本书会对教师有启发，于是推荐各校购买，组织教师阅读。那时，购买此书得到了济南一家小书店"思之源教育书店"董老板的协助，董老板给孙明霞老师介绍了我。经过我的学员钱洪海老师的牵线，我和孙明霞老师认识并成为朋友。

2010年暑期，张文质老师组织了"生命化教育"全国研讨会，地点设在江苏南通，我带领学员数人参加了研讨会。孙明霞老师在会上上了一节课，还做了报告。南通那次研讨会之后，我有感而发撰写了教育随笔——《明霞道路及其意义》，挂在刚刚开设的博客上。这篇文章被《教师月刊》主编林茶居先生发现后，他托孙明霞老师嘱我暂时撤下，供《教师月刊》登载，而后再挂出。我欣然应允。于是，一篇经过林主编修改的文章在《教师月刊》得以刊登。

明霞道路及其意义

以明霞老师的成长轨迹比照基层教师的成长，我以为，她所走的是一条一线教师可以走的发展道路，我把它称为"明霞道路"。

何谓"明霞道路"

明霞老师走了一条自我发展（当然也包括借助外力推动自己）的道路。明霞老师在博文中说："有一次，一位农村学校的老师很认真地问我，同样是普通老师，你在这几年进步这么大，有什么秘诀吗？我如实相告——真没什么秘诀，就是多读书、多学习、多交往、多思考而已，就这么简单。关键还是个态度问题，你想进步，就得抛掉那些世俗杂念。心地净朗了，稍稍一点外力就能起到巨大的推动作用。假如自己没有进步的愿望，外力再大也无济于事。"在谈到自己成长的"关键处"时，明霞老师说了一句至理名言："给自己创造学习的机会，自己给自己的教育投资。"此话是对"明霞道路"的最好注释。

读书、求教、实践，是明霞老师的成长定理，或者说是她的专业成长关键词。她坦言，自己买书是"一摞子、一摞子"地买；她装修房屋时，最关心的就是书房，她的丈夫在向朋友介绍新房时最为自豪的，也是那个宽敞明亮的书房。书房里的一本本藏书的背后，是一个个精彩的读书故事。她说，走出去才知道自己的视野太狭窄了。她曾经"转战"南北东西，自费参加各种教育教学活动，抓住各种机会与专家、学者交流，为自己感到困惑的教育教学问题求教。这些年，她先后结识了朱永新、杨瑞清、陶继新、卢志文、肖川、张文质等教育名家，并从他们身上感悟到了丰富的教育智慧，获得了对教育的深刻理解。而所有这些，逐渐造就了她自成一体的教学风格和精彩课堂。

明霞老师的行动，完全出于内在的需求，而非外力所致。除此之外，明霞老师还爱好教育写作，写教育博文。她通过写教育博文，把自己的行动变成文字，把文字变为思考的载体，在反思中提炼自己，也把自己的独特思考和有效的教育技能毫无保留地奉献出来，供大家学习、借鉴。

教师的工作特点是慢工出细活，它需要恒心和毅力，需要细水长流的缓慢过程。凡是来得快的教改，往往去得也快。教育肯定有其不变的东西蕴含其中。我感觉明霞老师紧紧抓住了这个"不变的东西"，因此才形成了丰厚而扎实的教育观、学生观、人生观，这使她不仅与众不同，而且出类拔萃。

明霞老师说过："个人的力量是卑微的，但不等于我们可以无所作为。我们的大环境不好，但我们可以在有限的空间内做力所能及的事。我们无法改变天气，天要下雨，我们至少可以撑起一把伞，为自己也为学生遮雨；我们不能把黑暗驱走，我们至少可以点一盏灯，照亮一条小路。条件再恶劣，我们在课堂上也要关注学生，让学生少受一点伤害。"

她还说过："一个真正好的教师不是'生物教师''语文教师''数学教师'，而是'教师'，是一个眼里有学生的教师。我们教师的教学不仅仅是传递知识，更重要的是育人。"

正因为有这样的独立思考和深刻见解，才有生命课堂的不断创新。更难能可贵的是，明霞老师把这一切都化为与学生的生命对话和共同成长。

"明霞道路"的意义

首先，明霞老师的成长历程，对那些教育教学条件比较艰苦的老师来说，尤其具有效仿意义。因为改变心态、上网学习、撰写教育随笔等，都不是很难的事。所以我觉得，"明霞道路"是每一位教师都能走、走了必然会有成效的路，关键就看你在这条道路上行走时间的长短和行程的远近。明霞老师这个榜样，对那些以外部条件论自己发展的教师，无疑是一帖"清醒剂"。

其次，明霞老师的成长道路，对我们认清教师培训的种种误识和盲动，使教师培训行走在正常、有序、有效的道路上，也有一种提醒和警示的作用。

有位青年教育干部数次被培训班"培养"，他自己调侃：某领导的报告我已经听了三遍了。领导出席培训班开班仪式，体现对开班的重视，这也没有什么不好。但如果只是做"无病呻吟"式的报告，白白耗费大家的时间，教师怎不议论纷纷！此外，培训考核的分数指标、形式主义风行的那些培训，也着实让教师不喜。学分，本是衡量的标准，但是当学分变成培训追求的目的时，培训就已经走了样、变了味。

我们不能太急。教育是慢的艺术，教师成长也是慢的艺术。那种集中数天的专门式培训，看似重视有加，其实是"狂吃狂饮"，不倒教师的"学习胃口"、不让教师生出"学习肠胃病"才怪。

明霞老师的成长体现了一个先有厚积后有薄发的过程。我以为，在她几十年的教育生涯中，不仅有一个教育教学经验积累的量变过程，也有一个教育思想教育行为产生质变的过程。没有厚积，何来薄发？这对那些只想"膨化成长"的渴望一夜暴富者和变着法儿想走捷径者，无疑是一个"警示牌"。

对教师的培养，我们必须注重心灵世界的丰富和精神世界的建设，无高尚何来高远；我们必须尽可能减少急功近利，多一些淡泊从容，无清净何来志远；我们必须充分激发教师的内在动力，让专业发展成为教师自己的不懈追求。

外力太过，会让人产生依赖和惰性，导致"厌食"。外力太过，躺在外力上的人，干脆就等外力来作用了，自己的内驱力反而日见消弭。这是教师培养中的辩证法。

孙明霞老师的成长让我看到了内驱力的作用，看到了写作的意义。

2010年4月10日，孙明霞老师专程利用双休日来南汇与我会面，我给她安排了两个报告——"我和生命化教育""教师的读书与写作"。听众有我工作室的学员、傅雷中学及其学区教师、东城幼儿园和绿苑幼儿园的教师，还有一些慕名而来的教师朋友。

傅雷中学教师之前利用寒假阅读了《用生命润泽生命》，还撰写了读后感。他们惊奇于傅国庆校长居然把作者请来了，在"真人"面前感悟"生命化教育"的真谛，美妙无比。东城幼儿园的丁园长和孙明霞老师一见如故，那种情感的生发，很难在其他情景下复制。

孙明霞老师返回泰安后撰写了长文《春天的故事——上海浦东（南汇）之行散记》在博客上挂出，让我们也跟着"风光"了一回。见贤思齐，我和学员的一批博客由此诞生。

孙明霞老师读了我的《通向优秀教师的发展路径分析》一文后对我说，她的成长也是走了勇于挑战、勤于学习和善于反思的道路。她的事迹也印证了我的研究结论。

随着教师教育这项工作的实践推进和学理归纳，我有了新发现。

三、良师益友助成长

转行做普教科研工作不久，青浦的老科研主任郭德峰老师就告诉我，做科研"案头的活"很多。所谓"案头的活"，就是读稿、改稿、写稿、荐稿的那些事。《上海教育科研》是上海市教育科学研究院普通教育研究所（以下简称"上海市教科院普教所"）主办的刊物，也是上海普教科研的领头刊物，与稿子打交道就免不了与《上海教育科研》交往。编辑的使命在于办好刊物，我的追求在于做好科研工作，稿子成了我和《上海教育科研》编辑们交流、交往的桥梁，由此也与编辑们慢慢地熟悉了。《上海教育科研》见证了我和老师们在编辑指导和照应下的成长，也见证了我从教育科研的新手成为行家里手的过程。

2012年，《上海教育科研》编辑部等单位组织了"黄浦杯"长三角征文评奖活动，主题是"成长纪事"。我回顾了自己在教育科研路上的成长，撰写了《我的良师益友》一文投了过去。文章称赞了《上海教育科研》的编辑们对基层教师的悉心指导和支持。张肇丰副主编告诉我，文章写得很好，只是用"良师益友"作题，对杂志来说有自我吹嘘的嫌疑，建议把题目改成中性的《稿子背后的故事》。我欣然同意，也因此领教了一次何谓谦虚，以及怎样做到"零修辞写作"。

稿子背后的故事

第一篇文章被刊登

我在《上海教育科研》上发表的第一篇文章，是一篇案例，题目是《创新与完美——一次幼教研究成果展示活动引出的思考》（载《上海教育科研》2001年第6期）。我入普教科研这行较晚，是在1999年，此前做过历史教师和历史教研员。因为曾写过好多历史教学论文，被领导认为有点科研"细胞"，需要时就改行做了南汇区（现浦东新区）教师进修学院的科研主任。当时的普教科研既不普及也不"群众"，课题大多是领导领衔，科研主任执笔而已。如何体现普教科研群众性的特点，几次开会听到了其他区县老科研主任颇有见识的争论，促使我在思考辨析中、在拓展教师研究方法上进行尝试。

为了寻找适合教师做的科研方法，我注意到《上海教育科研》倡导的教育案例。一次，在参加石笋幼儿园的科研展示活动中，得知幼儿园在准备过程中一波三折的故事，我感到这是一个值得撰写的案例。我和幼儿园的科研主任唐叶红老师商量，她写活动的准备过程，我写评析。文章初成，发表成了难题。那时经验论文几乎"一统天下"，案例还没有被认同。有一天，机会来了，同事告诉我,《上海教育科研》杂志的张肇丰副主编来南汇参加区教育局后备干部培训班的导师会议,就在学院的会议室。我怀着忐忑的心情,带着这篇稿子前往会议室见张老师。我给张老师说了案例稿子的事,他很感兴趣,让我等他的回音。几天后,他来电告诉我,稿子的基础不错,只是有几个地方需要修改,题目也希望我再推敲一下。我初定的题目是《创新与保守》,张老师认为,"保守"一词还需要推敲,否则会把稳健态度推向错误,不利于文章的讨论。我很是赞同,也对文章题目的推敲和案例研究的内涵有了新的认识。

后来,《创新与完美——一次幼教研究成果展示活动引出的思考》在《上海教育科研》杂志上刊登了。我由此开始了在区内推广案例的研究。我认为,案例不仅在于讲一个故事,重要的是故事后的评析。我对老师们说,虽说是评析,实际上在写作时是先做分析,再做评论,这样文章才比较通顺。

案例写作引起了更多的关注,由上海市教科院普教所、《上海教育科研》编辑部和闵行区教育局联合举办的征文活动就以案例为文体形式,南汇区的案例研究推广成效也在征文活动中得到了证明。为了总结经验和激励教师,我还在征文颁奖后组织了一次关于教育案例的讨论会。

教育案例的成功推广给了我信心。在第二年南汇区举行的科研成果评奖活动中,我尝试着把案例作为评奖的文体单列出来评选,区内教师们踊跃参与,共收到 200 多篇教育案例。

一所学校被报道

我在对一所农村小学——滨海小学的调研中,发现这所因问题太多而几乎要被撤并的学校,在连续做了"校本培训促进教师成长"等课题后,踏上了自主发展的道路,一批教师通过教育科研获得成长,教学质量也得到迅速提高。我向《上海教育科研》的副主编马联芳老师汇报了这所学校的情况,希望他们来挖掘经验。

没过多久,马联芳老师等一行四人驱车近百里,来到滨海小学,实地听取汇报、看资料、做访谈。马老师特意请了上海市教科院普教所政策研究室的李伟涛来写这篇报道。一篇关于滨海小学办学的经验，在《上海教育科研》2004年第9期"一线传真"栏目刊出，题目是《开发教师人力资源　谋求学校自主发展——上海市南汇区滨海旅游度假区小学自主发展的成功实践》。

一所名不见经传的农村小学，能够得到编辑们的青睐，我十分感慨。马老师告诉我，他们正在把视线从那些名校转向一些尚不知名的农村偏远学校。挖掘这些学校的经验，对于办好教育的意义不亚于名校。

滨海小学办学的报道，促使我关注学校办学经验和优秀教师经验的总结。2008年，南汇第一中学的青年班主任丁秀清老师一篇关于工作经验的文章《以爱润心　以严导行》经我推荐，刊登在《上海教育情报》杂志上。之后，我又相继撰写了《十年磨剑育人才——南汇区少体校马骏校长办学探微》《政通人和——南汇新港中学调研纪实》《办好农村学校的"三灶诠释"》等文章。

其实，经验总结很重要，尤其是在基层。许多校长、教师面对自己的实践业绩，不知道该如何进行总结和提炼，优秀的经验往往是不被人知晓的，十分可惜。要让他们自己总结提炼，因为"熟悉的地方无风景"，往往不知从何说起。因此，需要有"第三只眼睛"看实践，需要有教育研究的专业人员深入基层，帮助一线教师运用经验总结法或教育叙事研究，来挖掘教育智慧。

一次讨论的前前后后

《上海教育科研》在2010年第6期上刊登了一篇写我和我教育科研名师工作室学员的《关于"教师研究"的问题讨论》特约稿，由此开启了杂志重点策划的一项关于教师研究的大讨论。这代表我们也参与其中，我们倍感荣幸：不仅参与了一次重要的活动，而且增长了见识和才干。

我对教师做研究甚为关注，我的学员大多数是基层学校的科研主任，他们有从事研究的基础。在一次征求对培训的意见中，他们建议我开展几次讨论，不要只让他们当听众，也要听听他们的言说。于是，我们有了若干次内部的小型讨论会，讨论涉及教师的研究、教师的写作、教师的读书等问题。张肇丰老师知道后，希望我能把讨论记录整理后给他看看。他阅后建议我专门组织一次关于教师研究的问题讨论。

后来我才知道，他正在酝酿进行一次关于"教师研究"问题的讨论。

我和张肇丰老师在正式讨论前的交流有数次，讨论的题目从草拟到正式确定，前后有好多人参与，最后的五个讨论题是张老师提炼确定的：（1）教师的研究与专家的研究有什么区别？（2）教研活动算不算做研究？（3）教育叙事、教育随笔算不算研究成果？（4）课题研究是不是教师专业发展的必要能力？（5）教师研究需要什么样的规范？这些问题直指普教科研的"关节"处。

那天的讨论会，张肇丰老师、李丽桦老师都来参加了。讨论会由我主持，学员们已经经历过几次讨论的锻炼，对张老师和李老师也不陌生。他们事先阅读了我发的相关材料，材料是对讨论题涉及的问题的不同观点的阐述。面对编辑部的专家，学员们也不惧怕自己观点的稚嫩，纷纷发言，娓娓道来。会后，我把学员张丽芝速记的讨论记录发给了编辑部的老师，经删改后便刊出了。曾参与讨论题目酝酿的上海市教科院普教所的郑慧琦老师看了文章后，对学员们的发言大加赞赏，认为他们的水平已不一般。后来得知，好多同行对《上海教育科研》编辑部组织的大讨论表示肯定，认为很有启发性、实践性。

作为教师培训主持人，我还十分关心讨论对教师的培训作用。我认为会不会参与学术讨论，对学员的成长至关重要。学术讨论需要标新立异，需要新思想、新观点的突显，但是还得自圆其说，得用逻辑、哲理，或者用事实证明，不能停止在"反对"或者"支持"的态度上。无论是讨论、发言，还是写文章，其实都是一个教师学术素养的体现。

此后不久，我又组织学员在"1+1"教育网上进行了一次关于"教师研究"的讨论。一个半小时的网上讨论很激烈，各种观点竞相发布，达到了预期的效果。参与讨论的不仅有我培训基地的学员，还有一些教授、校长、骨干教师。虽然讨论没有形成统一的认识，但是对参与者而言，无疑又是一次学术讨论的历练。

一项征文活动的硕果

由上海市教科院普教所等单位发起的2012年"黄浦杯"长三角城市群教育

征文的主题是"成长纪事",对这个题目我颇有好感,因为在2011年,我指导三林中学的计老师完成了她主持的《高中数学"独立作业法"的行动研究》报告,就是用叙事形式表述的一个颇有新意的研究报告。我还因此在2011年"全国生命化教育——叙事与课堂教学"研讨会上做了《叙事和教师的行动研究报告》的学术报告。参加完"黄浦杯"征文发布会后,我立即给培训基地的学员做了介绍,希望他们能用叙事好好写写自己经历的研究故事。

第一个完成作品的是学员小陈,他是一个"快枪手",文章最初的题目是《三次华丽的"转身"》,讲述自己从一名普通教师成长为区学科带头人的经历。而后陆陆续续地有四五位学员完成了文章。其中,小王写了自己对语文教学研究的故事,小张写了自己和一位劳技课教师小潘一起用课例研究方法研究劳技课教学的故事。最晚完成文章的是小唐,虽然她早已经布置给所在幼儿园的老师们写成长故事,自己却因为工作太忙而耽搁了。她"临时抱佛脚",思前想后,觉得此前曾经指导保教主任金老师写一篇论文的过程有点意思,可以写写,所以用一个晚上突击完成了文章。

在南汇区对文章的初步评选中,这几篇文章都有幸胜出,但是我知道好文章还需用重锤"敲敲"。经验告诉我,普通教师的文章要能够在众多参选文章中脱颖而出,不是一件容易的事。我主持的教师培训基地本来就是一个能够优势互补的"学习共同体",所以我给学员发了一封邮件,请学员中的能人给他人的文章"号脉"。在互相"号脉""会诊"的基础上,各位作者又从题目到结构、从小标题到行文进行了仔细推敲,这样,无论是立意还是选材、结构还是表达,都有了很好的提升。最重要的是,这个过程很有价值。

给小唐文章"号脉"的学员王老师是一位很有学术功底的博士后。小唐的文章初始稿题目是《望、闻、问、切——一篇征文的故事》,最后定稿题目是《一次用中医智慧指导的征文写作》。之所以用这个标题,是定位本文中的科研指导不同于真正的医疗诊治,指导者和被指导者之间是平等且共同成长的关系。文章的四个小标题也进行了统一思考:"不是医患"、你"问"我"诊"、切脉立题和因人开方。在我看来,小唐的文章虽然只是诉说了一个发生在基层的真实故事,讲自己作为一名科研主任是怎样指导一位"非"科研教师从选材、梳理,到立题、行文，从而做出一篇好文章的过程，但这个过程其实也是众多教师常常碰到的棘手问题：面对教育实践的行动太多，但如何梳理出一个头绪，形成一篇好文章，往往会力不从心。这篇文章以小见大，折射出了学校教育科研的普遍问题。

高兴的事在后头。7月中旬，我收到了《上海教育科研》编辑的通知，希望学员小张给自己的征文《在阅读与实践中走近杜威的"做中学"》写个摘要，编辑计划在9月那期杂志上登载。一线教师读杜威的很少，而以此为基点来进行教学研究的更是少之又少。新课改在实践中尚存在许多困惑，特别是在探究式学习方面：怎样让学生的探究真实而有意义？小张在"杜威共读小组"的支持下，经过近三个月《民主主义与教育》的阅读与分享，在走近杜威思想的过程中，以同事小潘为合作研究的伙伴，聚焦于"做中学"的教学实践。她们通过数学和劳技的跨学科合作，形成了系列七年级劳技课中的木工教学和"手工设计中的数学元素"拓展课教学案例，并在实践基础上不断进行研究追问：劳技课只是做些漂亮东西吗？"原始的材料"可以实现吗？分工操作一定有意义吗？杜威为什么对木工等课程情有独钟？是什么让学生放弃独特的设计思路？……这样既接"地气"又透"天光"的文章，自然得到了专家的首肯。

因为和张肇丰老师一起去成都考察，路上听他扼要讲了征文评审中的些许事，我们浦东教师的文章还是给评委专家们留下了深刻印象。我想，这次我们基地学员之所以有多项奖励的收获，应该是学员们持续地研究和写作带来的集聚效应。

我细想了《上海教育科研》编辑部在组织教师的征文活动中的良苦用心，先是"教育中的创意"，然后是"新观念好实践"，之后是"成长纪事"（至2012年），一连数个选题都切中教育的要害，致力于教师的实践创新，引领教育写作和研究，成就教师的真正成长。我，包括我身边的老师，还有更多不认识的老师，从中可以说是收获颇多。

教师希望读到有教育现场感、有教师生命气息的文章，编辑希望有实践、有理性的好文面世，使杂志站在时代前列。连接杂志与教师的是对教育的那一颗诚挚的心!

小小的一篇稿子,其实背后故事多多……

因为参加了《上海教育科研》编辑部组织的讨论,我从杂志同时刊登正反两方观点文章的良苦用心中体会出学术研讨的价值和意义,对学术研讨有了新认识。学术讨论需要标新立异,需要新思想、新观点的突显,还得自圆其说,得用逻辑、用哲理,或者用事实证明,不能停止在"反对"或者"支持"的态度上。讨论也好,发言也好,写文章也好,其实都是教师学术素养的体现。

从教师成长角度看我和编辑的关系,是因结交良师益友而获得专业素养的提升。从我和学员的关系看,也是"良师益友""亦师亦友"的互相提携。

四、要有点学术气

2010年8月,南汇区教师进修学院并入浦东教育发展研究院(以下简称"浦东教发院")后,我主持的名师工作室(并入浦东后改名为名师"基地",一个不太讨喜的名称)纳入了浦东的培训系统。

一次,培训主管部门召开主持人会议,在汇报经验的环节,三位被指定做汇报的主持人说了经验,一位以教学研究为基本方式,一位以课题研究为基本方式,还有一位以课程开发为基本方式。会议主持人、教研培训部主任说:"都很好!"

我由此产生联想:如果都对,那是否意味着可以各行其是,没有规范?于是有感而发想到了作为名师培训工作室理应追求什么的话题。一个词慢慢浮出字堆——"学术"。我想到,教学研究也好,课题研究也好,课程开发研究也好,其实都是引导教师走向学术研究。学术研究本来是专家学者的"专利",我们一线教师是否也能追求学术?追求学术的路径和目标是什么?

因为对这个命题有思考,我开始有意关注学界的观点和论述,慢慢地形成了对教师的学术研究内涵和路径的认识，并撰写了《教师要有点学术气》一文，并在《当代教育家·浦东教育》杂志公开发表。知道这篇文章作为杂志当期卷首语后，我很高兴。

教师要有点学术气

名师培养已成为各地领导抓教育的重要工作之一。因为参加某市的百名名师培训指导，我和名师后备人选有了面对面交流的机会。偶尔看到他们的登记表，上面有以往经历或成绩的记载，诸如班主任工作、教学评比获奖，有的还拿过全国的教学奖，荣誉称号不少。

我受命做教育研究的指导，管理方要求他们在培训期间完成一项研究，所以有撰写一份教育研究课题设计的任务。阅读这些课题设计时，发现问题多多：除了技术与方法的问题外，重要的是思想认识问题。对怎样做研究缺少视野、视角，批判性思维尤为不足。研究从问题开始，对问题的发现和剖析往往停留在表象上，鲜有入木三分的本质揭示。课题设计流于粗浅，表面看是方法问题，其实是思想认识的问题，更是学术素养不足的问题。

做研究需要有点学术底蕴。我由此想到一个命题，教师，尤其是被指定为名师培养的这些佼佼者，需要得到学术的滋养，生出一点学术气，方能不负期望。

何谓学术气？我的理解是有学术视野、学术方法和学术精神者，堪称有学术气。

学术视野靠阅读、学习拓展。我带过五届工作室学员，培训致力于读书读文，目的是打开教师的视野。对学术领域标志性的著作，我尽力推荐给学员阅读。如刘良华的《教育研究方法（第2版）》、吴非的《不跪着教书》、张文质的《教育是慢的艺术》、佐藤学的《教师的挑战——宁静的课堂革命》、肖川的《教育的理想与信念》等。我还把时文新论发给学员，叫作每周一文。有李镇西的《得失寸心知——执教〈理想〉的回顾与剖析》、易中天的《劝君免谈陈寅恪》、张肇丰的

《什么是中小学教师的实践创新》等。

学术方法靠做研究习得。有教授指出，做学术研究无非三套路：分类别、找关系、作比较[1]。把一个复杂的问题用简明扼要的九个字予以阐明，学术素养堪称一流。我试过以这九个字写文章、做指导，果真灵验。当然，认识这九个字，不等于学会了学术方法，还需要在实践中慢慢体悟领会，只有亲自动手，甚至有屡次犯错的教训，才有可能真正学会分类别、找关系、作比较。

学术精神的培养最难，需要碎火敲打，需要大师指点。学术精神不是靠培训教会的，而是靠自己慢慢领悟的。有教授说，教师需要找到"精神导师"，既需要近处的精神导师，也需要远处的精神导师，这是很有见地的提醒。

一次我突发奇想，给学员布置了写一篇驳论文的作业。为了降低难度，允许题目自拟，还推荐了几篇范文做参考。结果有三分之一的学员没有交作业，三分之一的学员作业只能算基本合格，另三分之一的学员写出了不错的文章。学员为什么感到驳论文很难，因为教师已经习惯于撰写这样的论文——寻来专家的论点，找几个教学实例证之。这种论文没有辩驳与说理，不用"思想"。在学术研究中批判精神最为重要，当然还有求真向善的不懈追求。

名师之名，当名在有点学术气。现在教师有名师、良师、明师几个称号。做名师必以明师为基，要"明明白白"做教师。要以良师为要，善良永远是对的。而欲为名师，还需要有点学术气。没有一点学术视野，学术讨论几乎无法展开。无学术研讨的经历垫底，妄论学术两字。无"标新立异、自圆其说"的学术历练，还难与"名师"称号相匹配。

我从"勇于挑战、勤于学习、善于反思"12个字的研究结论开始，到认识"学术气"对骨干教师的重要性，用了十年时间。这既是我做名师工作室培养的体悟，也是感性认识上升到理性认识的升华。

更重要的是，我把研究结论作为名师工作室培养的准则，使培养工作行走在正确的轨道上，也为教师教育的理论和实践贡献了一份智慧。

---

[1] 刘良华.教育哲学[M].上海：华东师范大学出版社，2017.

2019—2020年，我应邀赴克旗主持课例研究专题研修班的培训，一方面把浦东的经验"嫁接"到克旗的培训中，对经验进行再次验证，另一方面引发了新的思考和认识，即教师如何改善心智模式以及如何成就教育信仰。

五、行动研究助力教师改善心智模式

主持克旗课例研究专题研修班是我2019年工作中的大事，前后跨度长达半年。研修班培训的主题是"课例研究"，目的是给克旗培养一批勇于开课做研究、带头开展学习共同体教改实验的骨干教师。研修班活动分三个阶段，集中培训3天，听报告4个，学员交流14人次，进课堂学做观察员3节次。集中培训前有"热身"，阅读文章5篇和撰写读后感。集中培训后有分组实施课例研究的实践跟进，以实战演练巩固学习的成果。理论学习、课例研究和反思写作一直贯穿其中。

克旗培训有14位学员的交流发言，有三节研究课的现场实战演练，有21位教师集体做《教师智慧的20个分享》一书的电子文档转换工作，还撰写了500多篇文章，这一切产生了叠加效应，引起教师们教育观念的转变和心智模式的优化。如果光凭一两场报告、一两节课的观摩，是难以发生持续性效应的。

在形与神的关系上，"一味追求形式化的东西"，忘记了在思想、哲学上的引领，往往只能"形似"，难以做到"神似"。

从克旗培训联想到学习共同体教改实验的培训，我对教师成长有了新的认识，得出领航教师的成长、发展由低到高经历的三个层级的更迭：第一层级，引发认知冲突；第二层级，转变心智模式；第三层级，成就教育信仰。这是教师思维品质的提升。由此，我撰写了《领航教师如何成长——兼谈内蒙古赤峰市克什克腾旗的领航教师》。以下是文章内容。

领航教师如何成长
——兼谈内蒙古赤峰市克什克腾旗的领航教师

领航教师的成长轨迹是什么

领航教师的成长轨迹是什么？这是我一直思考的问题。基于自身参加学习共同体教改实验活动的体会和分析学习共同体领航教师王晓叶、程春雨成长的过程，再以克旗培训中领航教师的表现为参照，大致可以得出领航教师的成长、发展由低到高经历的三个层级的更迭：第一层级，引发认知冲突；第二层级，转变心智模式；第三层级，成就教育信仰。

引发认知冲突不难。每一次学习共同体组织的教育峰会和大型研讨活动，常常出现人满为患的局面。好多教师不仅参加活动，还撰写了心得体会。阅读这些文章，能够看到教师原有的教育观念受到了冲击，但真正能够持续行走在学习共同体教改之路上的不多。个中缘由比较复杂。

进入心智模式的转变之路非常不易，这从已经完成"凤凰涅槃"的领航教师的身上可见一斑。从"引发认知冲突"到"转变心智模式"再到"成就教育信仰"，人数呈递减趋势。

"信仰"一词是克旗教研中心侯艳杰老师在给我的微信中提到的，她是克旗课例研修班的班长："这三天的培训，收获特别多，心里想说的也很多……我就用两个词来表达——信仰和扎根。"

我一直主张教师要转变教育观念，这是我参与学习共同体教改实验得到的启发。我始终认为，与方法技术的习得相比，转变教育观念更难。一旦观念转变了，方法技术的拿捏，教师自有本领在。

从侯艳杰老师的话语中我读出了更为深刻的含义，那就是比转变观念更深一层的"信仰"的达成。没有信仰，照样可以教学，但有了信仰，就有了战胜困难的勇气、信心和力量。

经由行动研究改善心智模式

赤峰市的《建设学习共同体行动宣言》提出，把行动研究作为推进教改、培育领航教师的手段。就行动研究本身来说，有专家指出，需要把基于经验的行动研究变成科学的行动研究。

课例研究是教师从事行动研究常用的一种方法。它需要将"问题与假设、资料与证据、结论与讨论"融会贯通于研究之中。从几位克旗教师撰写的课例研究报告来看，还需要植入"假设与验证"的要素。这个过程，挑战性很大，但在这个过程中，人的心智模式将发生积极转变。

克旗教育局副局长马孝波曾经撰写了文章《当前学习共同体建设应该认真研究的几个问题》，归纳了克旗教师在课例研究上遇到的八个问题。问题是研究的起点，解决问题是研究的归宿。我想与克旗领航教师分享的想法是，领航教师需要有足够的时间和精力，以"课题研究＋课例研究＋课堂观察"的方式，对这些问题进行探索，逐步培养研究、解决问题的能力，并由此走向"教育信仰"。

程春雨老师的成长路径给我们展现了一个领航教师成长的样例。他从课堂教学方法研究起步，进而以课题研究的方式进入教学研究，后聚力于学科本质的研究，由此获得了一个具有三维视角的立体图像，即有学科本质理解的、有课题研究方法引领的、基于学习共同体理论和实践指导的语文教学研究模式，三个立面构成了一个审察、辨析课堂教学变革的立体"魔方"。如今，作为领航教师中的佼佼者，程春雨老师把教育写作作为修炼的重点。突破写作瓶颈，将助推程春雨老师实现又一次升华。回顾程春雨老师的成长与其持续开展的研究的关系，可以发现，转变心智模式的过程可能就是与教师的挑战、学习、反思合而为一的过程。这是一个颇为艰难的过程，只要有一次在困难面前退缩，就可能让成长停滞。

走向"深度学习"

教师做教育教学研究，也是从感性走向理性的过程。理性在思维方式上表现为质疑和反思。

赤峰教改提出了阅读、实践、写作相结合的思路。阅读包含了"读人"，通过"读人"，找到自己的人生导师和专业榜样。阅读、实践、写作都是促进领航教师自我培育的手段，而非最终目的。

2019年，学习共同体研究院申报了教育部课题"基于深度学习的教育生态重构"。这一课题的形成和提出，是学习共同体理论与实践在中国本土化研究上的一个里程碑。克旗把建设学习共同体作为教育改革的行动，同样需要关注"深度学习"与"教育生态重构"。

在教育部课题的开题会上，相关专家提出把"基于"改成"指向"更恰当，把"重构"改成"变革"更贴切。所以，课题的研究方向变成"指向深度学习的教育生态变革"。这不仅是换了名词，还有含义的转换。它既是前期研究的结晶，也是后续研究的方向。

在实施"指向深度学习的教育生态变革"中，我们需要以学习共同体已有的理论和实践作为借鉴。在本土的教育问题研究中，探究具有中国特征的"学习共同体"，也是对学习共同体的本土化的理论探索和实践创新。

克旗教育有自己的独特性。前人通过研究、实践而得出的结论，在克旗是否可行，是否有效，只有通过克旗教育人的验证才能知晓。克旗的领航教师有这方面的文章，但还需要把感知、感悟提升到理性思考与学理分析的层面。在《上海教育科研》杂志副主编张肇丰老师看来，教师的研究是实践研究和实践创新；评判教师的研究是否有价值、有意义，"一是看是否解决了原来所要解决的问题，二是看对这种解决方法和结果的解释能否自圆其说，能否得到同行和社会的认可"。这还有待广大克旗的领航老师和学习共同体研究院专家的共同努力。

陈静静老师论述深度学习时，提出了两个概念：虚假学习和浅表学习。虚假学习相对于真实学习，浅表学习相对于深度学习。我认为浅表学习也属于真实学习的范畴，在真实的学习中有浅表学习与深度学习的对立统一。

这样看，唯有真实学习是不够的。我们应该把深度学习作为课例研究的着力点。深度学习不仅有助于解决浅表学习的问题，也有助于解决虚假学习的问题。

在深入探究佐藤学教授的学习共同体理论和实践之后，学习共同体教改实验引入了布鲁姆的教学目标分类学说，拓宽了大家的视野，提升了研究质量。在这个过程中，自然需要以教育理论垫底和作为支架。教育理论的学习、吸纳、转化，不仅能够促进反思的深化，也有助于突破写作的瓶颈——这两点，又恰恰是领航教师必须经历、必须做到的。

王晓叶老师在克旗执教的研究课"函数的初步认识"给我们的启示很多。课堂观察员、宁城三中的卜玉芬老师运用到三种方法搜集证据，即课堂观察、课后访谈和实物分析，加上克旗萃英学校张慧老师课后对学生进行的问卷调查，四种方法构成了领航教师做调查研究的基本方法。行动研究讲究用多种方法搜集证据，形成证据的互证关系。与孤证相比，多重证据的互证更有可信度，更具说服力，也更具理论价值和实践意义。

卜玉芬老师的文章《深度学习是如何发生的——对初中数学"函数的初步认识"的课堂观察与分析》已经在《当代教育家·浦东教育》杂志公开发表（2019年12月刊），同一期还有我的文章《构建深度学习的课堂——基于对初中数学课例"函数的初步认识"的分析》。我们都关注到这样的问题：作为深度学习的重要方式，冲刺挑战性学习需要低起点、高挑战。

我在文章中提到："这节课的研究结论是：深度学习需要以学习方式与规则的培养作基础，教学情景设计、过程安排需要以学生的学习为本，冲刺挑战性学习需要低起点、高冲刺，抽象概念的学习可以借助生活化学习、探究性学习、协同学习展开，巩固性练习可以回到生活化、探究性，深度学习要以培育学生高阶思维为着力点。这些结论给深度学习带来新的启示。"我还阅读了王晓叶老师撰写的《"函数的初步认识"学习单》和《"备学"三要素：知识、心理、方法》，深感王晓叶老师对深度学习的数学课堂建设具备建模的意义。

这给其他从事教改实验的领航教师的启发在于，向着构建自己学科的深度学习进发，用实证研究的成果尝试建模。果真如此的话，学习共同体的本土化理论建构和实际效益将得到双重提升。

何谓心智模式？心智模式是苏格兰心理学家肯尼思·克雷克在 1943 年首次提出的。彼得·圣吉将其定义为：根深蒂固存在于人们心中，影响人们如何理解这个世界（包括我们自己、他人、组织和整个世界），以及如何采取行动的诸多假设、成见、逻辑、规则，甚至图像、印象等。

从本质上看，心智模式是人们在大脑中构建起来的认知外部现实世界的"模型"，它会影响人们的观察、思考以及行动。

现代社会极快速的变化，造成了人的心智模式往往较大地滞后于事物的发展。因而，不断地改善人的心智模式的修炼是人生中根本性的任务之一。

我对教师的专业成长研究，于我个人而言是一个动态的由浅入深、由低到高，不断深入的过程，这何尝不是心智模式不断地调整和完善。

最初的"勇于挑战、勤于学习、善于反思"12 个字的结论，是从众多优秀教师的案例中归纳得出的。孙明霞老师的厚积薄发的自我修炼，足以供教师参考。内驱力是来自个人的成长动力。有内驱力，即使没有外力的助推，也能促进自我成长。而后南汇并入浦东新区的大变动，研究资料有拓展，"教师要有点学术化"的感悟基于事实、基于思考和反思，把认识又向前推进了一步。克旗培训的经历给我提供了更多研究素材，由此引发了对教师成长的新认识——改善心智模式和成就教育信仰。教师有了信仰，就有了战胜困难的勇气、信心和力量。

主张二
好实践长出新观念

教师成长在理念和实践共生共融的良好环境中。新课改以来,理念层出不穷,目不暇接。教改需要新观念的习得,更需要好实践的探索。新观念理应从实践中"长"出。教师是教育的实践者,创设"好实践"尤为重要。

教师接受新观念需要有实践验证,来自实践验证的新观念教师才会接受。教师研修也是这个道理。研修实践需要"看得见""摸得着",还需要"说得清"才能扎根课堂而生根发芽。

我从事教师研究的指导数年,从实践中渐渐得出教师怎样做研究的些许认识。教师研究与专家研究是否存在差异?这种差异是方法论的差异还是目的途径的差异,是一个众说纷纭的命题。

《上海教育科研》在2010年6月刊起,组织了一场"关于'教师研究'的问题"的讨论。各种对立的观点纷纷登场,研讨使认识得到升华。其中刘良华教授的观点具有代表性。

我很赞赏刘良华教授的观点,他在《教师研究与专家研究的大同小异》(载《上海教育科研》2010年第9期)中指出了"大同"是什么,即所有的研究都需要具备"问题与假设、过程与方法、结论与讨论"。仔细阅读，我发现刘教授对"小异"是什么还没有做深入具体的探讨。

一、教师研究与专家研究的"小异"

我循着刘教授的思路对"小异"是什么，撰写了文章《教师做研究的四对关系辨析》，提出了教师研究的情境性、选择性、实证性和方法论等。这些结论的得出，是我在实践研究和实践创新中的思考与反思的结果，历经7年的慢慢积累。

教师做研究的四对关系辨析

教师做研究已成燎原之势在各地普遍展开。然而，一些似是而非的误识影响着教师做研究水平的提高。我在指导教师开展研究的过程中深切感受到对这些误识的纠正已经迫在眉睫。

情境性与普适性

我们曾经也学着专家做普适性的研究，却脱离了教师的实际情况。教师的研究是基于自己职场的研究，情境性研究的特征非常明显。

一个教师教两个班级的学生，需要备课、上课、批作业、改试卷，面对的教育情境有所不同，既带有自己与学生的特征，也脱离不了所在学校文化的特征。虽然教书育人有共性，但是教师在两个班级教学所用的教案不会一成不变，而会根据实际情况做改进调整。这是教育的复杂性与不确定性所决定的。

教师有了师范院校的教育原理和教学法的学习，加上教育实习的经历，具备了做一名教师的基本条件，但要成为一名合格教师，还需要有破解情境性教育难题的能力。有道是常教常新，就是说教师需要有原理与方法的习得，也需要有面对复杂性和不确定性的教育策略与方法的积累。

做基于情境性的教育研究旨在提高教育的质量，通过提升教师的能力使教育更适应学生的需要。一句话，教师做研究首先是为自己面对的教育服务的。我们曾经被"创新"一词遮蔽了双眼、束缚了手脚，以为教师做研究也需要像专家一样，超越自己的职场盲目追求新意、新颖。简单地认为已经有人做过的课题不能再做，以至于在选择什么样的课题时，可选的范围越来越窄。课题的名称越来越"新"，研究的实效却越来越低。

有位校长对专家给出的选题持反对态度，他说："我们学校做研究就要解决学校面临的问题，不是我的问题我做它干什么呢！"

教师做基于情境性的教育研究是否有"创新"，这种创新是什么的创新？张肇丰老师提出一个观点：教师的实践研究，是认识主体在特定情境中对教育教学规律的一种再认识和再发现。所谓实践创新，就是教师在自身所处的特定情境中，对前人提出的教育规律或教育理论有了新的领悟和新的应用。一般来说，再发现的东西不应该是未知的，但由于它是在某个特定情境中发现的，对特定的认识主体来说又是一种新认识，因此就具有了一定的未知成分，也就具有了一定的实践参考价值及理论研究意义。

这些新的做法和认识，带有明显的情境性，却不一定具有广泛的普适性。至于这种"情境性认知"是否属于"创新"，是否算得上发现了特定情境中的特殊规律，是否能够成为教师的"实践性知识"或"个人理论"，评判的标准一是看是否解决了原来所要解决的问题，二是看对这种解决方法和结果的解释能否自圆其说，能否得到同行和社会的认可。①

陈桂生教授有一句名言，"说有易，说无难"。讲的是做研究要学着在前人的基础上再推进一步。如果前人的教育中从来没有出现过、论述过，很有可能会走进选题的陷阱。

---

① 张肇丰. 什么是中小学教师的实践创新 [J]. 教育发展研究，2011，31（2）：66-69.

选择性与系统性

做研究需要做文献阅读与分析。教师做研究是否也需要对相关文献有系统的充分阅读与占有，这个问题也值得商榷。我的观点是教师做基于情境性的研究没有必要做到像专家一样对文献做系统性的检索，做充分的分析与解读。

专家对文献的研究需要做到系统性，因为他的研究课题往往出自对文献的聚焦分析。所以，如果没有对文献有系统性的占有，很可能不会发现这项研究已经有前人做过，结论已经有前人论述过，这样会落下话柄甚至贻笑大方。

教师做研究基于自己的教育情境，研究的问题来自教育实际。是否做过系统性的文献检索，不是对问题聚焦与剖析的必要前提。我在对那些优秀教师进行调查研究时发现，也有不做研究照样精彩的例子存在。这样的优秀教师甚至没有做过课题，与课题研究相关的文献检索他从来没有系统地做过。然而，这些教师照样不失为有实践智慧的好教师。他的创新是实践创新。

专家对教师做研究是否需要做充分的文献研究也持不同的观点。我无意否定有文献研究的积淀与研究水平的提高有正相关关系。

教师对自己面临的问题也需要做深入的剖析，为形成研究假设提供基础。所以适当地、有选择地文献检索是有必要的。在形成研究课题与形成研究视角的两相比较中，教师做文献研究可能重要的作用在于习得理论视角。教师对面临的教育难题开展研究，用调查法剖析问题，是对问题明察秋毫的重要一步。阅读文献是通过比较看看自己的研究假设是否成立，是否合适、在理。

有专家指出，文献研究需要贯穿于研究的全过程，此话有理。对教师做实践研究来说，以文献阅读来建立研究视角，可能要优先于对研究问题的分析。

实证研究与学校教改

在专家研究与教师研究之间，有学校教育研究一说。我认为学校教育研究其实可以归入教师研究。

学校教育科研与学校教育改革紧密相连，有时往往难以区分什么是学校教育改革，什么是学校教育研究。在对学校教育科研的不足做分析时，有人说是"做得比说得好，说得比写得好"。一旦进入撰写研究报告的阶段，很多实践研究的成果难以用文字表达。也有人指出，一些学校的教育科研把"实验研究做成行动研究，把行动研究做成教育改革，把教育改革写成思辨研究"。这句话，把它反过来就对了。给我们的启示是怎样把思辨落实到行动上，把行动研究往实验研究（准实验研究）的方向靠拢。

怎样把实践的行动研究做成科学的行动研究，即实验研究（或者准实验研究），是需要在确立课题时就有所思考的。

有教授指出：适合中小学教师做的实证研究主要是实验研究，而调查研究往往成为实验研究的辅助方法——先调查哪些因素对学生的学生成绩或学习兴趣构成了因果关系（或相关关系），然后用实验研究的方法去验证这些因果关系。

典型的实验研究的话语方式是"……对……的影响的实验研究"或"……对……的影响的调查研究"，比如"思维导图对学生语文学业成就的影响的实验研究"。这样的话语也可以浓缩为"……对……的影响"，比如"思维导图对学生语文学业成就的影响"，还可以进一步压缩为"……的实验研究"，比如"思维导图实验研究"。反过来说，如果某研究报告的主题显示为"思维导图实验研究"，那么，这份研究报告的完整标题乃是"思维导图对学生语文学业成就的影响的实验研究"。[1]

我对一位老师（计老师）的课题做过分析，发现科学的行动研究可以转换成经典的研究题目。计老师的课题是"高中数学实施'独立作业法'的行动研究"。计老师的研究暗合了刘良华教授所说的经典题目，其实就是"'独立作业法'对高中学生数学学习成绩的影响的行动研究"（经典题目表达方式的填空置换）。其演绎变化的标题可以是"我的'独立作业法'研究"（叙事研究题目），或者"高中数学实施'独立作业法'的行动研究"（行动研究题目）。"独立作业法"是改革的措施（也可视为实验因子），提高成绩是引起的变化。

---

[1] 刘良华. 教师研究与专家研究的大同小异 [J]. 上海教育科研，2010（9）：4-9.

由刘良华教授的观点引申出的认识是，一个好的研究题目是可以还原到经典题目的样式的，也可以以经典题目的标准去检测教师行动研究选题的真伪优劣。例如，"普通高中优化学生学习品质的实践研究"，初看题目似乎不错。把这个研究题目与计老师的研究题目相比较，可以看出问题所在：一是看不出用什么改革措施作为实验因子（申报书的设计中也没有明晰），二是学习品质用什么标准判定。如果研究的最后，只是把学校的工作通通揽进研究的筐，笼统地说学校工作的方方面面和取得了哪些荣誉称号等，那么这种研究从一开始就埋下了选题不当的隐患。这样的选题错误却很普遍。

我们现在的好多课题，只有目标，没有实验抓手（即实验因子），所以往往变为学校教改的筐，什么都可以往里装的低水平研究。最终的研究报告很难清晰地呈现出实验的自变量与因变量之间到底存在什么必然的联系。笼而统之，因为教改所以提升了学校的办学水平，被专家的批判所击中——把教育研究变成了一次思辨的结果。如果不做这项研究，照样可以呈现研究报告，把实证研究变成了思辨研究。

把教育改革变成实证研究的路径是，首先需要对问题做深入调查分析，以此为基础形成研究假设，然后是验证假设的真伪。一次小程老师做课例研究，把实验的自变量与因变量清楚地呈现出来。自变量是散文教学中的支架式教学与抛锚式教学的比较，研究聚焦在学习中的问题由谁提出。形成的研究假设是教学方法的改进是否促进了学生学习方式的转变，而后以课堂观察（调查法）来搜集学生的学习过程与状态，验证假设是否成立。现场参加观课的教育科研专家魏先生称赞"研究的味道很浓"。这是实证研究的思路在课例研究中的实践。

何谓实证研究？"拿证据来"即是。用证据证明，不是用逻辑推理证明。

研究方法的经典性与创新性

教师做研究有没有独立于经典研究方法以外的方法？我的结论是没有！

一次在某市参加"教师个人课题研究"的研讨会，执掌研究的领导有雄心壮志，希望通过研究建立一套教师个人课题的研究方法。有雄心值得称赞，但是我仔细听了大会发言和阅看文本资料后，发现还是"调查法""行动研究法""实验法"（准实验研究）的那一套方法。

教师做研究既没有独立于经典方法以外的研究方法，也没有必要另起炉灶自搞一套。有教授指出"教师研究与专家研究的大同小异"，做研究都需要遵循"问题与假设"、"过程与方法"（资料与证据）、"结论与讨论"的基本要求。

我常常阅看教师的课题研究设计书，发现教师的课题研究方法也落入俗套。某市青年科研骨干培训班 70 多位教师的研究设计，在方法一栏中几乎就是文献法、调查法、行动研究法、案例研究法和经验总结法的"大一统"。教师的课题设计受培训课讲课者的影响十分明显。

我从指导教师做研究中认识到，研究方法的设计分两类：一类是单方法研究，如调查研究、行动研究；另一类是多方法研究，如行动研究与调查研究的混合运用。而文献研究对每一个课题都是必不可少的环节，所以可以不作为一种研究方法单列。如上面所述，文献研究是必要的，只是教师做研究可以有选择地运用文献来建立理论视角和辅助对研究问题加以界定和澄清。

在学校教育科研中对各种方法的混合运用，导致教师个人做课题时照抄照搬，这种状态需要得到纠正。

教师做个人课题与学校教育改革研究还是有区别的，况且学校教改研究的课题设计也需要有针对性地陈述什么研究内容运用什么研究方法，笼统地陈述研究方法对后续的研究实施会带来很多困难。在浦东教科研青年骨干培训班上，我和同事指导的调查研究（如苟士波"内高班学生电路分析计算问题解题过程的调查研究"）、行动研究（如计华洁"高中数学实施'独立作业法'的行动研究"），都以单方法研究（当然会涉及文献阅读与借鉴）清晰地呈现研究成果。而课例研究（如刘姣"高中语文生成性教学的课例研究——以鲁迅小说《药》为例"）以行动研究（准实验研究）与课堂观察为主要研究方法，完成的课例研究报告像模像样。

案例研究不是一种独立的研究方法。香港大学徐碧美教授的《追求卓越——教师专业发展案例研究》名为"案例研究"，实为调查研究，以跟踪调查四位教师的专业发展为方法，通过比较与鉴别，完成了一项高水平的研究。北京大学陈向明教授的《王小刚为什么不上学了——一位辍学生的个案调查》（载《教育研究与实验》1996年第1期）显然也是调查研究，只是以一位辍学生为例分析辍学的社会、家庭和个人因素，属于质的调查研究。曾经在我们普教科研提倡的"案例评析"还不能视为独立的研究方法，与调查研究、实验研究、历史研究不构成研究方法上的并列关系。在一项课题研究中，案例研究常常是搜集资料数据的方法。从提高教师的研究能力来看，案例评析有助于提高教师的辨析能力。

经验总结法可以单列为一种研究方法，如对某一位教师或者学校做经验总结。好的经验总结需要理论视角贯通经验。如果只是呈现了教师或学校是怎样做的，其实还不能称之为研究。有教授忠告我们："不要告诉我你知道什么，而要告诉我你主张什么。"

调查研究和实验研究是教师研究的两个核心方法，而且，最好以实验研究为主，辅之以调查研究。"教师做调查研究和行动研究，写叙事的行动研究报告"，没有必要在经典的研究方法之外，再去创新什么方法。

回顾我所走过的科研之路，有过平坦，有过崎岖。欣慰的是，我始终把有限的精力用在我力所能及的地方，把研究与工作结合起来，把"教师怎样做研究"作为我矢志不渝的研究方向。

教师研究的"小异"的新认识，基于我对普教科研的研究实践。

二、十年探索：在求善中求真

我担任教师进修学校的科研室主任在世纪之交，那时，用老科研主任的话说，普教科研走入"高原期"，怎样走出高原期需要另辟蹊径。我在开展学校教育科研的同时，尝试走一条基层教师的科研之路。

2010年10月，我基于"十年回顾"，撰写了《穿着"草鞋"搞研究，踏着地面寻"自我"》。

穿着"草鞋"搞研究，踏着地面寻"自我"

案例研究做起步

1999年末，我初接科研工作，面临的突出问题是：教师参与教学科研积极性不高，对科研工作有畏难情绪；教师参与研究人数少，科研骨干队伍薄弱；课题研究水平不高，为研究而研究的现象突出；中学的科研工作弱于小学和幼儿园。这是处在上海远郊南汇的现状。

我下基层做调研，访谈老师，意识到问题千头万绪，必须抓住主要矛盾。学校的龙头课题说是"人人参与"，其实不然。课题研究中教师只是作为一般人员参与，并没有成为科研主人。

我强烈地感到，一定要让教师站到研究的前台来，让教师成为教育科研的主人！我以此为目标开展工作。

要实现目标，必须找到突破口和抓手。这个抓手既能引导教师走科研之路，克服畏难情绪，又能提高教师的研究意识和能力。我一边工作一边寻觅。

当教育案例开始出现在杂志上时，我敏锐地感到，这可能就是我想找的突破口和抓手。我读到《上海教育科研》上的一篇案例评析《一个诚实与集体主义的两难问题讨论》，对文中揭示的两难问题感到"似曾相识"，读来倍感亲切。我想，其实教育中的两难问题很多，南汇面临的问题中也有。发现问题是解决问题的第一步。撰写案例揭示问题不失为一种表征问题的好方法，自此，案例进入我的视野。

案例也受到了学者的青睐，他们撰文出书，从理论上阐明了它的价值，如郑金洲的《案例教学指南》等。案例得到理论支持，我对教育案例也充满了信心。

我坚信，要让教师对科研工作动起来，案例就是那个好办法。

一次去石笋幼儿园指导课题研究展示活动，准备过程中出现的矛盾，引起了我撰写案例的冲动。我请石笋幼儿园的唐老师写故事，叮嘱她用白描的方法写，然后寄给我，由我写分析评论。经过三个来回的修改后，成稿寄给了《上海教育科研》编辑部。一个月后，我接到副主编张肇丰老师的回复，希望进一步修改后寄给他。案例评析《创新与完美——一次幼教研究成果展示活动引出的思考》就这样在《上海教育科研》2001年第6期上刊登了。

后来，与张肇丰老师熟悉了，他对我说，外出讲课他常常举这个案例做例子。因为现在大家都只注意研究课中活动的状态，而忽视对活动之前的研究。他的话使我很受鼓舞。

案例的实践拓展了我的工作思路，我在科研工作会上提出了开展案例研究的设想，对案例进行了初步阐述，得到了基层学校科研主任的响应。

培训部开了好多班，邀请我去讲科研方法的课，我为教师开了案例撰写课。初次的培训叫"接尾巴"。我先出示一个范例，一边讲解一边归纳案例的要点。然后给每个学员一个剪去后半部分评析的教育故事，让他们续写评析，最后由学员介绍自己的作业，师生讨论，补上评析。这种教学方法叫作案例教学法，效果很好。之所以让老师"接尾巴"，是因为我在指导教师撰写案例时，发现案例水平的高低主要取决于评析。教师有故事，但故事需要判别，案例有评析，但评析需要思考和反思。

我将讲稿不断修改，吸收最新理论成果，又把教师的培训作业——来自教育一线的鲜活案例编入讲稿。我还研究归纳出案例评析的三种行文方式。

（1）"T"字形教育案例。其中"一"代表故事，"｜"代表评析。这是最典型也是最普通的撰写方式。行文的前半部分陈述故事，后半部分引出评析。

（2）"干"字形教育案例。其故事部分由先后两次不同的教学组成，第二次的修改由一个学习和反思的过程作为过渡与衔接。

（3）"甲"字形教育案例。在对个别孩子的教育过程中，教师形成了教育过程较为复杂的案例。

我把这些操作要点写入教材，编成了《教师学案例》的培训教材，在多个培训班上这门课。我还下基层给老师做讲座。

为了进一步推进案例研究，2002年南汇区举行教育论文评选，我们把案例单列出来并予以评选，受到了教师的热烈响应。评选活动收到了200多篇案例，评出了100多篇优秀教育案例。教师获得了一次研究的体验，在成功中获得了研究的快乐，研究主体意识因此得到增强。

2003年，上海市教科院普教所等单位联合举办了"闵行杯"中小幼教育案例征文评选活动，南汇区选送的案例获得了两个二等奖，四个三等奖，得到了《上海教育科研》编辑部的肯定。

南汇的教师们撰写的案例在杂志上频频亮相，激励了教师的研究热情。

评选活动结束后不久，为了深入了解案例背后的故事，南汇区召开了一次由获奖者和领导参加的座谈会。会上，三灶学校的季红老师回顾了自己撰写案例的初始，谈到了我去三灶学校给老师们做"教师学案例"的报告。她说："黄老师在报告中说，一个好的案例评析要能从司空见惯、熟视无睹的教育故事中挖掘出普遍性的教育意义，我记忆犹新。"一次考试，一位好学生为争得100分而涂改了考卷，问其原因，是老师对学生做错的题要"罚抄"所致。学生的话震动了季老师，为此，她写了《告别"罚抄"》的案例评析。季红老师的认识，证实了教育案例的意义：教师通过对教育案例的研究，会加深对教育的认识，由此获得专业成长。这次座谈研讨，进修学院王院长的结论是："我参加了好多次的教研活动，但是效果一般，今天的研讨是一次很有实效的活动。"

虽然教师撰写案例评析离严格意义上的案例研究还有距离（其实，国内严格意义上的案例研究还不多，一线教师做的就更少了），但因为对教育教学故事进行评析而促进了教师的思考和反思，获得了一些思辨能力。教师撰写案例的过程其实也是研究教育的过程，从广义上说也是教育研究。

撰写教育案例使许多教师迈出了研究的第一步。

站在今天回顾开展案例研究的过程，我想，案例使教师运用日常化的语言，叙述教育故事，日常化的语言贴近教师生活，所以他们能说、会说。与教育论文相比，论文要用创造性的语言，在逻辑的前提下展开思辨，而案例是一种降低难度、减少畏惧，且合乎教师话语的文体。

课例研究兴教改

2002年举行的海峡两岸小学教育研讨会上，顾泠沅教授和王洁博士的《以课例为载体的教师行动教育》的研究报告，给了我极大的启发。我收集资料，撰写讲稿，形成了《课例研究》培训教材，在职培班上开了这门课。

我给课例研究下的操作性定义是：课例研究就是教师在同事或研究人员的支持下，运用观察、记录、分析、反思等手段，通过选题、选课、设计、实施与记录、课后讨论、撰写课例研究报告的过程，对课堂教学活动进行的研究。

为了使老师们能较快地掌握方法，我对课例研究的操作进行了说明，结合老师做的实例，用通俗的语言阐述了研究过程。以上工作对于课例研究的展开起到了引领的作用。我把《课例研究概述》一文挂在南汇教育网上，点击人次达到1500多人。全面推广课例是2004年9月，南汇区教育局提出在全区开展以课例为载体的校本培训。各校制订计划，落实措施。我下校指导，研究总结。2005年4月，南汇区举行了课例研究成果的评选活动，教师们踊跃参加，经各校筛选后，参加区评选的成果就有281项。评出一等奖26篇，二等奖45篇，三等奖107篇。成果反映了教师的反思能力和研究水平都有所提高。

在2005年9月的"加强初中建设工程"督导验收中，各校都总结了开展课例研究促进学校内涵发展的成功经验。20多名专家到薄弱初中视导听课，他们的感觉是：南汇的教育发生了显著的变化。

课例研究拓展了课堂教学研究的方法，对教师领悟课改新理念、改进教学行为很有帮助。课例引导教师研究课改，推进课改十分有效。教师开展课例研究，易行而又实用，兼顾了可能性和必要性。课例研究促进教师实践智慧的增加和反思能力的提高，帮助教师实现专业成长，是开展校本研修的好方法。

从课例研究的推广中我悟出的道理是，教师的研究只有贴近"职场"，才能避免"空转"。成果推广必须有操作规范，研究人员的技术开发和指导，即专家引领在推广中非常重要。进修学院的专业研究人员，通过工作渠道、培训课来推广研究成果是很有效的方法。理想的教师培训课要有理论、方法和实例，并把三者融合在培训课中。

课题研究变面貌

在课题研究的指导中，我们把案例研究和课例研究引入课题研究，使教师的研究在方法上得以拓展，使教师的课题研究做得贴近教育教学实践，解决面临的问题，取得较好的实效。我通过现场指导、讲座、培训班等形式加强课题研究的指导，编写了《教师走进研究》的培训教材，为干部教师上课，结合教改热点、难点，结合工作重点开展课题研究，取得了良好的成效。

之所以要编写具有"乡土"教材特征的《教师走进研究》，而不直接选用公开出版的科研方法书，主要考虑教师的可接受性，也算是教材的"二度开发"吧。我们做的"二度开发"，是指把理论话语尽量转化为教师日常话语，把本土实例融化为课程内容，并在总结中推广。

以 2003 年和 2004 年统计为例，南汇区在市级立项的课题中有市教委的课题 9 项，市教研室青年教师课题 10 项，区级立项的课题 248 项，校级课题就更多了，研究涉及教育改革的方方面面，教师参与教育科研的积极性大大提高。在学校发展、课程改革、加强初中和师资队伍建设等方面，科研发挥了引领和推动作用。

2004 年，南汇区举办了三年一次的教育科研成果评选，中小学、幼儿园教师踊跃参加，共有 670 多项成果参加评选，有课题研究报告、案例，也有教育论文。参与教育科研的教师人数大为增加，研究的水平也明显提高。之后几年，报送上海市参加评选的研究报告、案例、论文等成果也走出了以往"老三等奖"的局面，开始走进二等奖、一等奖的行列。

教育科研不仅促进了教师的专业发展，也促进了学校的发展。

但南汇有一批薄弱学校，存在不少问题。如何帮助他们走出困境迫在眼前。

2001 年春，上海市教育局和教师进修学院选择书院中学为教改试点。在进修学院王院长的带领下，科研员和教研员几下书院，指导书院中学确立了"以微型课题研究为载体，实施校本培训的研究"项目。

我们带着研究设想，下书院与学校领导反复研讨沟通，统一思想；科研员、教研员与教研组长共同从诊断问题开始，由扩散到聚合，设计出针对性较强的课题方案。初始时名字不统一，我给它起名为"微型课题"。"微型"的含义有三：一是指微观研究；二是指小，课题的切入口小，研究细，关注实际问题的解决；三是解决教师的研究畏惧感，从小开始，容易上手。在操作上积累经验，予以推广。

那时，校本培训刚刚兴起，同时也受到一些专家的质疑。因此在暑假里，负责教师培训的原上海市教育委员会师资处张玉华处长，召开了一次关于校本培训的小型交流会，我奉命做交流发言，张处长听了我的发言后很感兴趣，对我说，下学期她要来实地看看。后来她果然履行诺言，看了以后还决定，分别给试验学校和进修学院一笔研究经费，支持我们的研究。

书院中学的课题被立为区内重点课题，到2004年，完成了研究。"微型课题"研究结出了硕果。学校的面貌得到改变，教师的教学研究积极性得到提高，师资队伍的建设有了抓手。其中最突出的是外语教学，成绩进入区前列。外语教师倪老师在教研员的帮助下，反复斟酌，确立了阅读教学的研究，抓住了提高教学质量的关键，两年后，她所带的班级中考成绩达到区上游水平。

书院中学由问题多多转入了教学、管理的井然有序，教学质量有较大的提高，进入了区中等行列。在市、区各级领导对书院中学的视导中，做出的一致评价是：书院中学发生了明显的变化。

总结这所学校、这项改革的经验，我以为，虽然表面上看是运用了"微型课题"研究这一自创的方法，而在"微型课题"的背后，是"行动研究"这一因素注入的结果。整个项目的研究起点，是从问题及其诊断出发，然后设计方案，实施切合学校实际情况的研究，在研究中不断调整计划，在反思中推进。这其实就是行动研究的程序，蕴含的是行动研究的思想精神。问题既是教师研究的出发点，也是教师研究的归宿。

研究不仅成事，更重要的是，在成事中成人，这就是我们开展"微型课题"

研究曾经的光荣！教育科研的实践探索使一批像书院中学这样的后进学校得以走出困境。

经验总结找不凡

教师是凡人，校长也是凡人。他们在日常的工作中，做出了不平常的业绩。掩藏在日常话语之下的经验，需要总结，从而形成可供他人借鉴的、融入教育经验大厦之中的公共财富。

还记得去新港中学了解情况的那天，朱校长说起他们在南汇第一中学听报告的事情，报告人是学校的青年班主任丁秀清老师。朱校长告诉我，丁老师所带的初三毕业班，成绩十分突出，在年级平行班中一路领先，而且丁老师的班级管理很有特点。

我对丁老师的事迹很感兴趣，隐隐感到这是一篇值得做一做的文章。第二天就向南汇第一中学的科研主任提出给我发言稿的要求。几天后，面对丁老师的发言稿，我激动不已。因为我找到了一位青年教师做班主任的好经验，这些经验虽然没有高深的理论，但是充满了实践智慧，很有推广的价值。

我十分遗憾丁老师的报告只是在该学校的联合体内交流，听者仅仅是八所学校的班主任和一些干部。南汇第一中学的主任跟我讲，他们曾经邀请上级领导来参加，可惜领导没有来。

为了使丁老师的经验在更大范围内传播，给更多的听众分享，我思考着该为这份宝贵的材料做些什么。我仔细阅读发言稿，然后依据经验总结的要求，做了一些修改。我修改的重点是：突出主题，突出文章的主线，重新拟定各段落的小标题，修改措词，尽量凸现丁老师的经验的时代意义。

修改后的文章题目是《以爱润心　以严导行》，我在读丁老师的经验时，强烈地感受到她的两条主线——"爱"和"严"，而这其实也是班主任必须具备的基本素养。没有爱，何来与学生的真正交流，与家长的融洽沟通？没有严，学生怎会有良好的学习习惯生活习惯，学习成绩又能靠什么取得？

文章共六段，我便设立了六个小标题：（1）用真情感化学生；（2）用行动示范于学生；（3）"人人都要负责"的班级管理；（4）培养良好的学习习惯；（5）让家庭成为班主任育人的后盾；（6）实现班主任和任课教师的团队合作。

文章改就，可是怎么获得更大的示范效应呢？我充分发挥了杂志的宣传力。在《上海教育情报》主编李丽桦的协助下，文章刊登在《上海教育情报》上。我还利用政协这个舞台，在政协的教育调研中，呼吁对班主任工作的重视，呼吁对丁老师的经验的宣传推广。

丁老师的事迹引起了相关部门和领导的重视，我很欣慰。这次的成功提高了我继续做经验总结、推广先进的决心和信心。相继完成的校长办学经验的文章有：《不能育才　也要育人——记南汇青少年业余体校校长马骏》（载《上海教育情报》）、《追求卓越——记南汇澧溪中学校长诸正邦》（载南汇政协通讯）。对南汇新港中学调研后，完成了《政通人和——南汇新港中学调研纪实》。

其实，经验总结很重要，尤其是在基层。许多校长、教师面对自己的工作业绩、实践智慧，不知道该如何加以总结和提炼，优秀的经验往往只能任其自然，常常是自生又自灭，十分可惜。要让他们自己总结提炼，难的是"熟悉的地方无风景"，不知从何说起。因此需要有"第三只眼睛"看实践，需要有教育研究的专业人员深入基层，帮助一线的教师，运用经验总结法或教育叙事研究，来挖掘先进，凸现实践智慧。

聚焦于"教师的研究"

教育科研意味着探索未知世界，教育科研意味着不断地寻梦、追梦。

作为一名来自基层学校，在课堂里的讲台边成长起来的普教科研工作者，我有课堂情结，我对教师的研究有非同一般的感受。因此，我关注的焦点始终是"教师的研究"。基于工作的性质和对普教科研的分析思考，我聚焦出"教师的研究"这一课题，把它作为研究的主方向，并持续进行了数年的研究。

2003年，我申报了"中小幼教师科研范式的研究"课题，被上海市教委立为2003年市规划项目，2005年结题。从研究假设到观察分析实验验证，从感性认识上升到理性认识，我对"教师的研究"形成了一系列结论，涉及教师研究的价值趋向、方法选择和成果表述。专家在成果鉴定中也给予了充分的肯定。

研究提高了我的认识，指导了我的实践。我一边工作，一边研究，带着研究的目光工作，用科学研究的方法指导工作，把研究成果运用到工作之中，实践着一名普教科研员的使命和职责。

我先后编写了《教师学案例》《教师学做经验反思》《教师走进研究》《课例研究》《感悟素质教育》等微型课教材，在德育主任、教务主任、骨干教师和其他学科教师培训班讲课，或做专题讲座，涉及25个班级，近2000人次。研究成果通过培训课程得以推广，科研方法变成教师手中改进工作提高教育效果的武器而发挥作用。

研究也丰富了教师研究的理论与实践。这个过程中形成的具有创新意义的认识有：（1）非课题研究也应纳入普教科研视野，并予以充分重视。普教科研和教师的研究从狭义上说指课题研究，从广义上说还包括非课题研究。（2）教师以"职场"研究为主，从身边的问题出发。让教师在自我反思中成长，就是从工作的实践出发开展研究，在解决问题的过程中促进专业发展。（3）科研新手教师从案例研究、课例研究走进课题研究，是科研成长的三部曲。案例研究、课例研究为课题研究做准备、练技能、铺台阶。（4）教师研究的范式是一种"成长范式"。"成长范式"的三阶段是入门阶段、熟练阶段、成熟阶段。"成长范式"尤为注重教师的科研能力发展。让教师开展案例评析，就是先入门；让教师开展课例研究和课题研究，就是要熟练。

我们探讨教师的研究，意义深远。千万不能因为教师研究的"草根"，而忽视它的价值。教育理论的研究与创新，缺乏"草根"研究的支撑，是理论难以转化为生产力的原因之一。"草根"研究至今还没有引起足够重视，更少有人去进行理论探索，令人遗憾。

教育科研对教师而言，到底意味着什么，教师做研究的价值的探寻，成了我始终不渝的追求。

如果教育科研只是一块敲门砖，一个护身符，与教师的身心愉悦没有联系，那么对教师而言，它能够起到的作用是非常有限的。需要时才拿起，不需要时就扔掉，也在情理之中了。

我们对它的认识需要加深，需要拿起望远镜，借助放大镜，透视和远望。特别需要关注的是自我意识的觉醒、话语权的回归。教师是教育的主人，然而教育话语权没有从这里开始产生，因为话语权被那些高高在上的"理论"垄断，教师对它只有义务，没有权利。在教育的话语霸权面前，我们失语了。重新拾起应有的话语权，不仅需要勇气，更需要理性。

只有会思考、会研究的人，才会发出有自己思想的呼喊。因此，教师开展研究对减少盲从，学会独立思考有着非同寻常的意义。研究只有植根在大地上，才能茁壮成长。

从我所经历的这段"普教研究史"回溯"源头与流变"，情境性、本土化研究结论的初步萌芽，早就栽种在"实践"的泥土里。正是因为一直得到"实践"的滋养，才没有枯萎，而是茁壮成长。

三、实现"理论联系实际"的行走路径

"理论联系实际"是一句耳熟能详的话语，因为太熟悉也就少有人去细细琢磨它的内涵和外延到底是什么。一次与张肇丰老师聊天聊到了这个话题，他提出了这个问题，给了我很大的启发。于是，我关注起理论到底与实际构成一种什么关系，教师的理论联系实际的行走路径应该是什么。

教师实现"理论联系实际"的行走路径

王丽琴老师给我发来了一组文章，是他们"课例研究课程化工坊"团队教师写的读后感。他们正在用课例研究的方法实施课堂教学改进研究。我尝试对

文章做了分类：只是对所读的书有学习领会，认识了书中的观点，算是一个层次；读了书对理论话语有认识，还由此做出辨析，能够深入分析理论话语的意义和对教育实际的指导意义，可算另一层次；不仅对书本有阅读和感悟，还有提炼和新知，更重要的是把理论和自己的实际做了链接，解说自己的实际怎样在教育中产生了良好的效果，这类文章足为上乘佳品。

由之，我联想到了"理论联系实际"这句我们很熟悉的话语，也是我尝试对读后感做分类的内在标准。在翻阅文章时，我发现不少教师在写作时常常会想到要与理论来一个"亲密接触"，奈何身边的教育故事很多，但要找到合适的切入点结合教育理论加以剖析甚难。为了顺利完成文章，有的教师会采取"拿来主义"，找到一个理论作为支撑，然后用教育事实试图加以诠释。而如此，丰富的教育实践就被理论框住了。"理论联系实际"变成了为教育实际贴上教育理论的标签，由深入转向肤浅，由真切变得牵强附会。

那么，怎样才能真正做到理论联系实际呢？读了顾泠沅先生的《口述教改——地区实验或研究纪事》一书，其中作者对"两种教学方式和教学任务变革"的论述引发了我对此的新思考。

文中顾泠沅先生谈到了布兰尼的"默会知识"论，即知识可分为"明言知识"和"默会知识"两大类。"明言知识"可以通过"接受式教学"传授给学生，而"默会知识"难以用"接受式教学"传授，需要借助"活动式教学"让学生体验，如"做中学"。

将学习分为"明言知识"的传授式学习和"默会知识"的体验式学习，同样可以迁移到教师的专业成长。现下的教师研修活动，以听课传授式学习为主，这种方法对"明言知识"的接受可以起到作用。但是对教育中的"默会知识"所起的作用就很小。因为"默会知识"的习得需要教师在实践中体验，需要"做中学"，需要教育经验的慢慢积累。这就可以解释为什么各级研修部门花了大力气，教师的专业发展还是不尽如人意。

而由于有了"明言知识"和"默会知识"的分类，学习就有了传授式学习和活动式学习两种方法，再加上从"明言知识"到"默会知识"、从"默会知识"再到"明言知识"，那么又有两种方法。这四种方法使学习更为丰富，更为复杂。用这四种学习方法来观察教师的专业精进，我们尤其需要重视教师把"明言知识"变成个人的"默会知识"，再通过个人的实践把"默会知识"显性化的过程。

这由教师的读后感中可见一斑。教师对书中的"明言知识"有了学习和领悟，可以看作是"明言知识"的领悟——默会的过程。然后，教师把理论运用到自己的课堂教学中去，实现教育改进的"临床"实践。在此过程中，教师有了对理论的新认识、新运用、新成果，此时需要教师能把自己的实践经验用文字表达出来。这个写作的过程我认为是教师对"默会知识"的显性化过程，文章表达的观点和认识足以看作是教师个人化的理论。

从"明言知识"到"默会知识"，再从"默会知识"通过写作变成"明言知识"，对于教师的成长而言弥足珍贵。由此，我想到了农村中常见的织布。如果用"理论联系实际"做类比，这里的经线是各种教育理论和教师的实际经验，纬线是教师在理论指导下的学习、实践、体验、感悟的过程，包括了从"明言知识"到"默会知识"，再从"默会知识"到"明言知识"，这两次转化和飞跃的过程即"织布"的过程。通过这样的过程，教师完成了从线性排列到布匹的织就，正是理论联系实际的践行过程。

四、警惕经验带来的局限

教师是一项需要积累经验的工作，俗称"教书匠"，这也道出了"手艺人"的功夫所在。然而，教师还需要警惕经验的"囹圄"。要学会走出经验的"囹圄"，看到外面的世界很精彩，不要把自己的经验"抱得太紧"（陈向明语）。

走出经验的囹圄

教师需要经验的积累。有道是"后生（年轻）手艺老郎中"，就是对经验的推崇和肯定，很通俗却不乏哲理。但是，好像很难简单地以经验传授来解决教育的复杂问题。因为教育需要教师自己创生经验，构建个人化的教育理论支撑实践。

引发我思考的是一件小事。一所农村学校正在接受"某某教育"的托管辐射，教师用"某某教育"研制的课件上课，初始收到了良好的效果。做了一段时间后，有教师不再受制于课件的束缚，而是进行自主修改增删。一位熟识的教师告诉我，他开始用课件教学，后来便不再直接引入，而是要做一些调整、补充后才用。这位教师很聪明。不过，他偷偷对我说，因为学校规定一定要运用引进的"师父学校"的课件，所以他无法理直气壮地回答领导检查的质疑——"你们怎么没有严格按照'某某教育'制定的课件上课？"

教师知道怎样做好，所以按自己的课堂实践、对教学的理解做调整，但是要他说出个中道理可能还有难处。表面上看，领导的话也对，教师的做法也在理，那么表象的背后隐藏着什么问题呢？

案例中的那所学校起初用购买的课件作为上课依据，是因为那个阶段的课堂教学正处在课件针对性较强的发展阶段。在从无序走向有序的进程中，课件正好提供了一个参考，发挥了作用。但是，教师一旦走出了无序，进入了有序，此时他们需要根据学生的学习情况进行调整。如果还是一味模仿课件的设计，不会主动调整上课的策略，课件可能会成为束缚教师手脚的"镣铐"。

曾有位校长归纳出对课件（经验）的感悟："在无序时我们需要课件做到有序，一旦教师进入了有序，这时需要超越规范（课件），创设出适合学生的新课件（规范）来。"这位校长的见识有实践作为支撑，是得到教育实践检验的"真理"。

试想，如果课件能够覆盖全部学校、所有学生的话，教育岂不太过简单了！实践中，每一项教育经验都是针对特定的学校和学生的，经验一旦离开学校、教师和学生，以及课堂这块土壤，就可能会产生"水土不服"。怎么解释课件曾经在某些学校某个课堂教学中产生了很好的作用呢？那是因为枪、准星和靶子正好处在一个点上，射击的目的就会实现。一旦其中之一发生改变，脱靶自然无法避免。

我曾经对托管办学做过调查研究，获得的事实是，托管办学在一部分学校产生了良好的效益，但是在另一部分学校可能是利弊各半，还有的学校甚至没有产生作用。这就表明，托管办学本身并非问题的关键。有校长指出，托管办学如果只是在被托管学校的脚底垫上一块砖，托管时学校长"高"了，一旦抽去这块砖，学校还是会回到原来的样子。也有调研证明，托管办学如果能够调动校长的办学积极性，调动教师的教学积极性和学生的学习积极性，才有改变学校原来落后面貌的可能。可见，能否调动校长、教师和学生的积极性才是问题的关键。

曾几何时，教育界创生了很多"教育经验"。一段时间，前往某些"名校"参观的人络绎不绝。学校甚至以购买门票做限制，这也成为一道独特的风景线。

然而，仔细审视之后，我们不禁要问：为什么那些参观学习没有产生预想的效果？为什么不少领导、教师走出国门学习考察，回归教育现实后几乎都是"涛声依旧"，激动过后依然回到原处？

教育的问题有其复杂性，不是简单地学习考察就能够学会并产生效益的。一项教育经验可以在某个阶段产生效益，而一旦时代、环境等因素发生变化，就要求经验也随之变化，变化和求新应是教育永恒的主题。

我们无法抹杀教育经验的客观发展及其在某一个阶段所产生的积极作用。只是因为教育的变化太快了，我们的理性常常落后于客观现实；是因为教育过于复杂，且难以左右，我们想用简单的思维去框定它，用统一化的行政手段去指挥、限制它，是极为困难的。

教育发展的内因不发生变化，外因所产生的效果必然受到制约。对于教育经验采取简单的"拿来主义"，不思考、不改进，闷头实施而寄望于显著的成效，这是不可取的。

要走出经验的某些局限可能带来的误识、误行，不仅需要理论界做学理上的梳理和研究，也需要一线教师在实践中开展研究，提供实证依据。

首先，应透过经验的"形"看到经验的"神"。参观学习先进经验，我们会关注经验的逻辑结果、操作流程、行为特征，因为我们先想到的是学习以后回去怎么做。这些可以看到、听到、模仿的东西其实还是经验的"形"，不可谓不重要。但是，还有更重要的"神"常常为我们所忽略，比如那些只可意会很难言传的观念、思想、精神。它们隐藏在"外形"的背后，需要深入体悟领会，需要学习者在实践中加以灵活运用，方能产生质变。

其次，不仅要学习经验，更要着眼于创生经验。如果只想凭着对经验的学习"一夜暴富"，可以说这种急功近利的心态在初始就注定了最后的结局——"耗了学费结果平平"。

现实中，"成果推广"一直不绝于耳，但为何结果却"推而不广"也是值得思考的。推广是领导用语，学校和教师要的是学习和应用。作为教育经验实践的主体，教师不是也不可能是经验的简单模仿者，而应是经验的"对接"研究者。我们需要在充分考虑主客观条件的基础上，做有创生性的经验应用研究。基于此，开展群众性教育科研，以实践研究和实践创新开拓学校教育科研的深度和广度是值得为之的一条坦途。

最后，要充分把握教育的科学性与艺术性的辩证统一。教育是科学，科学可以用实验重现复制。但教育又是艺术，艺术在于独创，这是教育不能简单地复制经验的奥秘所在。

有的教授极力倡导教师做调查研究和行动研究，写叙事性的行动研究报告，这是有见识的呼吁。我以为，教师的教育经验镶嵌在教育的情景之中，一旦脱离了教育情景谈经验，上升到总结性话语讲经验，那些抽象的条条框框，可能一文不值。这既不利于经验传播，也不利于经验保持活力。可以说，缺乏独创性和思考性的教育经验复述是无效且缺乏生命力的。

在当下，以科学指导教育教学，使教育经验上升为理性，我们先天不足，后天少为。目前，研究教育的队伍看起来很庞大，其实远远不足，已有的队伍也囿于"学术研究"的小圈子，常常关起门来做些脱离现实的研究，对解决教育的热点、难题作用不明显。而普通教师的研究也因受制于视野或为某些"学术研究"的偏见所左右，难以发生良好的效用。

要走出教育经验的囹圄，还任重道远。对于教育经验的总结、迁移、运用、创生，无论是理论界还是实践派，都需要有更多的自省和思量。

五、借助"第三只眼睛"总结提炼经验

默会知识的显性化是一个很费脑力的工作。把实践通过提炼变成个人化的教育理论，需要借助理论视角，或者借助"第三只眼睛"。

借助"第三只眼睛"总结提炼经验

收到某区科研主任邀请，我前去参加成果推介的评审工作。期间碰到了几位老朋友，聊的话题还是教科研工作，对几份参评成果没有做好最终的提炼甚为遗憾。

该区一位数学特级教师、正高级教师，在高中数学教学领域颇有成就，出了一本很厚的书。参加评审的老科研主任说，这位教师在上海很有影响，可惜这本专著以教学——怎样教数学见长，却疏于对数学教学背后的方法归纳和策略提炼。如果只是停留在教学案例的陈述上，告诉读者"我如何教数学"，那么，还没有达到理想的层次——通过这本书提炼高中数学教学方法论、认识论，从方法论、认识论出发提炼出高中数学教学的若干策略。策略可以举一反三，对高中数学教学有普适性意义。由此看来，光靠教师自己，有时还难以做好经验总结，所以，需要借助"第三只眼睛"。

借助"第三只眼睛"总结教育经验的例子比比皆是。上海曾经总结过飞虹中学提高办学质量的经验——"分层递进教学"，对解决薄弱学校教学质量不高的问题起了很大的作用。据上海市教科院普教所原所长胡兴宏介绍，飞虹中学的办学经验得到了普教所专家的悉心指导，归纳提炼。还有很多上海的教改经验都留下了专家指导的印迹。

为了帮助基层学校做教育经验总结，我特意找来能够搜集到的科研方法书，寻找做教育经验总结的方法和理论。为此，找到了上海市教科院普教所郑慧琦、

胡兴宏的著作《学校教育科研指导》（上海教育出版社 2001 年版）。书中由谢诒范、郑慧琦、王玉兰撰写的"学校特色经验的总结与指导"一节提出总结经验时需要对经验主题予以揭示，而后对经验操作体系也要揭示。书中列举了广灵路小学的德育经验总结的例子。文章的阐述很完整、系统，呈现的案例也贯穿着方法和学理归纳。专家的阐述给我很大启示。

　　一次参加南汇区体育教研活动，南汇区青少年业余体育学校的马校长的探索得到与会领导和同行的一致肯定，我有心做总结，于是，约了马校长做经验介绍。我率领工作室学员前往少体校专程学习，马校长详细介绍了把少体校由低端学校变成佼佼者的办学经验。我让少体校的科研主任徐老师也参加活动，活动后请徐主任撰写初稿，我做修改完善。这篇文章在《上海教育情报》登载，也在《南汇政协》杂志上刊登。我还帮助三灶学校做过经验总结，执笔撰写了调研报告《办好农村学校的"三灶诠释"》，得到该校校长和托管办学方上海成功教育集团的一致肯定。

　　其实，即使在一所普通学校也有经验值得发掘。

　　南汇区一所中学开展"自信心"培养的研究，其中一位班主任的文章引起了我的关注。他们学校开展了"两代书"的德育活动，要求学生给家长写信，家长给学生回信，通过书信往来加强两代人的沟通，形成家校教育的合力，增强学生的自信心。科研主任介绍时，一篇由王萍老师撰写的文章《一封来自"天堂"的信》很有特点，是王老师教育智慧的体现。中午休息时，我请科研主任把王老师请来，提出希望对这篇文章做些修改。后来，这篇文章在 2013 年获得浦东新区教育故事评选一等奖。有一所幼儿园开展家访活动，我听到瞿老师介绍家访中留下的故事时感觉很有意思，便鼓励她把故事写出来，与大家分享交流，一篇《难忘的家访》就此成稿并发表。这篇文章介绍了家访中碰到的三种类型的家长，形成了三个案例，对如何做好家校合作教育学生的问题给出了参考。

　　对经验的总结需要一点视野，需要发现经验的独特性、含金量。这对教师会有点难，难就难在"不识庐山真面目，只缘身在此山中"。没有比较的眼光，常常不知道经验的价值，因为对其他学校的情况不了解，缺少比较视角，因而没有意识到自己所拥有的经验的可贵。此外，剖析经验也需要有理论视角的观照。

在走进学校做科研指导时，我发现教师对自己的经验和经验的先进性何在往往不清楚。这时特别需要有"第三只眼睛"给予发现和肯定。

六、是嫁接，不是移植

源创图书策划了一本新书《嫁接十一学校：六位教育者的寻变之旅》，作者是李建平。这是一本介绍北京十一学校李希贵校长教育改革的书。

据源创图书的老总吴法源先生透露，此书原名《移植十一学校》，是李希贵校长改成了"嫁接"。"移植"与"嫁接"，粗看区别不大，仔细想想才发现，李希贵校长的改动还是很有认识深度的。

移植是用新者取代旧者，嫁接是没有把旧者丢弃，只是在老树上嫁接新枝芽。新枝芽与老树的嫁接，激活了内在的潜力，保持了生命的更新。

我有感而发，撰写了《是嫁接，不是移植》一文。

是嫁接，不是移植

教育成果的推广是一个非常熟悉的老命题。上海原来有"成果推广奖"，对推广先进教育经验的课题予以奖励，但后来中断了。2017年底，上海市教科院普教所举行"纪念普教科研35周年"座谈会，提到重新启动"成果推广奖"的设想。这个设想得到了与会者的支持，希望尽快进行。如果真的举行"成果推广奖"，大概北京十一学校李希贵校长的经验会名列其中。从上海教育新闻上看到，市教委专门组织了一批知名校长让李希贵校长来上海主持培训。所以，上海的校长对李希贵校长的教改不会陌生。

"纪念普教科研35周年"座谈会，顾泠沅教授也出席了。对"成果推广"

一事，他持谨慎的态度。他在发言中指出，成果推广是需要条件的。言下之意就是，不要对成果推广抱太大的希望。他的话是有道理的。

回顾教改30年，中国大地曾经推广过的经验很多，但最后的结局不外乎热闹一阵子，过后就不了了之。也没有人好好总结成果推广的得与失，是否真的可行。

成果推广是需要条件的，此话在理。我到一所初中做青年教师校本培训指导，他们正在推广"成功教育经验"。有一系列课件可供教师上课时套用。一位教师告诉我，原来他们把课件直接用于教学，后来做了修改，因为需要与学校以及学生"无缝对接"。这个修改的过程非常重要，是"以学定教"的使然，也是教育成果本土化研究的必须。

当今世界，信息技术高度发达，教改经验层出不穷。教改新名词的层叠更新，几近眼花缭乱的地步。运用他人的经验改进自己的教学，本来是顺理成章的事情。问题是过犹不及，凡事被过度宣传后，往往就发生了"异变"。

一次讨论"成果推广"，有位科研主任说，成果推广是领导的话语，对基层学校而言，是学习中借鉴，把适合自己学校的经验引入课堂，在实践中验证是否可行。

再说到"移植"。现在"移植"的方法在城市园林建设中比比皆是。移植可以快出成效。一片荒芜之地，通过移植，照样可以在短时间内变成绿洲。问题在于，教育可以这样大干快上吗？答案显然是否定的。

那么，不是"移植"，而是"嫁接"，可否？《嫁接十一学校：六位教育者的寻变之旅》这本书用事实回答了人们的疑问。

成功教育曾经在南汇区有过托管办学的成功例子。三灶学校接受成功教育集团托管数年，办学面貌焕然一新。我接受教育局领导指派的任务，前往三灶学校做调查，发现成功的秘诀在于三灶学校的托管办学调动了校长、教师和学生的积极性，这才是关键。一如"嫁接"十一学校的成功经验，从2014年教育部积极推广十一学校教改，于是前往十一学校参观的人员络绎不绝，结果呢？有多少学校取得了成功？上海的学校是有条件学习十一学校的经验的，但是结果并不尽如人意。

浦东教发院的一批博士正在学习佐藤学教授的学习共同体教改实验，从一些"领航"教师的课堂改革看，成果很明显。但是要推广学习共同体的经验，十分艰难，需要校长、教师转变教育观念。

我很赞同《嫁接十一学校：六位教育者的寻变之旅》一书封面上的话语：教育改革成功的关键，是校长和教师教育观念的革新与内心的改变。

一位江苏的教育局领导在开展学习共同体教改实验以后，撰文写道："老大难，老大难，老大一动就不难。"此话的正确性是有时限的：初期阶段没有行政领导的强力推动，进展不会很顺利。但是，把课改寄希望于领导的推动，就过度夸大了教育局领导和校长在教改中的作用。如果教师不转变观念，不改变心智模式，教改进入到深水区是很难再有所作为的。不信，可以在实践中验证。

这些都是我在与基层学校的教师一起从事教改实验中感悟到的。没有教师在课堂里推进教改，一切无从谈起。现在校本课程的作用被夸大了，以为有了校本课程，学校的特色有了，教改就顺利了。殊不知，课程还需要教学落地，教学需要教师的实践创新。

反之，如果教师转变了教育观念，是可以有作为的。一所初中邀我前往他们学校指导教改，我先做了一场辅导，题目是《以学习为中心的课例研究和课堂观察》，给教师们展现了诸多课堂例子。然后参加他们学校的教改研究课。一位数学教师上了一节一元一次方程的研究课，我请副校长组织了十位教师做课堂观察员。一位教英语的徐老师观察了一位学生，记下了这位学生在这节课上的学习行为，最后撰写了一篇观课文章《一次函数图像与坐标轴围成图形的面积问题的观课报告》。她在文章末尾写道："4号学生从目光游离到集中精神，从拒绝参与到参与，因为体验到了可以学、学得会的乐趣。而随着知识探索的深入，像4号这样的'学困生'因为知识的薄弱无法参与，必然会打击好不容易培养的一点学习兴趣和自信。如何持续刺激孩子的学习兴趣和让孩子保持学习的动力，促进学习的良性循环是我们一线教师最值得深思的问题。"

不是"移植"，而是"嫁接"。把北京十一学校、学习共同体教改实验的思想方法"嫁接"到这所学校的"枝条"上，一旦点燃了教师教改热情的火把，肯定会有收获。

李希贵校长在面对"十一学校的经验是否可以复制"的疑问声中，直言相告："十一学校的经验不可复制，但可以嫁接。任何一所学校的经验都不可能复制，但是，可以嫁接，可以萃取其成功因素，将之移到不同的土壤中，使其与那里的气候相适应，从而产生具有共同文化基因而色彩缤纷的不同的学校。"

主张三

何以走向日常化

教师做研究、写文章能否走向日常化，是一个有待破解的问题。实际情况是教师偶尔为之不难，难的是走上日常化。

要改变这种现状，既有价值观的转变，也有方法论的习得。我在这方面做了一些努力，收到了些许成效。

一、循着真问题做本土化教学研究

做研究、写文章都从问题开始。问题是研究的逻辑起点，循着真问题做本土化研究，是教改能够落地的前提。

循着真问题做本土化教学研究

读华东师范大学终身教授叶澜的《世纪初中国教育理论发展的断想》一文，想到了本土化研究的问题。文中强调："本文提出的原创性是指以本国教育发展需要和问题为研究的本源，通过各种不同手段获取原始性素材，或做原始性的研究，进而得出在国内或国际范围内富有独特性和创新性的理论。"我领会这句话的要义是需要从中国教育的实际出发做研究。

近年来我一直关注学习共同体课堂。当下全国学习共同体课堂改革，有两种取径。一种是把学习共同体的理论和实践当作圭臬，只做"削足适履"的改造，把本土教育朝着学习共同体的样式去做。严重一点说，是拿学习共同体来套用、匡正本土教育的四边，"塞入"那个"模具"，其实就是模仿。另一种是"推陈出新"的变革。以学习共同体理论和实践作为参照，做出基于本土、指向深度学习的教育生态来。

"创新"二字现在已经很泛滥了。其实创新不易。创新需要哲学和思想认识的更新。比如：一位践行学习共同体理念的教师，上过研究课，撰写过课例研究报告。在一次课堂观摩活动中，她作为学情观察员走进清华大学附属中学合肥分校秦亮老师的课堂。我请她把课堂观察与分析写出来，给后期研究留下素材。

她对秦老师的课"谁偷了我的蛋糕"赞赏有加，怎么解读？怎么分析？有一段原话是：我们的课堂应该交给学生，所有的时间都留给学生尽兴地探究，经历失败、苦思冥想、反复尝试，从中获得乐趣、积累体验。这话说对了一半。

一些地方启动过把课堂还给学生的教改实验，结果是学生自由发言，即使说的不着边际，教师也不给予指点引导。有的学生爱抢风头，没有经过思考要么说了一点点，要么重复别人的话语。事实证明，这种"放羊式的课堂"不可取。

既要"让学生尽兴探究"，又要不偏离学习的正确轨道，理想的状态可能是"放风筝"式的收放自如。依据实际情况该放的时候要放，该收的时候要收。问题的关键是，我们需要知道什么时候该放，什么时候该收。这需要有本土化研究的实践来证明，有理论有事实，有研究报告阐述，不是"瞎猫碰上死耗子"的偶然。

从这位教师的叙述中可以看出，对教育教学行为的分析，不仅需要借助感性认识，更需要理性认识。偏过来又偏过去的"钟摆"现象，反映了教师理论准备的不足，需要在哲学和思想层面学习领会，摆脱就事论事的肤浅。

　　回到本土化研究，这样的层层追问和实践研究有助于逼近问题核心，是本土化研究的要义和必然。可以这样理解，本土化研究是创新的载体，创新是本土化研究的必要元素、必然追求。

　　有教师曾问我有没有关于学习共同体课堂的学习单可以参考，因为学校要求开一节学习共同体研究课。我说没有，真的没有。索取他人的学习单作为参考我赞成，做成文献研究有价值。如果是走捷径，硬要把自己的课朝着学习共同体上靠，这样是欠妥的。问题的核心不是上得像样不像样的问题，而是能否解决学生的真实问题、促进课堂变革的问题。学习单的设计和运用就是本土化研究的可选课题，通过做一个课题慢慢悟出其中的道理，才是本土化研究的追求。

　　本土化研究其实并不遥远，就在我们的教育教学中。就看教师有没有发现问题，循着问题一步步深入去思考、认识、再思考。

　　每一天都是新的，我们面对新的一天，要带着经验去追求、去创造。在践行本土化研究的过程中，领略每一天的美好风景。

二、课例研究把教学与研究合而为一

　　课例研究在教师的教改实践中已经成为一种选择。从学理上讲，课例研究已经有了国际研讨会，各国学者争相做出理论研究的成果。从实践上说，课例研究简便、易行，把教学与研究合而为一，可使教学改革得到科学滋养而提升质量。

我所经历的课例研究

我认识的课例研究，始于 2001 年海峡两岸小学教育学术研讨会。那年顾泠沅教授出席研讨会，之后发表了论文《教师在教育行动中成长——以课例为载体的教师模式研究》。文章对课例研究进行了论述，而后课例研究走红上海教育界。教师们习惯把这种旨在促进教师专业成长的课例研究称为"三阶段两反思""一课三研"。

就教师学做研究来看，课例研究是一种与日常教学结合紧密、上手快、易出成果的研究方法。

2010 年，学习共同体教改实验引入上海浦东，课例研究因融入新元素而焕发勃勃生机。

课例研究与学习共同体的相遇相融

据我考察，学习共同体教改实验在浦东经历了三个阶段：一为肇始期，是探索性研究时期；二为发展期，学习共同体教改实验呈现横向发展态势；三为初成期，从实践走向学理的归纳。这个过程，也是课例研究从思辨走向实证的过程。

肇始期——探索性研究

第一次听说陈静静老师和杨海燕老师走进高东中学曹哲晖老师的数学课堂做教学"切片"分析，是浦东教发院的张娜老师告诉我的。我因曾经做过课例研究而对陈静静老师的探索很感兴趣。他们最初做课堂分析时，通过拍摄教学过程，然后做分段切片分析，他们和曹哲晖老师一边观看课堂发生的教与学的故事，一边分析，提出改进设计的设想。

这使我想起了顾泠沅教授曾经做过的课堂分析。顾教授率领他的研究团队走进课堂拍摄录像，然后分析教学的成败得失。有一次我听他的报告，谈到教师的问题设计，发现一节课有 100 多个问题，大都属于是什么、对不对的记忆层次的问题。我想试试课例研究这种方法，于是邀请顾泠沅教授研究团队的杨玉东博士来南汇区给科研主任做培训。杨玉东博士要我安排半天时间听报告，半天时间实地做课堂观察与分析。我正好在光明学校带了一位徒弟——数学教师倪老师，于是在听完报告后，科研主任培训班里的几位数学教师到光明学校倪老师数学课上做课堂观察和记录。课前，杨博士对他们做了培训，包括要记录什么、怎样分析。尽管是初次学做课堂观察，几位数学教师还是经历了一次真实的课堂观察。培训以后，我想在一般教师的课堂里做类似的课例研究，却没能实现。后来此事也就不了了之。

阅读陈静静老师推荐的《教师的挑战——宁静的课堂革命》一书后，我重新燃起做课例研究的想法。适逢几所初中校长就怎样推进学校教改和我讨论，我便告诉几位校长，可以试试课例研究和课堂观察。

王丽琴老师和张娜老师也对课例研究感兴趣。王丽琴老师还给我发了华东师范大学安桂清教授发表在《人民教育》上的一组六篇关于课例研究的文章。2012 年春秋时节，浦东教发院的几位科研员先后两次分别在南汇第三中学和南汇第四中学举行了课例研究的推介会。安教授也应邀出席会议。后来，刘姣老师借参加浦东新区青年科研骨干教师培训班的机会，结合学校的课题尝试高中语文课例研究，经过科研员张娜老师、郑新华老师的指导，完成了一份质量上乘的报告《高中语文生成性教学的课例研究——以鲁迅小说〈药〉为例》。曹哲晖老师与陈静静老师、杨海燕老师等一起在初中数学课上进行了十多节学习共同体的课改试验。

2013 年，南汇第四中学申报了一个由上海市教委立项的课题"以课例研究为载体的初中个别化教学研究"。课例研究成为课题研究的抓手和主要研究方法。因共同爱好，愿意走进课例研究这个团队的教师和学校逐年增加。初期，小组合作学习是研究的抓手。后来，由小组合作学习进入协同学习。陈静静老师用三个关键词阐述学习共同体的教学改革：协同学习、冲刺挑战性学习和基于学科本质的学习。在倾听、串联、反刍的基础上，课例研究往前推进了一步。

发展期——横向扩展，研究态势初成

各所学校的课例研究，有"独干"也有合作，总体上呈现积极向上、不断深入的态势。

2016年7月初，陈静静老师和浦东教发院的多位同仁一起，举办了为期4天的学习共同体暑期工作坊。参加活动的有浦东的教师，也有闻讯而来的外地教师。钟启泉教授带领一些教育学者共同参与。活动内容丰富充实，以国内外的课例录像展示与分析为主，还有TED演讲、名著共读等。这是第一次学习共同体工作坊活动，是一次破冰之旅。活动中，常常出现争议和论辩，可见，要使学习共同体教改实验新观念、新方法得到教师认同，甚为艰难。但也有很多教师因参加工作坊而获得了较大提升。陈静静老师就在《学习共同体领航教师的精神气质——兼议专家型教师的成长轨迹》一文中这样形容王晓叶老师："最初对王晓叶老师最深刻的印象是他总是保持着一种温暖而含蓄的笑容，特别具有亲和力。之前，参与课例研究，王晓叶老师是很少讲话的，保持微笑倾听姿态，是很好的倾听者。直到2016年的学习共同体暑期工作坊，王晓叶老师好像突然顿悟一样，让人看到了他异样的光彩。无论是对课堂情境的研究和分析，还是对学习共同体的理论阐释，抑或是小组伙伴的讨论展示，王晓叶老师几乎每一次都表现得非常完美，分析和表达都堪称惊艳。"

王丽琴老师对课例研究也有自己的想法，她申报了课题，尝试做"课例研究课程化工坊"的实验。该实验与"学习共同体"有异曲同工之妙，都把课堂观察作为变革的抓手。

2017年，陈静静老师与真爱梦想公益基金会潘江雪女士联手，组成了更大范围的"学习共同体"研究团队，教改实验也得到了基金会的大力支持。学习共同体教改实验的半官方、半民间的特点，以志同道合为联结纽带，最突出的是自愿加入，也允许退出。好在曙光已经初现。

随着学习共同体研究院的成立，学习共同体的全国性研究与实践网络逐渐形成。在全国各地兴起一股学习共同体教改实验的热浪，内蒙古、浙江、江苏、山东、云南等地的校长和教师也纷纷加入。

有了学习共同体暑期工作坊活动的经验，后来的暑期研究坊和学习共同体峰会等大型活动的组织呈现了微改进的策略，呈现出"形散神不散"的特点，将问题聚焦在协同学习、冲刺挑战性学习、基于学科本质的学习上。从实验学科来说，以语文、数学、英语为最，还有音乐、体育、历史、化学、美术等学科；从学段来说，以初中、小学为盛。这场学习共同体教改实验走出了浦东和上海，在全国各地呈现出集群式研究态势。陈静静老师的《学习共同体领航教师的精神气质——兼议专家型教师的成长轨迹》一文，便阐述了程春雨、王晓叶、郑艳红等领航教师的攻坚克难的历程。

初成期——基于实证研究的学理分析

学习共同体教改实验的研究成果开始呈现井喷式的态势。

2015 年，陈静静老师等人著的《跟随佐藤学做教育——学习共同体的愿景与行动》一书由华东师范大学出版社正式出版。它是学习共同体教改实验探索期的研究成果，表明随着教改经验与理性分析的积累，学习共同体进入了对本土化经验的学理分析阶段。

《教育发展研究》2018 年第 16 期刊发了陈静静老师的文章《课堂的困境与变革：从浅表学习到深度学习——基于对中小学生真实学习历程的长期考察》。这是一篇把长期做课堂观察收集的资料提升为学理分析的文章，分析基于课堂事实，也来自理论视角，是怎样研究课堂的一个范例。文章指出："当前课堂最大的困境——学生普遍存在'虚假学习'和'浅表学习'的情况，从而产生了大量的'学困生'。课堂困境产生的主要原因是高速而压缩化的课堂教学进度与缓慢而复杂的学生学习历程之间存在巨大落差，学生的真实学习需求未能得到关注和回应，从而陷入了'学困生'的死循环。要改变课堂困境，使学生从虚假学习、浅表学习走向深度学习，课堂的系统化变革势在必行。"

学习共同体教改实验融入课例研究析评

本土化课例研究的流变

2018 年，南汇第四中学的研究成果——《探寻课堂教学变革新途径》一书，由上海交通大学出版社出版。书中详细阐述了为什么选择课例研究作为主要研究方法。

课例研究曾经广为流行，课例研究在不同的人手里会做成不同的样式。

顾泠沅教授倡导的课例研究以提高教师的专业能力为主要追求。教师们习惯把顾教授的课例研究称为"三阶段两反思"。这对教师的学习操作有好处，通俗易懂。

安桂清教授的课例研究与行动研究有相通之处，或者说是以行动研究的精神实施课例研究。

佐藤学教授的课例研究与授业研究有联系，既关注教师的专业发展，也专注学生的协同学习。他的研究最明显的特点在于课堂观察，并且把课堂观察的焦点聚焦于学生的学习上。

南汇第四中学课题组选择了佐藤学教授的课堂观察，搜集学生实时实地的学习情况，以此为证，分析教师的教学设计是否合理、达成度如何。

从实验中，我们得到了一些新认识。课例研究是教育研究方法在课堂里的"微缩盆景"，一个好的课例研究需要经历教育研究的一系列过程。学做研究从学会做课例研究开始，是一种不错的选择。教师以自己所长开展课例研究，就是经历教育研究历练，从研究中习得研究方法，提高研究能力的过程。

本土化课例研究在经历了"教师行动教育""行动研究"的实践以后，我们选择了基于教育研究方法的课例研究，把"问题与假设、方法与证据、结论与讨论"植入课例研究中，使科学的行动研究与科学的调查研究相结合的"复合式研究"走进我们的课堂。

课堂观察的意义

课堂观察的引入，使课例研究发生了重大变化。

崔允漷教授的课堂观察与佐藤学教授是有区别的。崔允漷教授的研究成果被称为"LICC 范式"，是将课堂分解为"学生学习""教师教学""课程性质"与"课堂文化"四个要素。所以，研究团队开发的观察工具既指向学生的学习，也指向教师的教学。教师带着预设的观察表走进课堂，然后依据观察表的指标研究教学，是崔教授研究的显著特征。

佐藤学教授在浦东福山路小学指导学习共同体研究的现场谈到了课堂观察，他明确地说："日本的教授现在不做结构观察，而做自然观察。"

结构观察是观察员带着研究指向做课堂观察，以量表作为观察工具；佐藤学教授做的自然观察，不带量表走进课堂，以眼睛为观察工具。结构观察收集数据资料有明确的指向，以数量关系的分析见长；自然观察收集资料数据是开放式的研究，以描述见长（也有数量关系的分析，但不是主要方面）。我体会，以数量分析见长的结构观察，对整体的把握可能更好。但是，学生是以个体出现在课堂中进行学习的，所以，研究学生个体学习的自然观察更有价值。更何况我们已经走进了个别化教育的新时代。

以往我们习惯用整体观察、整体研究代替个别研究，往往存在笼而统之的泛化。我们把研究视角对准教师，疏忽了对学生的研究。把研究教师的教转向研究学生的学，还有很长的路要走。没有找到合适、有效的方法，研究学生的学只能停留在呼吁和文件中。学习共同体的研究，则为研究学生的学开辟出一条路。这是学习佐藤学教授研究方法的结果。

课堂观察以实证资料说话，不仅起到了拨正教师教学行动的作用，还引起了教育观念的转变。值得关注的是，课堂观察改变了隐藏在教师内心深处的教育哲学。这是教改能否有效推进、能否成功的关键所在。

学习共同体教改实验对研究范式转型的意义

提出研究范式转型的是学界。他们是一批先知先觉者。

"全国教育实证研究联席会议"于 2017 年 1 月 14 日在华东师范大学举行。13 所高校教科所所长和 32 家教育杂志主编参加会议。会议一致通过了"加强教育实证研究，促进研究范式转型的华东师大行动宣言"；呼吁全国教育研究界和学术媒体，把握教育科学发展的内在要求和趋势，共同承担起推动中国教育研究从经验性、思辨性向实证性研究范式转型的责任和义务，培育基于事实和证据进行教育研究的新范式和新文化，努力实现当代中国教育研究的新发展和新突破。

落实研究范式的转型不是一件轻而易举的事情，需要学者、专家走出书斋，走进课堂，与一线教师共同实践基于事实的研究。

浦东教发院的一批专业研究人员做了学界想做而少有人去做的工作。从"观教"走向"察学"，是学习共同体教改实验的显著特征。教师做教学研究，难就难在用什么证据证明改进的教学方法对学生学习产生了积极的影响。以往较多地用考试成绩或者成果获奖作为证据，其实是有缺陷与疏漏的，很难经得起推敲。

有学者说，一场涉及社会变革的进步，必定伴随着技术的进步。回顾历史，此话当真、在理。课堂观察这项技术是否能成为撬动课堂变革、引发教育进步的"撬棒"，我不敢轻易下结论，但是已经初露曙光，至于最终怎样评判，还需要学界同仁进一步探讨辨析。

三、有了主张，写作就不难

"不要'告诉'，而要'主张'"，是华东师范大学陆有铨教授对教育写作的概括。陆教授的原话是："不要告诉我你知道什么，而要告诉我你主张什么。"我听后如醍醐灌顶，在尝试用有没有教育主张来区分文章后，发现这果真是一条分界线。

教育写作一直以来都是热门话题。写作在教师成长中占据重要作用。我因工作关系读了好多教师的文章，也常常协助修改，非常理解教师因写作而生出的烦恼纠结。受陆教授的启发，我想到了一个窍门，如果学会立意，就像陆教授说的有教育主张，文章的质量还是能够提高的。

不要"告诉",而要"主张"
—— 与教师探讨文章的立意

向教育案例要"主张"

我曾经开过"怎样写教育案例"的培训课,组织教师撰写教育案例。我发现,教师写故事不难,难的是对故事蕴含的教育道理做分析、评论。我做了问卷调查,问学员觉得自己写教育案例的困难在哪儿。学员濮老师的回答是"难在找到切入口,用理论分析"。濮老师是幼儿园科研主任,组织教师写过案例故事,有切身体会,他的回答是可信的。

何谓"找到切入口,用理论分析"?例如,侯登强老师是写教育案例的行家里手,我做培训时常常引用他的《戴高帽是危险的》和《伤疤》一文,借以说明怎样给故事提炼一个主题。

《戴高帽是危险的》讲了课堂里一个真实的故事。学生民把一瓶矿泉水扔给同学时不小心扔到了同学源的身上。源是个性格暴躁的男孩。他猛地转头,一脸怒气,就要起身去教训民。老师灵机一动,笑着说:"源同学真勇敢,被瓶子砸到都没事儿。"此话一出,源近乎起身的姿势回归了原位,故作轻松地笑笑,眼里闪着英雄的骄傲。课堂继续……

关键时刻,一句话让事情归于平淡,这无疑是教师的高明之处,可再仔细想一下,侯老师发现了这种教育机制背后隐藏着的危机,"源同学真勇敢,被瓶子砸到都没事儿"是一种典型的"戴高帽"的处理方式,这话里有恭维的意思,而这种恭维是带有功利性的,是教师为解决眼前的课堂危机而临时采取的措施,所以这样的恭维显然不真诚。而且,问题也没有真正得到解决。

这个故事引出结论"戴高帽是危险的"。侯老师认为,如果我们能够站在儿童内心感受的角度来思考问题,就不会轻易采取这样"技巧化"的行为。如果我们能够把学生的内心体验看得比课堂进度更重要,就会停下课来好好化解这次危机。于是他提出：只有触及心灵的教育才会叩开儿童成长的大门。

侯老师的独到之处在于，能从一件小事看出"戴高帽是危险的"，进而提出"只有触及心灵的教育才会叩开儿童成长的大门"。这句话非常可贵，堪称教育原理。教育案例因为经过作者的评析而突出了主题、升华了思想，与陆有铨教授的"主张论"相一致。试想，如果这篇教育案例只是写了民和源的矛盾冲突——一瓶矿泉水引起的矛盾，即使也叙说了教师的"平息"，文章的价值并不大，甚至存在以误传误的可能。

直接在题目上显示教育主张，是一种简明的处理。另一种是题目中虽然没有揭示主张，但在文章里有阐述。比如《伤疤》。故事讲的是侯老师上课发现学生小宇分心，开始以为是学生贪玩。走近以后才知道是小宇的腿受伤了，结了一个痂，因为有点痒所以走神。侯老师庆幸自己没有冒冒失失地批评学生，他说：因为教师就算是在不经意间武断地下定论，也定会在孩子的心灵中留下疤痕。身体的伤疤可以愈合，而心灵的，则会延绵到整个生命过程。由此侯老师认识到，任何一件小事情在孩子看来可能都是大事情。现实的教育生活中，有多少人在以爱的名义做着反教育的事情，儿童的灵魂在无助地挣扎，那样的爱只会给心灵留下一道道疤痕。作为教师，需要从容地向学生传递善意，小心地呵护与我们相遇的每颗心。

一个小故事，引出大思考。这就叫以小见大。教育案例以其独特的魅力，起到总结、分享的作用，也促进教师实践智慧的增长。

从上述例子可见，教育故事只是文章的一部分，案例评析的基础。用故事引出分析和评论，对故事进行深刻、理性的思考，提出教育主张，才是写作的目的。

《伤疤》这个故事有多个教育道理可以阐发。比如尊重、先调查后下结论、教师要关爱学生，等等。如果那样写，虽说容易，但会落入俗套。侯老师以"爱，不要给孩子留下心灵的伤疤"为主题，以"从容地向学生传递善意，小心地呵护与我们相遇的每颗心"为立意，是有独到见识的评析。

向课例研究要"主张"

教师参与课例研究要写的文章主要是两种：课堂观察与分析和课例研究报告。

课例研究是有主题的研究，所以研究报告要围绕主题展开论述。主题需要在写作之前就确定。如果写作之前没有研究主题，后面阐述观点提出主张是比较困难的，写作时不小心就会陷入头绪太多，什么都想要、都想写的混乱。

有例为证。一位教师上了一节课，受到了观课教师的一致称赞和专家的肯定。走南闯北的他开设的研究课无数，得到的赞誉也很多。我建议他把这节课写出来，以备分享交流。之后，我收到了他的文章《让学习在真实的情境中发生》。文章分为三个部分：一是课前准备，涉及很多教育理论；二是课中实施，介绍了清晰有序的流程环节；三是课后研讨，再现了专家对教学的充分肯定。从成文的角度，这篇文章还停留在实录层面，三部分内容缺少主线串联，缺少统领全文的中心思想，也就是作者的"主张"。

研究不是做实录，研究与实录是有明显区别的。作者到底想通过文章告诉读者什么，最好能通过文章的题目凸显出来。接下来，要能深挖细理这节课的价值意义，不仅要对与"主张"相关的课前、课中、课后实践资料进行分析、归纳和提炼，还要深入研究，对这些资料进行甄别和解释，挖掘出人之所无、我之所有的见解。

这样的例子还有。一位教师上了一节网课，感觉不错，正好她也在听网上写作讲座，便尝试把这节课写成一篇文章《"疫"地花开朵朵香——线上教学过程中，高中英语深度学习的达成》。从文章内容看，作者想写一篇课例研究报告，呈现研究目的、过程、结果、结论。以陆教授的"告诉"与"主张"作为评判标准，这篇文章也少了统领全文的"中心思想"，需要再进行分析、归纳和提炼，做"再研究"。

向经验总结要"主张"

经验总结不是告诉别人我做了什么，获得了什么效果，而是要用"主张"

来立论。

2019年，我应邀到内蒙古赤峰市克旗主持骨干教师培训。之前，我读了一些该地区教师关于学习共同体的经验总结，不少都以"某某地区学习共同体建设汇报""学习共同体建设取得的成绩与努力方向"为主题，描述了一些做法、成绩和展望等。这样的经验总结，基本上还停留于"告诉"、表面化的陈述层面，欠缺深入思考，很难看出有胜出他人的独到之处。

克旗教研中心的张晓丽老师撰写的《栽教育信仰，做扎根研究——记克旗课例研究研修班活动》，以"栽教育信仰，做扎根研究"为立意，既言简意赅地凸显了克旗人的教育主张，又很好地传递了写经验总结的方法。"栽教育信仰，做扎根研究"这十个字难能可贵，既是文章的立意，又给其他区县旗的学校带去了启发：把培训和课例研究扎实地做到教师的心上，培训才有效度和信度。

这篇文章中，张老师先对"做扎根研究"的概念做了界定，即有目的、有计划地运用教育研究方法，开展以真实问题为导向的研究实践和理性思辨；指出像课例研修这类的经验交流形式就是扎根研究的一种方法；提出以课堂观察为抓手，把学生的学习作为聚焦点，开展以学习为中心的课例研究和课堂观察，创新属于自己的"学生观"。学生观的变化，是教师心智模式优化的表现。这一点，克旗教育人已经走出了第一步。

教育主张来自哪里？我以为，"阅读理论→积累知识→形成思想"是重要途径。

对于一线教师来说，获取教育主张，读书是最原始，也是最有效的方法。书读多了，就能逐步读出文章的主旨和主题，能逐渐明确一篇文章应该论述的内容范围，能在选定材料范围内做更缜密的思考。随着思考的深入，教师关于写作的知识也会逐步得以积累，进而能提炼出所要表达的思想观点。时间久了，就能有自己独立的判断，能够尽情书写自己的教育理念和人文关怀。

需要说的是，修改题目，突出主张，是一种可学、易会的修改方法。

除了上面提到的三类文章，教师平时常写的还有随笔、简讯、读后感等。不管撰写什么类型的文章，写作的"理"是相通的。教师要能在学习中领会，在写作中运用，在运用中检验，在检验中修改，不断提高写作能力，做到不要

"告诉"，而要"主张"。

四、教育写作日常化研究

要问教育写作难不难，可能会有九成以上的教师认为难！然而，教师作为知识分子，离开了写作好像也说不过去。教师不以写作立足于教坛，何谓知识之有？能否通过研究来破解教育写作难题，是我开展"教师教育写作日常化研究"的初衷。

劝君莫畏写作难
——"教师教育写作日常化研究"叙事报告

研究缘起：教师陷入"做"易"写"难的困境

那是数年前的一件事，我至今难忘。

一所农村幼儿园实施了一项"利用乡土资源开展农村幼儿园集体教育活动的探索"的课题研究。幼儿园园长和教师都很投入：找来农村的常见物，开发了好多教育活动（课程），如，以豆秆、豆子为材料的绘画活动，借助稻草、草绳的运动课程，利用废旧纸箱、纸板的制作活动等。有一次，适逢课题研究开放活动，园长特意请来了华东师范大学的教授和幼儿教育杂志的编辑。教授拿着相机尽情拍摄，研讨时特别赞赏这项研究，还说要把拍的照片拿到国外去展示交流。我建议他们把经验写成文章投稿，园长说可以试试。之后有没有写我不知道。

课题结题时，幼儿园要交一份课题研究报告，此时发生了尴尬的一幕：课题组给我们阅看的初稿，只有几页纸，对开发的好多活动和活动对幼儿的影响都没有进行分析提炼，甚为遗憾。后来一问，园长说她们做不难，难就难在写出来。要她们写一份言之有理、言之成理的研究报告，颇为困难。为什么做了研究却写不出文章来呢？我觉得有必要好好研究一番。

阅读一些国外教育类书籍，我发现好多书中用的证据都来自一线教师的研究成果。由此想到，教师的写作、学校的研究报告，都需要放在教育知识创生的背景下，从实证研究和思辨研究天然合一的角度，共同为教育大厦的建造而努力。

研究路径设计：何处入手费思量

教师的教育写作，首先是一个实践的问题，是做中学的问题，是在培训过程中收集选择实例、积累资料，然后把数据资料放在当下的教育背景下检验、比较，最后看能够得出什么结论的问题。由此，可以初步形成三个研究假设，确立研究的基本路径，助力教师日常化写作：一是开设教育写作课程，促进教师持续性的日常化写作；二是督促教师在日常教学中不间断地积累运用素材，这是日常化写作的前提；三是组织教师阅读相关的教育经验、理论文献，助力教师进入日常化写作的状态。

开设教育写作课程

适逢上海市浦东新区教育局组织教师申报培训课程，我便把自己的思考融入课程设计，写了《教育写作入门》课程培训教材，也想以此作为课题研究的抓手，从培训中收集教师写作的相关数据。

《教育写作入门》以实践为视角，从我的写作和经验中提取案例，形成章节结构，把撰写案例作为教师教育写作的"敲门砖"，继而写课例、经验总结、教育随笔和教育叙事，由简单到复杂，意在启发教师在实践中提升写作能力，以文本分析反观教师的写作能力能否通过培训得到提高：如果有提高，是什么因素促发的？如果经过培训还是处于原状，又是什么原因导致的？

教师的培训，历来由政府出台文件，区域教师进修学院培训部主管，培训部组织教师开设培训课程推进。这样的培训，优势明显，短期内能"压"着教师出成果。当然，也不乏质疑，以学分管理"逼迫"教师"被培训"，有急功近利之嫌。同时，民间各类教育培训机构如雨后春笋破土而出，弥补了国家培训的不足，也让我们看到了民间培训的长处。

我参加过由福建教育学者张文质老师主持的"1+1"生命化教育网站的培训，担任过青年教师培训的义务导师。这个网站培训不是政府主持的培训，在这里，没有学分的"压""逼"，管理看似松散，却以独特的培训方式，促使一批有志向的教师，以内驱力为进阶支撑，积极地在网站上开设博客，兴致勃勃地写教育随笔，在提升写作能力的同时，也让自己的教育生活过得有滋有味。在这次培训中，我认识了不少"博客高手"，如孙明霞、侯登强、谢云、沈丽新等一线教师。他们持续不断地写自己的教育生活故事，写自己的课程改革故事。经过数年的历练，他们已经成为公认的名师了。由此，我真切地希望身边的教师也能像他们一样，借助各类培训课程，走进博客世界，以写作提升个人的教育品位，使自己成长为优秀的教师。如果觉得自己不擅长撰写说理的文章，也可以从叙事的角度切入，另辟写作蹊径。开设教育写作入门培训课程提升教师的教育写作能力，并排除因学分管理带来的"被培训"的弊端，能否融入"民间"的形式，我想，可以试一试。于是，在三所幼儿园科研主任（我工作室的学员）和她们园长的支持下，一个由十位青年教师组成的半"民间"、半"官方"的培训班应运而生。

我们的培训计划是：每周一个半天，由我主讲"教育写作入门"课程，课程内容包括"记录身边的放事——从写教育案例开始""聚焦课堂教学——课例研究辨高下""经验需要提炼——总结经验基于思辨""情思在笔下流淌——撰写教育随笔""用叙事研究教育——教育叙事与研究"。

我选择自认为比较贴近教师生活的课程内容，希望能给教师以启迪。窃以为，案例、随笔、课例、经验总结等以叙事性见长的文章，教师应该有内容可写，行文也不难，可以先通过模仿他人的写作，然后形成自己的风格。如此，教育写作便没有规范的职称评审类文章那么难写了。

课程培训中，我认真讲课，学员的出勤率很高，再加上小班化的培训，我猜想效果肯定不错。但实践证明，效果与预期出现了背离。一个学期的培训结束，我预期的效果并没有出现：受种种主、客观因素的制约，布置的作业，有的学员能勉强完成，有的学员却欠交，更谈不上让学员能够顺利进入日常化教育写作了。尽管结业那天，好多学员动情地说了很多感激的话，感谢园长提供的机会，感谢我这个主持人的"志愿精神"，还表示会把学习的收获运用到以后的教育教学之中，但我很清楚，如果即时的效果难以产生，以后如何就更难说了。

　　为什么在"1+1"教育网组织的培训中产生的效果未能在三所幼儿园被复制？个中缘由值得分析。或许是因为"1+1"教育网的学员都是经过"大浪淘沙"后筛选出来的，是全国各地的教师优中选优出来的，其动机、能力、素养与三所幼儿园的青年教师相比，显然高出一个层次。而且，他们本身就想写，并愿意主动写。内驱力的差别，自然也导致了结果的高下。或许也与培训时间长短有关，没有"慢教育""慢实践"的体验过程，难以产生效果。

　　当然，如果要说"教育写作入门"的培训一点效果也没有，也是不客观的。半年以后的一件事，给了我一个惊喜。培训班十位学员中的小吴——年轻的教研组长，积极参加了由上海市教科院普教所、《上海教育科研》编辑部、上海市黄浦区教育局和长三角城市群教科所联合举办的"黄浦杯"长三角征文评选活动，她的文章《从"三夹板"到"桥梁"》阐释了自己组织教师搞教研的故事，有故事叙述，有对事实的分析和说理，从司空见惯的"家常活"中提炼出了自己的"技高一筹"，最后从几千篇教育类文章中脱颖而出，获得了二等奖，还入选了张肇丰、李丽桦主编的《教师智慧的20个分享》一书。之前这所幼儿园从未获得过这样的大奖。一时间，园长和同事们都对小吴刮目相看，对我主持的青年教师写作培训班也称赞有加。

　　小吴的文章获奖是否有"教育写作入门"培训的因在前，我很难直接揭示。不过我想，如果没有参加培训的经历，如果没有外因的介入，只是靠自身的努力，也有些说不通。毕竟，参加过培训和没参加过培训，功力是不同的。往深处想，课程培训的积淀可能已经转化成小吴的内在素养。

督促教师不间断地积累运用素材

　　如果说以开设"教育写作入门"培训课程来提升教师教育写作水平是我的

预设，是一次试验的话，那么计老师的故事，又更新了我的认知。

　　计老师参加了我们科研室主办的青年教师科研骨干培训班。第一次面授，我让学员挨个说说自己的选题。轮到计老师，她说："我的课题已经做完了。"我一愣，问道："那你来参加培训干什么？"她说："我来学习怎样撰写研究报告。""研究报告的样式不是已经发参考书给你们了吗？""但我还是不会写。"

　　经验告诉我，不会写研究报告的不止计老师一人。说理，不是教师的强项。

　　我对她说："那你先把研究的过程写出来，好吗？这应该不难吧？"计老师很爽快地答应了。三个月后，我收到了她的第一稿，共2页；过了几天，又收到了第二稿，文字有增加，但仍然粗疏；又过了半个月，她发给了我第三稿，有点像样了。我看着稿子，先做加法，没有删减一个字，只是在几个地方提出希望她增加实证内容，比如例子。对整篇文章，我给分了段，加入了小标题，建议她细化阐释研究缘起、研究假设、研究实施、研究成效几部分的内容，要在每个部分选取恰当的素材加以充实。这样做的目的，是帮助她形成一条主线，并明确优化完善文章的思路。

　　计老师在回信中说："谢谢黄老师，思路一下子清晰了，我改好后再发给您。"她的言语中饱含兴奋。看来改到这份上，她有点开窍了。果然，在此后的来稿中，她一次又一次地挖掘自己积累的教育素材，一次又一次地筛选补充适合的案例，穿插有说服力的教育故事。生动的阐述、素材的多元挖掘，使得研究过程逐渐清晰。叙事性的话语，令人读来倍感亲切。这篇文章我们不断地打磨推敲，一直改到第七稿，还停留在对文章本体部分的琢磨上。我没有急着要她剖析最后的反思讨论部分，是想让她慢慢体悟"心急吃不了热豆腐"。经验告诉我，要教师写反思也是一件比较困难的事，会涉及理论功底，还需要他们循序渐进，在有足够素材积累且能自由运用素材的基础上，才能往前再迈一步。到了第八稿，我让计老师加入了一段"实践中的反思"。至此，文章《高中数学"独立作业法"的行动研究》已经像模像样了。

组织教师阅读相关的教育经验、理论文献

　　毋庸置疑，阅读有助于提升文章质量。组织教师阅读教育经验、理论文献，能否助力教师进入日常写作状态,我继续进行了验证。

仍以计老师为例。培训过程中,我从上海教育网上看到几篇文章,主题是"以学定教的课堂转型",以系列报道的形式展示上海的课改新成果。我把这些文章下载下来发给计老师,让她读读,看看她能不能获得一些启发。我没有想到,读完这些经验之作后,她自己又下载了更多的"以学定教"的文章,还阅读了一些相关的理论书籍,最后把"以学定教"思想与她的研究挂钩,在自己文章的结尾又重新做了修改。很明显,该研究报告有理论的照应,更有深度了,质量也有了明显提升。

计老师的故事证明:教育写作对于教师而言,是需要进行专业的培训指导的;这种指导需要建立在教师个人需求的基础上,如果没有教师的内在需求,外力的作用是很有限的;培训过程中,一定要激励教师持续积累教育素材,并有意识地将这些素材运用到文章中;组织教师阅读教育经验、理论文献,提升文章深度,有助于推进教师的日常化写作。

研究成效考证:证实与证伪同在

我在刚完成"教育写作入门"培训课程教材时,设置的研究目标是:

以教师教育写作的实然状态为依据,通过访谈等方法,探明教师日常教育写作的得与失;修改和完善教师教育写作日常化入门培训课程,在浦东新区的教育平台上实施集培训、观察、反思于一体的实践研究,以培训的实际效果,反思课程的优劣,反拨培训课程;实施第二轮培训。

积累教师日常教育写作典型案例,分析归纳教师进入教育写作日常化状态的内在诉求(变"要我写"为"我要写",非功利性)、写作文体(案例、课例、经验总结、教育随笔等)、表达内容和语言特征、成果载体(纸质和网络),形成研究报告。促进教师教育写作的日常化、个性化,并以此带动其专业成长。同时为教师培训工作的进一步开展探寻一种新方法、一条新途径。

对此,我完成了什么?我的研究结论是什么?这样的研究于我自己有哪些助益?这一研究遭遇的最大困难是什么?

先说我完成了什么。本研究完成了培训课程的开发，形成了"教育写作入门"课程，并对教师实施了培训。从内容来看，我选择的是教师易上手的写作文体，有案例、课例，有经验总结、教育随笔和教育叙事。我没有把论文（职称评审要求的论文）和研究报告作为教师日常化写作的文体，是基于对实际情况的思考而做的选择。就我的经验而言，教师写"规范"的论文和研究报告，是很难做到日常化的。即使是我们这些介于专家教授和普通教师之间的教研员、科研员、德研员，也很难把写论文和研究报告当作"家常事"。如果在论文和研究报告上能够"高产"，其质量就值得怀疑。北京师范大学肖川教授曾经说过，为了教授资格的评审，他也做过课题研究，然而对教育产生重大影响的，恰恰是他的四本教育随笔集。可见，我们不一定非要视课题研究为"家常"，毕竟，课题研究需要时间的投入，需要"板凳要坐三年冷"的毅力。如果不能在说理见长的论文和研究报告的写作方面有建树，那我们就在教育写作的叙事之路上走出属于自己的写作风格也未尝不可。

接下来，说说我的研究结论是什么。案例、课例、经验总结、教育随笔等叙事见长的文章，能够促进教师日常化写作。

事实上，我在主持南汇区的教科研工作时，曾经开展过教育案例评选、课例研究成果评选等活动，教师们踊跃参加，也收到了一大批带着教师个人实践经验的好文章。教育案例和课例研究作为当时"加强初中建设工程"的抓手，在推进教学改进、促进教师成长和改变薄弱初中的落后面貌方面发挥了很好的作用。这些年，"黄浦杯"长三角征文评选活动如火如荼，征文的主题也越来越贴近教师的教育生活，如"教育中的创意""成长纪事""分享智慧"等。这些主题的确立是经过认真思考、反复推敲的，主要是让教师有内容可写，能够写，写了还有收获。《上海教育科研》编辑部的老师们认为，文章贴近学校和教师的实际，但与"学术"还有距离。而我认为，正是这种"贴近"，才得以在教师群体中产生强烈反响。我的工作室学员踊跃参与，获得一等奖、二等奖的大有人在，得到了主办方的充分肯定。与论文和研究报告相对应的案例、课例、经验总结、教育随笔，是教师走向日常化写作的重要文体。这已经通过学员的写作得到证明。或许，我的研究只是完成了不同文体与日常化写作关系的梳理，比较有限。

　　至于这样的研究于我自己有哪些助益，我觉得这是一次在思辨中学习、在行动中研究的过程，在帮助教师成长的同时促进了我个人的成长，是很有意义的事。从2010年在"1+1"教育网开设博客到2014年底，我撰写了300多篇博文，从中选出了73篇随笔汇编成《趟在教育这条河》专集。这种以叙事见长的文章，得到了几位教育编辑朋友的肯定。我把研究中的认识和结论运用到名师工作室的教师培训中，收到了由研究带来的喜人成果。把"教育写作入门"培训课程作为尝试，也是实证研究倡导的对研究假设的验证。有位学员表示，我工作室的培训，是她参加多次培训以来收获最大的一次。这是对我培训尝试的最大肯定，得益于我研究过程中视角的逐步延伸及理性思考的由浅入深。

　　对于这一研究遭遇的最大困难，我认为是激发教师教育写作的内驱力。窃以为，这是我研究颇为失败的地方。尽管我知道研究中的"证伪"与"证实"有同样的价值。但看到教师刚刚走上教育写作的日常化之途没多久，就又回到以前的"不写作"状态，心中难免五味杂陈。或许我从研究一开始就不应该把教师的教育写作过于理想化。走进今天的学校，你会看到那种忙碌，甚至有教师用"我快要疯了"表达对这种状态的无奈和愤慨！他们连静下心来读书思考的时间都没有，何来教育写作的日常化？不过，即便如此，我还是对教育写作抱有敬畏和虔诚，希望教师能够走上这条道路。网络为我们提供了便利，电脑、智能手机的普及使写作可以随时进行。哪怕只有零碎的时间，只要愿意做个有心人，写篇短文——即使思考得不那么成熟，也是很有意义的。在网上开个博客，可以促使自己在网友的期待中持续写作。教师需要得到周围眼睛的注视，得到网友的赞许。一开始，文章可能不入某些网友的眼，但总有适合的阅读群体会关注你。一旦进入一种境界，文章抵达一定的高度，自会有人主动来采集你的文章。这对解决教师发表文章的困难，亦是一种出路。

　　此时，我要说"劝君莫畏写作难"。理由有三：

　　第一，把亲身经历的教育故事写出来，不难。一次，我应邀给来自湖南怀化的高中班主任讲"班主任写作研究"。其间，我讲了"教育叙事研究"这个话题，提出班主任可以从写自己和学生之间的故事开始，也可以写自己与学生家长的故事，并各举了两个案例。最后阐明——把故事变为研究，要有主张，只有凸显了教育主张，文章才有主干和灵魂。这些班主任听得很认真，讲座结束后，有不少人与我交流，认为自己收获颇丰。

第二，寻求外因介入，不难。从学习写作开始到学会写作，需要有外因的介入。这个外因，可以是培训课程，可以是资料文献，可以是名师的言论……通过课程、文献、名师言论等，打开写作视野，找到写作主张，也就有了写作抓手。教师没有自己的教育主张，文章就难以有高度和深度。网上阅读那些教育名家、学者的博客，是在第一时间获取新观点、新视野的捷径。"熟读唐诗三百首，不会作诗也会吟。"

第三，力求在做中学，有动手，就有提高，先动手，不难。实践是检验真理的唯一标准，实践也是检验教师教育写作是否入门的标准。文章是教师实践的载体。教师在教育中有感受，就要写下来。先动手写了，就有了可供衡量写得好坏的重要数据。我们做教育研究对数据资料的收集已经从量化的数据，拓展到了可"观察""言说""体验"。经常写，在做中学，就越来越会"观察""言说""体验"；越会写，就越想写。

本研究所用的证据以观察、体验、思辨为上，较少用数据证明，这也是有待继续研究的地方。

研究讨论延续：该变的是"标准"

对教师教育写作做日常化研究，考量教师教育写作成果的标准，无疑是逃不开的话题。对于"案例算不算论文""有灵魂的教育文章是怎样的""日常化写作能否走进学术"等问题的讨论，教师都高度关注。

辨析：案例算不算论文

十多年前，有位教师参加了浦东新区组织的案例评选活动，并获得了二等奖。之后，他把案例上交作为职称评审的文章，却没有通过，理由是"案例不算论文"。由是，我们的案例推广工作被质疑。在评审标准不容改动的情况下，这位教师只能再写论文，重新申报。

此事过后不久，教师教育研究中诞生了"课例研究"这一新事物。课例研究得到上海市教委领导和上海教科院专家的青睐，继而作为一项重要成果被推广，产生了很大的影响。很多教师甚至用"三阶段两反思"这样通俗的语言概括对课例研究的理解。今天来看，课例研究被视为研究报告的一种，地位逐渐凸显，实际上是缘于教师教育和师资队伍建设的需要。

《上海教育科研》编辑部曾在 2010 年组织过一场"关于'教师研究'的问题"的讨论，其中有一个问题就是：教育案例、教育随笔、教育叙事算不算研究成果。讨论见仁见智。2014 年，北京十一学校李希贵校长的新著《面向个体的教育》出版，我和《上海教育科研》的副主编张肇丰老师讨论李校长的新著算不算研究成果。张老师认为，当然要算成果！实际上，这本新著中的文章都是李希贵校长的教育随笔。看来，该变的是"标准"。

探讨：有灵魂的教育文章是怎样的

我从事普通教育科研的普及、指导、管理、研究工作数年，常常为教师生动的教育实践缺少灵魂而犯愁，总感觉俗成的论文和宽泛的研究报告承载不了生动活泼、丰富多元的教育故事。直到我从我的学员也是同事王丽琴老师那儿听到陆有铨教授所说的"不要告诉我你知道什么，而要告诉我你主张什么"，才如醍醐灌顶。我觉得这句话堪称教育写作的至理名言。

实际上，教育写作缺乏灵魂，不是教师生动的教育实践缺少表达的文体，而是没有找到入门的钥匙——教育主张。即使是以叙事见长的文章，如果有教育主张，也可以与说理类文章并驾齐驱，使教育写作园地百花盛开。

平时的写作或教育培训中，我自己会尝试以教育主张行文，也会鼓励教师用教育主张组织文章，不论是论文，还是案例、课例、经验总结、教育随笔……一旦有了教育主张，文章便有了灵魂。一旦有了教育主张，并对这一教育主张有思考、有见解，教师日常化写作便会习以为常。

当然，对普通教师来说，有教育主张也不是很容易的。锤炼教育主张，离不开载体，而写教育随笔，就是常见的载体。教育随笔，看似是对日常的教育生活提出看法，实际上是对教育主张的思维锤炼。

刘良华教授在自己的博客上挂出易中天先生的文章《劝君免谈陈寅恪》，赞赏陈寅恪先生的"独立之精神，自由之思想"，意义深远。教师教育写作，要在"独立之精神，自由之思想"的指引下不断提炼、打磨个人主张，更要在逐步形成个人主张的过程中追求并渐至"独立之精神，自由之思想"。

追究：日常化写作能否走进学术

张肇丰老师认为，写规范的论文和研究报告，入门困难但容易提高；写案例、叙事、随笔类文章，入门容易却提高难。这一说法是有道理的。由此，我想提出的讨论问题是：日常化写作能否走向学术？

李希贵校长带领团队在北京十一学校的教育改革尝试已经得到国家教委的充分肯定。他的《面向个体的教育》一书的面世，很好地诠释了学校教改的过程及其取得教改成果的原因。由此，书中的文章是教育随笔还是论文或研究报告，已经不那么重要了。如果还要硬按以往的标准来要求李校长非得理出几条原理、规律，是不是有点吹毛求疵了？

写教育随笔可以写出典范，一如吴非、李希贵等行家里手，还有孙明霞、董文华、侯登强、谢云、沈丽新等教师，都是在写日常化教育随笔、教育案例的过程中不断成长的。他们不仅撰文公开发表，还出版专著，目前已经在学术领域占有一席之地。写教育案例、课例研究报告、经验总结等，是走进教育天地的实然研究，是完善和改进的过程，同样可以彰显学术意蕴，是教师登上学术高峰的路径之一。

纵观擅长撰写教育随笔、教育案例、课例研究报告等的教师，都有共同的特征：一是有学习理论博采众长的习惯，二是有善于"发现"写作素材和立意的眼光，三是有持之以恒、不畏困难的精神。于永正老师说，读书与写作是他的两个习惯，读写不断，所以思考就不断。

回到我的研究课题，教师的写作如果能够日常化，需要具备阅读、思考、发现、采集、立意的习惯和持之以恒的精神。前人已经给我们树立了榜样，再有毅力、恒心和信仰加持，成功之路并不遥远。学术"殿堂"研究之路与民间

"草根"研究之路，同向而行，一旦产生联结、交融，定能焕发勃勃生机。"横看成岭侧成峰，远近高低各不同。"换一种眼光，我们会看到一片新天地。

从上面这篇研究报告的写作结构看，我试图用否定的、否定之否定的方式来撰写文章。一方面，否定式、否定之否定的写作要比并列式、递进式写作难一些；另一方面，我希望给教师做出一个样例，这样的写作目前还非常少。

五、"写课"研究

上课是教师的"家常"，把课写成文章却不太容易。把上课的"实然活动"变成研究的"应然资料"，需要以一定的理论视角去激活，需要广大教师积极尝试。于是，"写课"被提上了议事日程。

我和克旗的教师建立了一个"相遇是缘"微信群，运用网上讨论对"写课"做了初步的探讨。

把"实然活动"变成"应然资料"
——一次关于教师"写课"的网上讨论

由来：上课能否开发成文献资料

2020年初的寒假，由于新冠疫情，我一直居家休息，于是重新阅读了张肇丰老师的《从实践到文本——中小学教师科研写作方法导论》（华东师范大学出版社2016年版）一书。读完第六章"材料的收集与处理"以后，我产生了一些想法。

关于"实践资料的收集"，该书第146页这样说："在人们熟悉的理论文献之外，还有大量的实践资料可以开发和利用。这些实践资料就是我们教师身边的有关教育教学的各种文字材料。作为教师，我们几乎每天都在与各种文字材料打交道，而这些材料又包含着丰富的教育教学实践的信息；因此，怎样做个有心人，有效地开发利用我们身边的资源宝库，是每一个研究者必须思考的问题。"

张肇丰老师的论述引发了我的思考。除了各种文字材料以外，还有没有其他实践资料？有的话，是什么？教师每天的工作是上课，上课能否作为与文字资料并存的"实物"资料，等待教师去发现、研究呢？我想答案是肯定的。

从专业研究人员的角度思考，做研究需要收集资料，因为专业研究人员不在学校第一线，与教育现场有距离。从教师的角度思考，做研究不需要刻意收集资料，至少可以说不需要像专业研究人员那样收集资料。教师本人就是资料的创生者，教师需要做的不是收集资料，而是选择资料。因为不是所有的教育教学活动都能够进入"资料"文档，成为研究的对象。

教师每天的上课，从教育教学的角度看是创生和丰富资料，这些资料有的显现为文字，如教学设计、作业设计、教学反思等；有的则呈现为"实物"，如可以被课堂观察者"看见"的学生学习故事，还有用录音、录像留存的课堂影像视频资料。陈静静老师引进佐藤学教授学习共同体研究的理论与实践，突出的一点在于，用课堂观察收集资料证明教学的得失与否，用课堂里的事实作为证据证明设计是否合适合理，是实证研究精神之使然。这样做，大大拓宽了研究资料收集的视野，打破了只专注于文字资料的研究局限。

其实，上课已经成为很多教师研究的对象（他们"写课"的文章并不少），只是稀有专家做专题研究，阐述"写课"对教师成长的价值和对教育研究的意义。我的想法是，我们能不能以目前比较成熟的"写课"文章为研究对象，把"写课"作为研究题目，尝试进入教育研究的新领地。希望此举有所收获，从而发现教师学做研究的新方法，拓宽研究的路径。

"写课"的意义：具有挑战性可促进成长

对"写课"意义的认识，我是从一篇文章得到的。秦老师上了一节学习共同体研究课后,得到听课教师和专家的赞赏。秦老师走南闯北开过无数节公开课、研究课,课堂教学堪称一流,很有心得体会。我请他把这节课写出来,以供更多教师学习领会。他写了,可是文章没有上课那样精彩,我觉得有点遗憾。其实,这种情况不单单出现在秦老师一个人身上。对一些老师而言,上课易,"写课"难!

上海市六灶中学的王晓叶老师告诉我,外出参加学习共同体示范宣传活动,他们几位"领航教师"的任务是上一节课、做一个微报告,还指导当地教师备课。从上一节课到做一个报告,对"领航教师"很有挑战。据我观察,能够上出一节像模像样的课的大有人在,但进而能够做一个像模像样的报告的就少了很多。进一步把上课和报告结合起来撰写课例研究报告者,就更少了。这说明可以上课者众,会做报告者少一些,会撰写课例研究报告者则更少。所以,对"领航教师"来说,"写课"无疑是一种具有挑战性的冲刺。

挑战是教师成长的阶梯。"领航教师"参加学习共同体研究,承担开课、报告、写作的任务,如果只是在原有能力范围内重复,对能力提升可能作用还不大。只有在"能力边缘"工作,挑战"能力极限",才能有所发展与成长。

当然,"写课"对处在任何一种发展状态的教师都具有挑战性,也就有普适性培训的价值。"写课"又具有个性化的特征,所以又可以看作是个别化培养的"最后一公里",是对普适性培训的补充和延伸。

"写课"也没有"峰顶",永无止境,所以兼具"低起点、高挑战"的特征,适合任何发展阶段的教师尝试。

会"写课"不是一件容易的事。会写课的教师一般都会写作。会写作的教师一般都有口若悬河地发言、做报告的本领。

教师写作从模仿开始,"写课"也可以从模仿起步。先有规范,学会规范后再尝试属于自己的个别化写作。

讨论准备:阅读他人文章撰写读后感

为了组织克旗教师进行关于怎样"写课"的研讨,我收集并选择了五篇文章供他们阅读。这五篇文章都是作者作为执教人以第一人称写的，具体如下：《就这样被你征服》《得失寸心知——执教〈理想〉的回顾与剖析》《意深·辞工·句备——基于〈斑羚飞渡〉的教学引导语的研究》《高中语文生成性教学的课例研究——以鲁迅小说〈药〉为例》《指向深度学习的高中文言文学习设计——以〈训俭示康〉教学为例》。

五篇文章各有特点。以研究起始于课前或课后分类，《就这样被你征服》《得失寸心知——执教〈理想〉的回顾与剖析》属于课后反思，其他三篇则是研究设计在前的课例研究。回溯研究方便易行，不需要事先设计。而课例研究是先有研究主题，然后遵循行动研究的思路，做"问题—设计—上课—反思"的实践研究。

《就这样被你征服》是对课中某一个方面的研究，《得失寸心知——执教〈理想〉的回顾与剖析》是对整节课的系统研究。对整节课的研究要求会比较高，需要研究者有整体把握的能力。另外三篇文章还可以再划分为两类：《意深·辞工·句备——基于〈斑羚飞渡〉的教学引导语的研究》和《高中语文生成性教学的课例研究——以鲁迅小说〈药〉为例》是课例研究报告，从"问题与假设"开始，经过"过程与方法"得出"结论与讨论"；《指向深度学习的高中文言文学习设计——以〈训俭示康〉教学为例》有三个大标题："文言文教学困境与归因""文言文教学变革的理论基础与方向""文言文教学变革的方法和策略"，文章前半部分重在理论阐述，后半部分重在以《训俭示康》教学为例，阐述协同学习、问题为导向和专题学习深化。

"相遇是缘"微信群里的教师在阅读、学习这五篇文章后，都撰写了读后感。每个人的聚焦点不一样，认同点也有不同。

教师的读后感真实可信，这是研讨的前提条件。随即，我们组织网上研讨，以深化认识、求同存异，希望教师们对怎样"写课"有更深入的思考。

网上讨论：形成三条研究结论

我拟了如下三个题目，供研讨参考：（1）为了防止"写课"散乱、空泛，作者需要怎样选材、立意、形成框架？（2）有了上课过程资料，作者怎样揭示上课故事中隐含的教育道理？（3）一篇好的"写课"的评判标准是什么？

研讨发言如下。

"写课"需要先立意

张雪： 立意是一篇文章的根本，它直接关系到文章的选材、布局，乃至文章的深度。选材是决定写作成败的关键一步棋。如果说文章的中心是灵魂，结构是骨架，那么材料便是文章的血肉。选材，是为了更好地表达文章的中心，血肉为表达灵魂而服务。选材得当，意味着文章拥有了坚实的地基，文章也就成功了一半。选取的材料要有典型性，要有说服力。老题材可以有新角度，也可以以小见大，而不是空泛的，要具备一定的视角。

选材要真实，这就需要注重平时的积累。要做个有心人，观察记录课堂生活。

姜淑杰： 写作是思考和反思的载体，好文章是做出来的。"写课"其实不难。在实践中用心发现，进行深入思考，归纳出来就好。用证据说出来的话就有思想的深度，有理性的光芒。对于教学中隐含的教育道理，用心找也是能够找到的。

陆冰轮： 我觉得这跟写议论文有些相似，我们都知道议论文通常有一个论点、几个论据，论据清晰明确了，才能更好地突出论点。论据的选择很关键，而怎么选择，这就需要日常的积累。

人们常说"文以意为主"，这个"意"就是文章中心。立意就是确立文章的中心思想，这是写好文章的关键。一篇好的文章，无一不是在立意上下功夫的。因为文章的中心思想就如文章的灵魂，它统领全文，贯穿首尾。材料则是构成文章的骨肉。两者互相依存、密不可分。要想写出一篇好文章，不能一味地追求文采斑斓，要做到材料真实，言语朴素，有生活气。这份"真材实料"，离不开我们平日里对教学生活的捕捉与积累。

王凤娟： 俗话说"千古文章意为高"，为了防止"写课"散乱，我们要本着立意、选材、形成写作框架这样的思路去做。从立意来说，立意要深，"见人所未见，发人所未发"，写出"人人心中皆有，人人笔下俱无"的意思来，而不是重复写已经老生常谈的东西。从选材来说，要能小中见大，有真实性，也就是"讲真话""说真事"，一定是要自己亲身经历的或者观察他人课堂的教学故事。

至于如何揭示上课故事中隐含的教育道理，我认为首先要有一个教育理念在前，然后在教育理念的基础上，理论联系实际，可以是夹叙夹议，也可以是先叙述，再揭示道理。好的"写课"，要深入浅出，通俗易懂，步骤明确。

"写课"以夹叙夹议行文

黄建初：张雪老师组织学生开展的探究活动，很有意义。以此为素材，怎样写才能成为一篇好的"写课"文章？

张雪：夹叙夹议的方式，活动作为数据材料。夹叙夹议，叙的是故事，议的是思想。一般来说，议的文字不用太长，用词应精辟。我们写文章往往因为怕被指责浅薄、没思想高度而"议过了头"，其实往往是"假大空"。夹叙夹议中，"议"是作者思想认识的表达，要富于哲理，还要富有激情。古人云：立片言而居要，乃一篇之警策。

黄建初：文章的标题该怎样确立？

王凤娟：标题代表文章中心，很重要。文章中心也就是作者表达的主要观点。中心明确，也就是表达的观点要鲜明，所选择的材料要围绕中心，要选最能说明中心的材料进行细节描写。与中心无关的，可以略写。

王凤娟：确定标题确实比较"烧脑"，也是我在写文章的时候遇到的困难之一。

姜淑杰：如果有明确的论点，立标题就不难了。标题难，就说明论点还没确立。我还想补充的是，"写课"不仅要"真实"，还要"真诚"。

怎样评价"写课"文章

黄建初：如果是一次"失败"的课，我是说假如，能否写成一篇反思的"写课"。李镇西老师的《得失寸心知——执教〈理想〉的回顾与剖析》当中，有自我剖析和批判的，属于好的"写课"吗？

姜淑杰：那要看剖析和批判的角度和程度如何，如果指向学科本质，从教学目标、教材解读等方面去剖析，就非常有意义和价值，能称得上是一篇好的"写课"。如果只是从感性的认识去谈感受，则没有多少价值。

任宇超： 同意姜淑杰老师的观点。现在的课堂依旧是按部就班居多，拘于教学任务，不敢过多放手，无法做到完全地相信学生，把课堂还给学生。每每都在要求学生要学会倾听，可更多的时候教师却止步于此。

黄建初： 如果没有调查和辨析，那么我们设想的针对性的措施和方法，可能是对的，也可能是有问题的。

李娜娜： 一次失败的课，找出问题所在，进行反思、分析，我认为是可以成为"写课"内容的，如果依据反思进行实践，再做分析，效果可能更好。

黄建初： 李娜娜所说，其实就是行动研究的思路。

王凤娟： 失败的课其实写出来更有研究价值。这也就是通过写作提升自己的思想认识。就像黄老师说的，让思想跟随脚步向前移动。

黄建初： 教师需要用理论"垫底"。心中有理论，剖析教育就有了"手术刀"。用理论剖析，就不至于沦为"就事论事"。

关于"写课"的三条结论

黄建初： 现在，我们得出第一条结论——好的"写课"需要把课好写，还要有理论视角剖析。

我希望我们这个群里的老师，每个人都有一个研究方向，就小学语文教学的一个点，循序渐进做课例研究，就可以积累成果。如果有观察员，彼此就是研究伙伴。再把身边的朋友、教师组织鼓动起来，开展第二轮课例研究——有研究主题的课例研究。

那么，现在有了第二条结论——我们把课例研究做实做好，是完全有可能的。先确定主题（研究设计），然后组织群里的伙伴一起研究，有分有合，有课堂观察员观察，也有课后研讨。一篇好的"写课"是能够写出来的。

姜淑杰： 赞同，这需要有详细的计划、研讨和交流，确保主题确立的科学有效性，如何有计划、有组织地进行研究。

黄建初： 第三条结论就是，我们要尽可能地把"写课"这件事做点模样出来。先不去写学理分析的大文章，而要从实际出发，撰写"小文章"。

六、经验总结费思量——说时易，写时难

撰写过教育经验总结的教师有体会，写一篇经验总结看似不难，但其实很难。一所学校的教改成果，要总结出一篇有模有样的总结，真的有点难。

我在内蒙古赤峰市克旗做了课例研究专题研修班的培训，总结一下是常理。于是，经过三次大的修改后，终于完成了一篇总结。

我们现在看到的成文，都是经过反复修改后的作品，其背后的一道道工序是怎样走过的，一般很少能读到。其实教师也希望能读到背后修改过程的记录与分析，既读到文章的结果，也读到文章的撰写过程。

我有感而发，把自己撰写这篇总结的经过写出来，把隐性的"经验"做一次"显性化"曝光，给教师做参考、借鉴。

写作探微：一篇总结三易其稿的故事

主持克旗课例研究专题研修班是我 2019 年工作中的大事，前后跨度长达半年。研修班培训的主题是"课例研究"，目的是给克旗培养一批勇于开课做研究、带头开展学习共同体教改实验的骨干教师。

2019 年底，研修活动已暂告段落，我需要也应该写一篇文章。既是总结，也是思考和反思。

初稿：从资料整理到初成文稿

小结怎么写，怎样立意，提出什么主张，是我首先想到的。

一般的总结有套路。先写是怎么做的，然后写取得了什么成绩，最后提出

今后的努力方向。有套路不会错，但套路会框住人。文章太平淡无奇，看过就忘记，难以留下"痕迹"。为什么？因为没有"思想冲撞"，激不起浪花。

我不想落入俗套，于是想到了把克旗培训和展辉学校培训做对比，以比较的视角撰写。在克旗培训结束后，我到武冈市展辉学校也做了一天的培训。可以比较的理由是，两次培训的主持人"我"、培训的内容和活动形式都一样，但结果却不一样，这就有原因可分析了。比较是认识事物的方法之一。

我的小结提纲是：领航教师培育之我见——基于克旗与武冈市展辉学校教师培训的比较。文章共设置了12个标题：（1）崇尚务实；（2）少用评课；（3）学生小罗；（4）降低难度未必好；（5）克旗培训有意思；（6）研修班的计划与实施；（7）张雪老师；（8）与自己对话；（9）学做研究；（10）做扎根研究；（11）研修成效需要深入分析；（12）领航教师培养的路径分析。文章采取夹叙夹议的方式，内容是两次培训的叙说和比较分析，立意是引出领航教师怎样培训的观点。

初稿写于2020年元旦，我把两次培训过程做了一个资料收集、整理、组合。标题1—4主要回顾展辉学校的培训；标题5—10回顾克旗培训；标题11是成效分析，标题12是引出的思考。

这篇文章写下来有23500字，太冗长了。自己读读可以，在报纸、杂志上发表却是不行的。长文章中，废话容易多。吴非老师说过，他对文章的修改有规矩，一定要把多余的字、句、段全部删去。于是，我开始修改，压缩文字，删去一些段落，合并部分段落。

修改以后的第一稿提纲是：领航教师培养之我见——基于克旗与展辉学校教师培训的比较。标题设置了六个：（1）崇尚务实；（2）少用评课；（3）降低难度未必好；（4）做扎根研究；（5）研修成效比较；（6）教师培养路径分析。

这次的提纲中，我把"学生小罗"并入"少用评课"，因为"学生小罗"与其他标题不在一个层面上，逻辑上不通；删去标题5—8，因为与文章主题关系不密切，有疏远感；把标题9和10合而为一；保留标题11和12，但对文字做了缩减，力求简明扼要。文章总字数减少一半左右，变成了13000字。

我把文章前半部分发给展辉学校的李叶老师阅看，请她以亲历者的视角提出意见；把文章后半部分发给克旗的几位教师阅看，选择的对象是被我引用了文章的教师。一方面想听到意见，另一方面是表示对原作者的尊重和感谢。

老师们的回复都比较客气，以表扬为主，基本上认同这份稿子。

可能稿子的确没有比较明显的缺失、谬误，阐述的事实是客观的，对培训方法的比较也基于事实，所以解读和结论比较顺畅。

这种文章很多见，一般看不出明显的问题，但是也很难说出有什么新意。

第二稿：工工整整的小标题平淡乏味

春节后不久，陈静静老师转来一位杂志编辑的约稿，约的是我的另一篇文章《我经历的课例研究》。受约稿的启发，我萌生了把这篇稿子发给编辑的想法。但我必须缩减文字。我知道，编辑对文章有要求，一般不超过 4500 字，安排三个版面。于是我继续压缩，把展辉学校的培训删去，只留下克旗培训部分。

文章的主题与结构有了变化。第二稿的提纲是：克旗研修的启示。标题变成三个：（1）热身活动的启示；（2）集中培训的启示；（3）后续研修的启示。

文章怎么写是我比较纠结的事情。没有了比较视角，文章的结构只能以培训过程分段。三个阶段三种方式培训是比较清楚的，侧重点也是可以看出的，问题在于都是针对骨干（领航）教师培养设计的，形式上虽有不同，但实质上没有大的区别。一时难以找到三种研修活动分别对应骨干教师成长的什么因素，标题就显得有些呆板，没有揭示三段培训各有什么特别之处。文字压缩是完成了，剩下 5700 字。

我把文章发给几位教师，希望听到批评和建议。有时候，自己写的文章很难跳出来发现问题所在，因为"只缘身在此山中"。

我的写作经验是，文章要找到高人指点，这个高人能够给文章做出评析，而后提出建议。杂志编辑、年长的前辈、同行同事，以及我的学员、朋友、盟友都曾经是我文章的第一读者，也是提出批评的诤友、益友。我的写作成长史中有过很多位这样的评论员、建议者，他们是我的良师益友。

不久，我便收到了克旗教师的批评和建议。

姜淑杰老师的回复:"每个板块以启示为标题,就没有您给我修改题目后的那种酣畅通透之感。(注:指她的文章《放慢脚步 潜心学习 努力成长》,我将其修改成《在省察中明晰建设"学习共同体"的取径》。)此文的脉络不及您原先发给我的那篇文章清晰,行文也略显仓促,没有原来那种娓娓道来之感。'报告要有理论方法实例'部分与下文所述内容衔接不紧密。关于脱产的表述可否删去或独立表述。'后续研修启示'板块感觉思路不是很清晰,可否再梳理?"

姜老师的建议促使我下决心重新修改,我决定推翻原来的框架。

张雪老师很认同我的一句话——把本土问题置于学习共同体理论下研究。由此她认为"把本土问题置于学习共同体理论下研究,是学习共同体建设向深水区迈进的最优路径"。张老师的认同启发了我的灵感,"本土化研究"一词可"放大"和再认。

借助他人的"第三只眼睛",可以获得发现问题、剖析问题的新认识。

第三稿:重新构思、推倒重来,对文字做仔细修改

我推翻原有思路,重新思考文章立意。于是,"本土化研究"渐渐浮现并清晰起来。以"本土化研究"立题,形成三段式论述框架:一是本土化研究的重要性和必要性,二是本土化研究怎样开展,三是本土化研究与领航教师培养是什么关系。

于是,第三稿的提纲是:本土化研究与教师培养——克旗研修的启示。标题也由原来的三个小标题变为三个大标题:

一、反思发现,练就慧眼
1. 盲目地追求形式化的东西不可取
2. 课堂观察也是与自己的相遇和对话
3. 倾听需要真诚
二、听说实战,融会贯通
1. 有理论、方法和实例的报告教师愿听易懂

2. 给教师言说的机会

3. 认识需要经过实战演练"消化"

三、本土研究，优化心智

1. 本土化研究的起点是找到真问题、设计成小课题

2. 本土化研究有助于教师心智模式的优化

3. 有信仰就有战胜困难的勇气

正标题以"本土化研究与教师培养"立题，副标题保留了原来的题目，因为我以克旗研修活动作为论述的基础，以研修活动的成效证明结论。原文的材料没有抛弃，而是有机地融入到第三稿中。

这样撰写下来已经不是一篇培训总结，而是一篇基于克旗培训、论述本土化研究、揭示其与培养教师的关系的论文。

三个标题变为"反思发现，练就慧眼""听说实战，融会贯通""本土研究，优化心智"，一方面，比较工整、流畅；另一方面，八个字四四对应，前面是行动或操作，后面是目标或意义。字数不多，逻辑结构却比较清晰、合理。

我把文章再次发给姜老师。我说："根据你的建议，对文章做了大手术。题目、标题、立意、论述，都做了修改。发上，请有空看看。"

姜老师对文章做了简明扼要的评析。第一，大标题凝练直指核心，将启示变为副标题，特别好，既舒坦又通透。第二，文章条理清晰，尤其"本土研究，优化心智"这一"结束语"特别好。第三，语言表述大不一样，尤其开篇之语大气上档次。问题：部分段落语言略显冗长，是否需要进一步推敲？

根据姜老师的意见，我对文字又做了修改、删节。这样一个兜兜转转的过程，最后形成了一篇论文形式的研修班活动小结。

关于文章开头和结尾的说明

姜老师对第三稿的开头和结尾表示很赞同。为什么她会感到不错？

对于文章开头，我沿用"开门见山"的老办法，文字不多，阐述了三层意

思，层层递进。什么是本土化研究？意义何在？本土化研究与教师培养的关系何在？这是本文写作的目的，行文力求做到"言简意赅"。

文章结尾是借鉴研究报告的做法，研究报告最后是"讨论"，可以基于研究结论，也可以高于研究结论，进一步阐述如果要继续深入研究，可以朝着什么方向努力。所以，在结尾部分，我阐述了开展本土化研究还需要教师习得读书方法，吸收各种理论成果和实践经验作为补充，不能急，更不能半途而废——刚开头就又放下，转眼寻找别的"热门"话题。

好的文章结尾还可提炼思想观点，或引发思考，或为后续研究指出方向。

本土化研究与教师培养是什么关系，也是需要回到题目给予说明的。我认为，本土化研究必会带来教师成长，但教师培养未必能够引出本土化研究。

文章 6600 字，还是多了一点。我对文章的行文做了反复阅读修改，设想是向吴非老师学习，尽量精炼。虽然增增减减，结果并未如愿，想到编辑会修改删节，所以就算定稿了。

分析和评论

为什么我会撰写这样一篇"另类"的文章，告诉教师我是怎样撰写并修改文章的？说"另类"，是因为在报纸上看不到，编辑也不会约稿这样的文章。但是这种文章对教师会有帮助。

我也是一名教师，会经常阅读专家、教授的文章，有时候会想，何时能读到他们写作背后的故事，让我们看到一篇好文章是怎样"十月怀胎，一朝分娩"的。所有的文章给我们教师看到的都是一个"正面肖像"，都是经过化妆的"标准像"。阅看结果虽然完美，甚至无懈可击，但要学习领悟却比较困难。既然过程比结果更重要，我就想把过程如实记录出来，希望能给教师一点启发。

就写作来说，可与教师分享的经验有：好文章是做出来的，好文章是写出来的，好文章是改出来的。

做是撰写文章的基础，没有做，何来写！克旗培训有成效，除了领导教师的积极参与、认真计划以外，也与我之前做过六届工作室培训积累了丰富的经验有关。我和骨干教师有过深入交流，了解他们，也理解他们。骨干教师有自身优点，但需要通过培训提升学术素养。工作室的学员总结过一句话："读书、交友、写文章。"理论学习与阅读，实践研究与思考，撰写文章与表达，是我做培训的成功经验。把成功的经验复制到克旗，是重新验证而不是初次尝试。没有经过验证的经验是值得怀疑的。

为什么我在集中培训前要增加五篇文章的阅读"热身"，还要每个教师都撰写一篇读后感，目的是希望他们在阅读对照中引发对既往教学的重新思考，把陈旧的观念和落伍的方法"倒出去"一些，腾出大脑空间准备"接纳"新思想、新观念。此举是有作用的，学员的读后感就是证明。

克旗培训有14位学员做了交流发言，有三节研究课的现场实战演练，有21位教师集体做《教师智慧的20个分享》这本书的电子文档转换工作，还撰写了500多篇文章，这一切产生了叠加效应，引起教师们教育观念的转变和心智模式的优化。如果仅凭一两场报告、一两节观摩课，是难以发生持续性效应的。

在形与神的关系上，"一味追求形式化的东西"，忘记了在思想、哲学上的引领，往往只能"形似"，难以做到"神似"。

好文章是写出来的。怎么写，我在前面也做了叙述。好文章是改出来的，有了初稿其实不能说完成写作。很多教师习惯写了初稿就了事，不可取。文章的修改会涉及三方面：立意、选材和行文。

写文章找到一个好题目非常重要。我进大学后就听老师说过，找到题目，文章就成功了一半。《本土化研究与教师培养——克旗研修的启示》不是凭空冒出来的，而是经过三易其稿的撰写、思考、辨析后，慢慢浮现出来的。还有克旗教师的认同和提示，饱含着我的经验和思考。

人要否定自己不容易，但是，想要写出好文章，必须有否定自己的勇气。否定之否定的过程是激活思维、活跃思想的"头脑风暴"，充满了挑战。经过思维冲撞，得出结论，形成思想，有一种化茧成蝶的舒畅。

本土化研究与教师培养
——克旗研修的启示

什么是本土化研究？以学习共同体本土化研究为例，就是把佐藤学教授关于学习共同体的理论和实践引入本地、本校，在学习领悟、实践运用、思考创新中实现与本土教育的融会贯通，促进发展。学习共同体研究院确立的《指向深度学习的教育生态变革》就是本土化研究的范例。

本土化研究的主体是教师。教师能否在理论指导下扎实有序地开展本土化研究，关乎教育变革，也关乎自身发展。本土化研究与教师培养有密切关系，既互为因果，也相得益彰。

本文以赤峰市克旗研修活动为例，探讨本土化研究与教师培养的方法、路径以及相互关系，供学界讨论，给教师建议。

2019年9月6日起，赤峰市克旗组成了50人的"课例研究专题研修班"。参加的学员是各校的骨干教师、教研中心教研员。研修活动经过三个阶段：一是"热身"读写（9月6—16日），二是集中培训（9月17—20日），三是后续研修（10—12月）。研修班成果丰硕，已经形成了五本成果集，有读后感、教育随笔，课堂观察与分析、课例研究报告等。教师破除了对写作的畏惧。公开发表文章十多篇，刊登在《中国教师报》《内蒙古教育》《教育研究与评论》上。学习共同体研究院在"2019年第三届学习共同体全国教育峰会"上授予克旗教育局"感谢状"，以示表彰鼓励。

回顾研修活动，揭示隐含的意义，旨在推进学习共同体的本土化研究，给骨干（领航）教师培养以示范，为指向深度学习的教育生态变革提供研究样本。

反思发现，练就慧眼

研修"热身"是布置学员读五篇文章，并撰写一篇读后感。"热身"活动结束后，收到了 30 多篇读后感。学员阅读五篇文章，借助教育理论和他人经验反思以往的教学，自己立题予以论述，其中好文章很多。举例说明。

盲目地追求形式化的东西不可取

教研员姜淑杰写了读后感《在省察中明晰建设"学习共同体"的取径》。文章从剖析问题开始："一年来，我们那么辛苦、那么努力，忙忙碌碌，生硬地去套用看到、听到的理论、方法，盲目机械地去培养倾听，不知所以地去串联、反刍，一切都是形式化的东西，为了做而做。所以我们很累，却收获寥寥。""我们舍本逐末去追求学习共同体的外在形式，却不肯也不舍得花时间静下心来去认真地、慢慢地研读学习共同体的理论，不能追根溯源去探求本源，只是在形式上做足文章。"

姜老师通过阅读田农的文章《教师何以走进深度学习课堂变革》认识到：学习共同体的教改重要的不在于方法的习得，而是在教育哲学、思想的引领下，去探索验证，做出基于自己学校、自己课堂的"学习共同体"样例来。这样的案例积累到一定数量，就可以做学理的分析归纳了。教改实验不是单纯地模仿，不拘泥于就事论事的方法改进，而是深入到教育思想、教育哲学的改变。

姜老师由阅读产生共鸣，从切身感受引出再思考，揭示问题入木三分。

发现问题是教改的逻辑起点。只有发现问题、解剖问题，针对实际问题开展研究，才能使学习共同体的本土化研究走在正确的轨道上。

课堂观察也是与自己的相遇和对话

课堂观察属于调查法，是学习共同体的特色，是搜集学生学习证据的有效方法。陈静静老师对虚假学习和浅表学习的揭示，就是从课堂观察收集资料开始的。课堂观察涉及焦点学生的选择、过程记录与分析。学会课堂观察是走进学习共同体的第一步。从他人的观察习得方法，有助于拓宽认识，尽快进入角色。

我在克旗教育峰会上认识了张雪老师。发给她三篇文章《精彩瞬间的背后——邵晶老师〈羚羊木雕〉研究课观后感》（朱春蓉）、《追求完整的学习过程》

（王晓叶）、《观课后感：追寻课堂密码》（严长宜），要求她阅读并归纳提炼三种课堂观察的异同，引出新发现。张雪老师认真好学，很快便完成了任务。

在《课堂观察也是与自己的"相遇"与"对话"——三篇课堂观察报告读后感》中，她提出："课堂观察不仅可以有效避免教师之间'貌合神离'的怪象，还能实现教师间的合作是在真正共享基础上的真诚对话。这样美好的合作既是与他人的'相遇对话'，又是与自己的'相遇对话'，在长期坚持中能实现累积式的成长，以实现教师理念的深刻变革和自觉发现，把课堂变革的理想落实在行动中。阅读是为了在思考与反思中提升自己。写作是教师把即兴的感悟用文字表达出来，与学习共同体伙伴分享、交流，共同提高。写作的过程对我来说，就是与心中的那个'我'的相遇与对话。如果说观察是实践，那么写作是思维加深的雕刻，刻在心中的痕迹，预示着'我'的成长。"

佐藤学教授对学习做了定义，学习是三个"相遇"与"对话"。关于同教科书和伙伴的"相遇"与"对话"，探讨论文比较多见。同自己的"相遇"与"对话"的文章却很少。张雪老师的观点有新意，体现了文献研究中的思考发现，也是本土化研究的成果例证。

倾听需要真诚

李娜娜老师在"预热"学习时，写了读后感《拒绝纸上谈兵，倾听孩子心声——读〈学生眼中的窦桂梅老师〉有感》。她说："芮老师关于'评课不能缺少学生的声音'这一见解使我深有感触。在日常的听评课活动中，我们很少会站在孩子的角度去评价一节课的好坏。我们认为一节课只要教师设计好了、组织好了，那就是一节好课。至于学生，如果还不能领悟，那就是学生自己'悟性'的事了，教师完全可以问心无愧！……因此，当我们把一堂课分析得头头是道后，在总结经验得失后，依然想当然地按照我们自己的思维去设计教学，这样的研究就真如芮老师说的一样，成了'纸上谈兵'。"

李娜娜老师在一次教学"失败"中吸取教训，转变了教学方式，看到了学生"被我真诚的态度打动"，进入敢于言说的状态。由此推出结论"倾听需要真诚"。

发现"倾听需要真诚"的意义在于，要警惕有些倾听还存在表面化和虚假。倾听如果没有真诚相伴，可能是低效的，甚至是无效的。李娜娜老师的读后感给我们的启示是，倾听必须真诚。无真诚，倾听也会走样、变味。

从"热身"活动得到的启示是，以项目驱动学员阅读文献与写作，作为"前置培训"既可行也有效。需要专业人员协助的是选择和提供合适的文献，布置任务。

从研究方法来看，阅读文献、做文献综述是研究的经典方法，称为文献研究法。文献研究是学做研究的基本功。考虑到教师的可接受性，我有意不用文献研究这个学术性话语，而是用了教师比较熟悉的工作话语——阅读和撰写读后感。

从本土化研究来看，上述三位教师的阅读和思考，反映了教师具有发现的慧眼。他们没有被前人束缚，不是在佐藤学教授创立的理论与实践中止步不前，只局限于证明学术前辈的观点正确，而是有创新意识，通过写作分享独到的见解。由此想到，学习共同体的本土化研究看似高大、虚无，其实就在身边。

听说实战，融会贯通

克旗集中式脱产培训采取上午听报告、下午学员进课堂参与课例研究并学做课堂观察员的方式，期间还有学员发言交流。谈杨院长全程参加下午的现场研修活动，对课例研究和课堂观察进行了比较详细的解读，也回答了学员提出的问题。

有理论、方法和实例的报告教师愿听易懂

这次研修的主题是"课例研究"，我的报告围绕课例研究设计，有《课例研究例析——陈静静〈佐贺的超级阿嬷〉》，对陈静静老师的课做分析、解读；有《以学习为中心的课例研究与课堂观察》，讲述课堂观察、课例研究怎样做。《以学习为中心》是从理论上解读为什么要"以学为中心"而不是"以教为中心"；《怎样提高课例研究报告的水平》重点是怎样撰写课例研究报告和课堂观察

与分析。

围绕一个题目讲课要融入理论、方法和实例，这是我从事多年培训积累的经验。无理论会流于肤浅，无实例会过于抽象，如果没有方法说明，教师后续跟进操作会变得困难。方法可以迁移，举一反三。

第一个报告《课例研究例析——陈静静〈佐贺的超级阿嬷〉》我讲得很详细。陈静静老师的文章《学习真的发生了——〈佐贺的超级阿嬷〉例析》13000多字，有设计、实录、分析，也有执教时的感受，这为我做解读提供了方便。我和倪青老师做了课后问卷调查和学生个别访谈，形成了一套比较完整的资料。故事精彩、分析有理性也有感悟，出示照片数张，加上我以现场观察员和课例研究者双重身份进行讲述，把听课者带进了教学"现场"。

充裕的时间保证了讲课可以娓娓道来。如果把时间压缩在1小时，效果恐怕会大打折扣。一旦压缩时间，往往会删去实例和方法。仅仅从研究结论来理解，对教师来说比较困难。我曾经在教育峰会做过多次"1小时讲座"，都感到没有说透。

给教师言说的机会

教师听报告、做课堂观察后有话要说。克旗研修临时增加了学员发言交流的议程，实践证明这个议程很有必要，也很有意义。这使得单向的传授式学习变成了多向的活动式学习，效果明显提高。

研修第二天上午，有六位教师上台交流。这个环节是马副局长主持的。开始时由于事先没有通知，学员有点紧张。但是没有讲稿的即兴发言，也有其独到的价值。第三天上午，估计是大家在前一晚都做了准备，发言者少了忐忑和紧张。好多老师讲到动情处，留下了激动的泪水。看得出教师在这样的场合发言的机会不多，他们把内心的酸甜苦辣倾诉出来，激起共鸣、同理心。

两次交流共有14位教师做了分享。其中，宁城三中赵晓博老师发言的题目是"润泽"。因即兴发言口头语比较多，故而逻辑性不强。后来，他整理修改成一篇教育随笔《润泽的课堂——克旗课例研究专题研修班学习随感》。文章以润泽立意，提出"润泽的课堂有温暖，润泽的课堂体现在教师有倾听、串联、反刍中，润泽的课堂因为有挑战而富有魅力，润泽的课堂需要教师充分信任孩子"。一篇教育随笔有真情实感，有观点，听、看、思、议层层递进，记录了研修过程，也提炼了观点，升华了认识。

把听到的话语（他人的认识）通过自己的感悟，内化为可以言说的个人化理论（自己的认识），并且在学员之间交流分享，起到了事半功倍的作用。

思维需要借助语言文字完成，一旦经过写作——有轮到发言的学员在晚上做了书面准备、言说——把思考用有逻辑结构的方式展现出来，这个过程有助于教师思维品质的提升，也为教师日后的教育写作提供了基础。

认识需要经过实战演练"消化"

走进课堂学做研究，是把报告内容通过观察和专家解读进行"复盘"消化，导向深入。谈杨院长对三节研究课的分析解读，对教师帮助很大。

教师被原有的经验固化了思想，受思想认识的制约，开始学做学习共同体研究会有困难。在做课堂观察怎样选择对象、记录故事与剖析教学现象时，如果少了理论视角的切入，不借助于"第三只眼睛"，教师很难发现新的教学有什么别样的意蕴，教学行为背后还蕴涵了何种教育思想与哲学。实践证明，有专业研究人员参与课例研讨，会把课例研究带来的新认识引向深度和高度，对教师的心智模式起到改善的作用。

集中研修带来的启示：报告会是传播教育思想、经验的主要方式之一，但是光有报告，缺少教师言说、撰写和交流、现场实战演练的跟进，效果会大打折扣。顾泠沅教授曾经说过，报告的作用只有15%。克旗研修采取了听、说、做三合一的方法，发挥了叠加效应。

本土研究，优化心智

本土化研究的前提是要找到真问题，通过调查和思辨剖析问题，透过表象看到本质，这是做研究的逻辑起点。专家建议行动研究也要从问题与假设入手。把问题设计成课题，可以在事先规划设计、实施研究收集资料、得出研究结论中提高质量。

本土化研究的起点是找到真问题、设计成小课题

深究学习共同体的理论与实践，我觉得有十个基本方面：有倾听、串联和反刍；有协同学习、冲刺挑战性学习和基于学科本质的学习；有学生观、课程教学观和教师成长观；最后是教育观，或称教育哲学。教育观是上位概念，统摄或关乎下位九个命题。

学习共同体的本土化研究，是把本土问题置于学习共同体理论指导下开展研究。克旗在2020年1月召开了一次研讨会，马副局长撰写了《当前学习共同体建设应该认真研究的几个问题》，根据教师发言交流，归纳了八个主要问题。如：组长要不要？怎样设置？研究课往往超时，怎么办？口头练习多了，用笔书写运算少了，怎么办？怎样看待研究课的价值？从考试成绩看，学生有多少提高？……换一个角度看困惑，也是好事。这些问题是在研究中发现的，是"看山不是山"的进步。没有经过课例研究的实践操作，是不可能发现的。每一个问题都可以形成独立的课题。

克旗现阶段暴露出的本土问题可以与倾听、串联和反刍，与协同学习、冲刺挑战性学习和基于学科本质的学习，与学生观、课程教学观和教师成长观形成某种关系。当然不是一看就明白的表面关系，而是需要追寻辨析的内在逻辑关系。领航教师需要用足够的时间和精力，重新阅读学习共同体理论，以有理论视角的实证研究破解困难。

教师学做小课题研究是明智的选择。已经在各地普遍开花的小课题研究，可以成为一个抓手。把课例研究做成实证研究，提高课例研究的科学性，减少随意性，把基于行动的经验总结向着基于实证研究的科学总结靠拢，会有更符合科学理性的收获。这是克旗在前期努力基础上的再出发。

本土化研究有助于教师心智模式的优化

本土化研究要有人来做，于是，教师的培养显得非常重要。关于教师研究能力培养，已经有不少论述。本文试图从另外一个角度做分析，即从隐性的视角分析领航教师的发展,由低到高大概经历三个层级(思维品质)的更迭:第一层级,引发认知冲突;第二层级,转变心智模式;第三层级,成就教育信仰。

进入第一层级比较容易。每次峰会都会有专家报告,报告激发了教师的认知冲突。阅读参会教师撰写的听后感足以证明。有"认知冲突"的教师很多,但要真正成为领航教师就不多了。有了"认知冲突"的教师未必能够回到课堂践行学习共同体教改实验。"认知冲突"的引发容易,"心智模式"的改善却比较困难。

第二层级是一个漫长的修炼过程,是从"认知冲突"进入"教育信仰"的磨练时期,需要足够的时间,可能是五年,也可能更长。程春雨、王晓叶老师等就是这样走过来的。以程春雨老师的成长为例,他从复习课的小组合作学习踏入研究,继而做语文课散文教学中支架式教学与抛锚式教学的比较研究,最后专攻学科本质的研究,由此获得了一种三维视角的"立体图像",就是有学科本质理解、课题研究方法引领、基于学习共同体理论和实践指导的语文教学研究。三个立面构成了一个审察、辨析课堂教学变革的立体"魔方"。理论学习和实践探索带来深邃的辨析能力,推高了他的站位。"心智模式"的改善若隐若现地潜藏在研究的过程中。

通过小课题研究,实施以课堂观察、课例研究为载体的行动研究、调查研究,有助于教师心智模式的优化。课题研究以问题为出发点和归宿,有助于教师建立问题意识。从文献阅读和解读中领悟教改的背景和走向,可以在比较分析中建立文献意识,形成个人化的理论视角。学做调查研究和行动研究,以调查搜集行动研究中的证据,有助于建立证据意识,学会以证据立论和解释。三种意识的建立,是优化教师心智模式的过程和载体,以保证本土化研究的开展。

有信仰就有战胜困难的勇气

践行学习共同体本土化研究不会一帆风顺,修炼过程极其挑战教师的忍耐力,因为会碰到难以预料的困难。

克旗集中培训后,我收到了侯艳杰老师的微信。她说:"这三天的培训,收获特别多,心里想说的也很多……作为教师,教育理念就是信仰,它会给我们勇气、信心。"她提出的"信仰",给了我们启示。

侯老师提出的"信仰"有新意。对照程春雨老师对我说过的话"要我再退回过去那种教学,我是不可能了",他已经有了信仰,即对教育变革一往情深的信仰。

我常常提示教师要转变教育观念,这是我和他们一起开展学习共同体教改实验得到的启发。我一直秉持一个观点:与方法技术的习得相比,转变教师的教育观念更难,也更重要。一旦观念转变了,方法技术的把握教师自有本领在。从侯艳杰老师的话语中我读出了新的含义:没有信仰照样教学,有了信仰就有了战胜困难的勇气和力量。用"信仰"两个字来解释为什么走进学习共同体的人多,但持之以恒的人不多,就容易说通了。因为通过修炼而形成信仰的人也不多。达到一种境界,比如深度学习的境界,需要心静,需要修炼,也需要信仰。

本土化研究需要对研究的特征、方法有清晰的认识,需要教师阅读关于教育研究方法的书(如刘良华教授的《教育研究方法(第2版)》),补充知识、习得方法、提高能力。本土化研究以学习共同体理论和实践做指导,不排斥对其他教育理论和实践经验的学习、吸收、运用。骨干(领航)教师的培养是"慢艺术",急不得,要有耐心和恒心。目前的探索只是"万里长征"迈出的第一步,刚刚跨进门槛见到曙光,离"指向深度学习的教育生态变革"还有很长的路要走。

本土化研究的踏实行走必会带来教师的成长。教师培训(现在是百花齐放)却未必能够引出本土化研究,更不要说教育生态变革了。所以,开展针对本地区、本校真实问题的本土化研究,以调查研究、行动研究、课例研究培养骨干教师,从而促进本地区教育生态的变革,是本文的研究结论,也是期待。

主张四

建立自己的山峰

对于校本研修及教师研修来说，建立一个目标是十分重要的。有了目标后，才能够依据目标设计行走的路径、方法，还要通过评价指标审察过程与结果的匹配性，最后回看整个活动过程的术与道、表象与本质，撰写有学理分析的总结。

一、教师要建立自己的山峰

教育的大地上群峰林立，教师即使不能傲立于群峰之中，也要以一己之力做出孜孜以求的努力，建立属于自己的山峰。

读《我的教师梦》有感

知道钱理群教授的名字，源于读《教育参考》，由于常常能在上面读到他的好文章，我便兴致盎然了。2006 年，他参与主编的《现代教师读本·教育卷》面世，我当即购买了若干套，除了自己阅读以外，还赠送他人阅读。

2009年国庆节期间，我把他的新著《我的教师梦》读完了，很有感慨。

我从事教育科研工作这么多年，但对教育科研的理解还很肤浅，还在不断地深化中。把教育科研比作一片海，舀一勺海水来品味并不难，难的是一勺以后还有更多的一勺，读完这片海，需要很长的时间来慢慢体悟。

对教育科研的最高追求是什么，在此之前我还没有好好想过。因此，当我读到书中钱理群教授的一段话时，才会为之一震。书中钱教授几次写到他的老师王瑶先生当年对他的教导：当你的研究在你的后人研究时，绕不开你，那么你的研究是很有价值的。我以为，这就是研究的最高境界、最高目标。

近来，因为需要向教师讲解课例研究，我收集了课例研究的相关文章，然后一篇一篇地读。从国内的研究来看，顾泠沅教授及其团队对课例研究的贡献堪称研究高点、坐标。这可能就是王瑶先生所说的"绕不开你"，也是钱理群教授所说的"研究价值"。

一直听到人们对普教科研的批评之词，其中就有对重复研究的批评，研究成果很多，但是真正有开创性的成果甚少。我曾经不以为然，现在想来，那些批评不无道理。我们需要大气魄、大手笔，对教育研究心怀敬畏，才能扎扎实实地做出后人"绕不开你"的研究。

然而，看看我们一线教师的地位，想想一线教师的辛劳，如果用这一标尺来衡量的话，我们就会得出"教师不要搞研究"的结论。这似乎也不合潮流，与一线教师通过研究来获得自己的专业成长，进而"解放"自己的普遍认识有违。

那么，如何理解一线教师的研究？如何确立一线教师研究的目标、制高点呢？

教师要建立自己的山峰。

如果说教授、专家的研究在于开创时代的山峰，开创普世的新论点、新学说，那么一线教师的研究在于建立自己的山峰，建立自己的新论点、新学说，也就有了自己可以为之而努力攀越的新坐标。

站在山峰上，易于俯瞰大地，更易于仰望星空。

在科研的庙堂里，专家教授的研究类似于建立的佛像，其成果往往是可以"朝拜"的。教师的研究则是为科研庙堂的建设添一块砖、加一片瓦，此砖置放于地基，不露面，此瓦安在屋面，不显山。但是，少了一线教师的研究，科研的庙堂就会丢了"外墙"而只剩"佛像"了。

在学历提升、职称评定对教师的进步和成长的吸引力日益减弱的今天，我们更需要提倡个人品位、魅力的提升对教师生活质量乃至幸福指数提升的意义。没有建立山峰的坐标，教师的生活往往是平庸的；没有树立品位的追求，教师的生活往往是乏味的。

对于教育研究而言，我曾在一位教育局长来调研教育科研工作时，坦率地说："教育科研水平的高低，体现的是一个地区、一所学校、一位教师的教育软实力。虽然没有教育科研，学校照办，教学照搞，考试照考，教育教学照样进行。但是，没有教育科研关照和浸润的教育教学，其行不远，其峰不高。教育科研好比种庄稼需要施基肥，尽管施不施基肥表面看不出，但基肥一定对庄稼的生长产生正面的影响。"

建峰创新，无论对教育还是对教师，都是十分必要的举措。在读了钱教授的《我的教师梦》后，我更坚信这一点。

二、职位有限，学术无边

我喜欢做学术，因为做学术没有边际，没有终点，总是在探索路上行走，风光无限。做学术，总会有新的命题等着你去探索；做学术，乐在结果，更乐在过程之中。

职位有限　学术无边

前些日子，刚刚写完一篇关于"教师研究"的特征、价值、规范的讨论文章，文章涉及教师研究的若干问题，是我和学员讨论的综述。文章随后发给《上海教育科研》的张肇丰副主编。他告诉我这篇文章准备在杂志刊登，作为引发大家对"教师研究"这个命题讨论的"药引子"。我十分高兴，当即把好消息告诉了工作室的学员们。要知道，文章能得到张老师的肯定是相当不易的。

我对教师的研究，起始于 2000 年，因为好教师纷纷跳槽到外区或者民办学校，引发了个别学校的师资危机。当时我们通过调研，发现了这个问题的严重性，有个别校长极力要求教育局能出一份文件，限制教师跳槽，但这个方法根本没有用。因为民办学校不要任何档案，只要人。我觉得我唯一能做的是，启发校长的自主意识，激发学校的"造血"功能，对怎样加快培养优秀教师做研究，提出优秀教师培养的路径方法，为学校提供有价值的参考意见。

由此开始了探索的路途。我先后做了"优秀教师成才溯源的调查研究""中小幼教师科研范式的研究"等课题，在教师培训班上做了"教师学做案例""课例研究""教师走进研究""感悟素质教育""课堂教学研究"等讲座或课程培训。

2007 年，我把优秀教师的特征归纳为"勇于挑战、勤于学习、善于反思"，文章也得以公开发表。此后，我主持工作室的宗旨也确立了，带学员一起进步的目标也明晰了——不是照搬教研的工作方式，只在课堂教学的方法技术上打转，而是在挑战、学习、反思这些关键词上做文章，在这块不算大的"试验田"上积极进行尝试。

如果说，十多年来对教师研究的探索，是一个"十月怀胎"的过程，那么今朝的关于"教师研究"的讨论和相关文章的发表，就是"一朝分娩"的结果。先有积累，后有结果。

说是做学术，其实我知道，我们这些"土专家"的研究最多只是草根研究、实践探索，谈不上学术，只是做"学问"——边学边问而已。跟专门从事研究的专家相比，还难以登堂入室。作为地区的教师进修学院中的一员，我承担的是为地区的教育服务，为基层教师的发展服务。

我喜欢做研究，来自研究之乐，乐在不仅有成果见诸杂志，还在于没有那种为评奖、赛课、评先进名额限制的无奈和困惑，也少了好多世俗与利欲，这里有一片宁静、专注与坦然。我做研究，别人也做研究，条条大路通罗马，绝对没有"有我就没你""有你就没我"的尴尬，也不必顾忌我的研究会不会堵他人的道，影响他人的名利。当我在普陀区教师进修学院看到祝主任的运用"魔灯平台"指导教师开展研究的成果介绍和成果特色后，我为他高兴，也为我自己高兴，因为我找到了志同道合者，我们的研究有共通性。做学术研究，常常处在合作共赢中，因为学术批评会引发新的思考，引发对自己的完善，不是"你高我低"的所谓竞争厮杀。

以职位的升迁来证明自己的成功，就没有了做研究的洒脱，因为职位有限。以谋求职位高低来证明自己的进步和实力，外在的因素起很大的作用，甚至是决定作用。因为升迁是他人决定的，由不得自己，这就很累。

我不甘于平庸，也不愿在与人争锋中显示自己，做学问就成了最好的选择。只要自己努力，就有成功的机会，不必看他人脸色行事；只要持之以恒，定会硕果累累，不必与他人争个高低。

做研究，虽苦犹甜；做学问，虽累也乐。我以此自勉，也希望我的学员能在研究学问中，充实生活，完善自己。

三、择友须谨慎

与什么样的人为伍，你就会变成什么样的人。人之无德，其行不远。看多了那些德性、德行都差的人，警示我们交友须谨慎。参加名师工作室学习，加入学习共同体做研究就是人群结友。

交友：工作室培训的一条蹊径

名师工作室的培训，离不开读书、听报告、实践、研究等，最后是写作、出成果，这大概已成共识。我做工作室培训基本也是如此，不过，还是有学员归纳了七个字：读书、交友、写文章。

曾经有好友与我探讨，到底是交流还是交友？从字面上看，"读书、交流、写文章"更合乎逻辑，但进一步看，"交流"的意思比较宽泛，它可以是例行公事的沟通，也可以是在车站、广场等公共场所跟陌生人的对话。"交友"则不然，它是深入的交流，与一般的交流还是有区别的。

看来，在培训的通途之外，有时还可另辟蹊径，以贴近学员"最近发展区"的培训，求取教师成长的实效——"交友"就是其中的一条蹊径。

与谁交友

工作室是一个可以交友的平台。找什么样的人交友，是需要做选择的。

师友——与名家交友

我们工作室的培训目标是，拓展教育视野，习得科研方法，提高写作水平，促进专业成长。这方方面面，都需要名家来指导。

名师工作室的培训不是教研活动的翻版，引领学员走上学术道路是我的追求。学术的真谛往往就在名家的研究成果和实践经验里。因此，学员需要与名家交流，以他们为师友。

教师应该做"杂家"。我邀请的名家，不只有教育行业内的人，还有企业家、记者、摄影家、童书评论人等。和不同行业的名家交友，有助于博采众长，丰富自己。

学友——与同行交友

学员有差异，差异就是培训的资源。学员为了一个共同目标走到一起，有共同的志向、共同的话语，有同样的问题需要面对，这为交友提供了可能。

亦师亦友——与主持人交友

工作室主持人与学员是一种什么关系？这是一个值得推敲的话题。是教与学的关系还是讲授与接受的关系呢？好像是，但又不完全是。

学员为了学习而来，主持人为学员服务是本职，学员通过主持人的服务来提高自己的修养。这种关系为主持人与学员结成朋友提供了条件。

主持人的学识修养也有限，这就需要学员的资源做补充。我常常请学员做我文章的第一读者，也请学员中的"能人"为"学友"修改文章，有时还请学员提建议，甚或直接参与工作室培训计划的制订。

我认为，工作室主持人和学员的关系绝非师徒关系的一种，它与教研活动中教研员与教师的关系不同，与科研活动中科研员与课题承担人的关系也不同。教学相长是工作室培训有别于其他培训形态的特别之处。

自从几位有研究生背景的教师加入工作室，为我打开了认识学院派研究的一扇窗。我认识到亦师亦友的特别意义，那是一种真正有助于双方专业成长的理想状态。

怎样交友

让学员以面对面的交往、不见面的"神交"或以文会友的方式，与心仪的人建立良好的关系，这是我的努力方向。

一面之交

教师与名家、名师的交往，大都是一面之交，这就需要主持人把这一面之交做大、做实，放大其价值效应。

首先是找人。我很多朋友，教育科研的前辈、专家是首选；民盟的盟友、单位的同事、"1+1"教育网上的网友，都是我可以请来做报告的专家。

找到人，还要出好题，我一般以"命题作文"框定报告的内容。如果"命题作文"没有被接受，至少也是"半命题作文"。这可以让有限的"面交"时间创造出最大的效果。

为了使学员"未见其人，先闻其声"，我会先准备相关资料给学员研读。有了这样的"热身"，报告后的互动环节才会增效，才能使"一问一答"落在学员的"最近发展区"。

上海曾有过"PISA 热"。上海中学生参加 PISA 测试名列前茅，在世界上产生了很大影响。陆璟研究员是 PISA 项目上海地区的秘书长，我便邀请她来工作室给学员讲 PISA 考试，分析这种考试可能给一线教师带来的启示。事先，我找了关于 PISA 考试正反方的争鸣文章各两篇发给学员们阅读。事实证明，"前置学习"对放大一场报告的价值效应有极大的作用。

吴非老师是学员们很心仪的大家，我们读过他的著作《不跪着教书》。于是，我找到上海市教科院普教所的老马，联系了南京市教科所的刘永和所长，询问能否帮助邀请吴非老师在南京给学员们做一场报告。刘所长笑着说："你找我，算找对了人。"因为他和吴非老师是南京师范大学中文系的同学。那天的报告原定两个小时，吴非老师整整讲了两个半小时，而后与学员们互动，有的学员还拉着他问这问那。那样的场景让人终生难忘。

从南京回来后，我读学员们的听后感，发现学员们都有这样的体验：当面聆听大家的报告，会油然而生一种见贤思齐的情感。这对我启发很大。看来，与名家的交往，哪怕只是一面之交，也可以成为成长的航标和动力源。

我们与之有过一面之交的名家、名师还很多，有研究教育质量分析的特级教师杨佐荣，有钟情于"跨学科课程"开发的特级教师刘定一，有长于教师教育和"课例研究"的顾泠沅研究员、杨玉东研究员，有致力于"生命化教育"的张文质、孙明霞，有专攻"观课议课"的陈大伟，有擅长课堂观察的夏雪梅，等等。学员们从中找到学术研究"接口"，也为寻找适合自己的"精神导师"提供了可能。

"精神导师"之交

"精神导师"是学员成长中一个不可或缺的因素。刘良华教授对他的研究生讲过一个观点：要找到近处的导师，也要找到远处的"精神导师"。对于学员们来说，有的"精神导师"来自一面之交，有的是在书里找到的。这样的"精神导师"当属师友范畴，以"神交"为主。

学员王丽琴老师对我说过，她的博士后导师陆有铨教授有句名言："不要告诉我你知道什么，而要告诉我你主张什么。"这句话体现了对写作的深刻理解，让我如醍醐灌顶。我没有见过陆教授本人,但已把他视为自己的"精神导师"了。

同窗之交

学员之间需要架起友谊的桥梁。光是听课记笔记,回家写点感想完成作业,这是不够的。好多工作室的培训往往仅止于此,两年下来,学员间仍然形同陌路。

怎样把学友关系引向深入,使学员们成为真正的"学术好友"?我的方法有三。

首先,发挥学员的长处,把学员间的差异和不同个性变成培训的资源。学员王丽琴老师读博士时,曾经走进小学和初中,做了"教学秩序"的研究,采用的是田野考察的研究方法,其成果之一《教学秩序初探》已公开出版。我请她专门讲自己的研究成果,突出研究方法,给学友们一种新的认识。学员张老师是学校的科研主任,学校原来的科研基础很是薄弱,她依靠自己的努力,把科研工作做得风生水起。我请她介绍经验,给学友们以启发。学员陈老师对教育写作情有独钟,对写作、投稿有独到的见解,我也请他做了介绍。这些活动对学员们从相识到相交是一个很好的媒介,我做的工作就是给学员搭建交友的平台。

其次,从组织讨论入手,提升交往品质。我先后组织学员们以"教师的读书""教师的写作"和"教师的研究"等为主题,进行深入讨论、交流。人人发言、相互启发的氛围,不仅加快了学员之间的相互认识,更提升了交往的品质。

最后,利用参加征文的机会,引导学员互批互助。2012 年,上海市教科院普教所、上海市黄浦区教育局、《上海教育科研》编辑部和长三角城市群教科所联合举办征文活动,主题是"成长纪事"。在这次活动中,我们的学员喜获丰收,张老师还被征文活动组委会指定作为获奖代表在颁奖大会上发言。我参加了这次征文的发布会,第一时间告诉了大家这个活动。学员们陆续都写了文章,并在浦东新区的初选中有好几篇文章入选。我给学员们发了一封邮件,请学员中的能人给入选的文章"号脉""会诊",然后由作者从题目到结构,从小标题到行文再做修改、完善。学友间的相互帮助,在其中发挥了很重要的作用。

"文交"之交

孙明霞老师是山东泰安的名师，她在"1+1"教育网上发表了大量的教改探索的文章。我经常把她的博文推荐给学员阅读。学员小钱因阅读而生出感悟，写成文章贴在自己的博客上。由此引出了孙明霞老师特意到南汇来交流的故事。

学员们对孙老师崇敬有加，纷纷在"1+1"教育网上开通了博客，潜心写作，及时发布、分享研究心得和实践成果。回到泰安后，孙老师写了一篇近万字的随笔《春天的故事——上海浦东（南汇）之行散记》发表在博客上。我们以文会友，引出了一段佳话。之后，几乎每年我们都有见面交流的机会，不是我们去泰安，就是她来上海。

一次，我邀请了浦东教发院的徐榕老师来讲课，她是一位童书评论人，给学员讲的题目是"生命是一棵美丽的树——绘本阅读与教育"。之后，学员罗老师写了一篇听后感：《教育不该丢失那份优雅》，文章从徐榕老师的优雅谈到教育的优雅。我发给了徐榕老师，她很激动，认真地回了信。

一份报告，牵出了学员和导师的一次交往。以文会友，我们的学员收获的不仅仅是怎样阅读绘本。我把《教育不该丢失那份优雅》发给《上海教育情报》的编辑李老师，李老师很看重，后来作为杂志的卷首语予以刊用。

《上海教育科研》的副主编张肇丰是我们工作室学员的好友。他走进我们工作室，参加"关于'教师研究'的问题"的讨论，学员们在讨论中发表的各种看法，后来也以文字的形式在《上海教育科研》上集中亮相。

一次讨论，一段交往，既是促进，更是鼓励。

交友原则

教育上、学术上的交友，自然是有原则的。

人格平等

普通教师对名家、名师，大抵是仰望的，这可以让人找到榜样，看到自身的差距，激发前行的动力。从这个角度看，仰望是有积极意义的。但事物总有两面性。在追求学术的道路上，需要秉持"吾爱吾师，吾更爱真理"的心态。从这个角度看，与师友、学友之间，应该建立平等的对话关系，进行人格平等的交往。

坦诚相待

交友需要坦诚相待，如此才可以长长久久。既为友，就需要以坦诚架构起桥梁。王丽琴老师是一位博士后，当初要加入工作室时，我有点惶恐。我直言，可能难以有什么"指导"。她告诉我，参加工作室是希望能与一线的科研主任做朋友，为走进学校做研究创造条件。她不想做"编外"学员，而是希望我像对待其他学员一样严格要求她。她的加入使我找到了能够交流的对象和内容。让我高兴的是，她一直与学员们坦诚相待，不管是谁有求于她，她都竭尽全力予以帮助。我熟悉的好友说，因为有这样的"好学生"带头，我们工作室的培训效果增添了三分。

我和那些应邀前来做报告的名师名家都实话实说，没有刻意奉承或者阳奉阴违。学员们看在眼里、记在心里。做研究来不得半点含糊，实事求是是行动的准则。人与人之间需要以坦诚做媒介，方能神交、深交。

追求学术

交友不是为了追求功名利禄，而是为了提高学术素养。找到名师名家，给他们出题，与他们切磋教育写作，我们都以学术追求为旨归。选择读什么书、什么文章，当然也要以学术为主要标准。

刘良华教授的著作《教育研究方法专题与案例》是我们的共读书。他指出做学术的"三套路"——学分类、找关系、作比较，给了我们很大的启发。他在浦东青年教师科研骨干培训班上说的"不要问你的研究有多么新，而要问你的研究有多么旧"，堪称教师做研究的圭臬。与这样的名师名家为友，哪怕只是远远地望着他的身影，也能够受到鼓舞。

四、善待青年

我这一路走过来，遇到了很多贵人，他们的帮助对我非常重要。俗话说，出门靠朋友。我这一路顺的地方很顺，不顺利的地方也还好，一个个关口都过来了，包括插队的时候。这也让我有了一个处事原则：善待青年。

善待青年

（本文系采访录，特约访谈员：张丽芝、闵英。）

插队落户那些事

教师月刊：黄老师好！感谢你接受我们的采访。还是从童年聊起吧。作为生于 20 世纪 50 年代的上海人，你的童年，你的成长岁月，是怎样的？

黄建初：我是家里最小的孩子，有五个姐姐、一个哥哥。上小学之前，我读了三年的幼儿园。那个年代的南汇，读幼儿园的孩子很少。小学读的是惠南镇小学，师辈们都是好老师。

一年级的班主任徐芳华老师带了我们四年，那时是包班的，语文数学都是她教的。这四年对我的影响非常大。徐老师对我们就像对自己的孩子，不论男同学还是女同学，我们跟她的感情都很好。我是班长，我们班的成绩一直排在其他班级的前面，很多同学后来也都成为各自行业的佼佼者。

上五年级以后就有点不顺了，因为换了脾气比较急的张老师，她经常批评我们。我们原来是被徐老师宠着、疼着的，现在老被批评，大家就不舒服了，所以有时候跟她会有点小矛盾。现在想来，其实张老师也是爱我们的，只是方式与徐老师不同。

六年级又换了杨泉源老师，他原本是教中学的。杨老师戴着眼镜，一副知识分子的样子，很斯文。他性格一点儿也不急躁，批评得少，表扬得多，我们对他的印象都很好。

然而，整个小学期间，我被批评得最严厉的一次，却是来自杨老师。那次是学校搞卫生，大热天搞了一身汗，浑身臭烘烘的，回家的路上，我们一群小伙伴就到河里去游泳。我们平时就是这么玩的，一直没出什么大事。杨老师知道以后，就一家一家地走访，找家长说下河游泳的危险性，他还特别批评了我，说我作为班长负有组织责任，我的父母也批评了我。

那时的教育没有现在这么复杂，也不浮躁。玩儿就是玩儿，活动就是活动，上课就是认真听讲。完成作业以后，晚上就是玩耍的时间。那时候也有课外活动小组，我们小组最常去的是住在学校斜对面的一个同学的家，大家一起做完作业，然后一起玩，除了捉迷藏、踢足球、打篮球、打乒乓球也是大家非常喜欢的。

教师月刊：那么，上初中以后呢？

黄建初：我读了一年初中，"文化大革命"就开始了。先是在家里待了两年，到了16岁那年，跟姐姐一起到一个叫三墩的地方插队落户。在那里，插队的知青大多数来自附近的大团，我们是从惠南镇过去的，在知青中属于边缘人。两年后，姐姐参加了教师培训，之后做了教师。我在三墩待了九年，吃了不少苦。

教师月刊：那时候都做什么事呢？

黄建初：我在三墩公社园艺场十队插队，那个地方距离大团、三墩、惠南三个镇都有一段距离。我们主要是种果树，果树下面种点菜，有时会挑着菜到镇上去卖，挣点钱。

刚开始挣工分，一年下来很少，我记得第一年我都是透支的。我们不是集体户口，碰到的困难就很多，有时候没吃的，幸好有些农民心好，会给我两棵青菜，或者几个茄子，我烧一碗也就能抵一顿饭了。

后来我最多的一年分红分了300多块，那已经很了不起了。那时候挣工分最快的是去市区卖桃子，第一天晚上出发，摇一夜的船到市区，第二天把桃子卸到果品公司的码头上，这样就算完成任务了，当晚再把船摇回来，中间只有一个白天，但算三个工。

中国的农民确实聪明，我插队那地方的人很会做生意，我也跟着他们去赚钱。有一次是三墩机械厂要造厂房，需要碎砖块，出了告示，我跟着两个农民驾了一条船，捡了半船旧砖，下午送到机械厂的工地上，垒好，量好，计算好多少钱，然后三个人分。

队里有两个回乡知青，比我大一两岁。下雨的时候我们常常一起聊天，或者到镇上去转转，还有就是学学小手艺。他们后来一个做裁缝，一个做车锭子，我也跟着学过。我那时手比较灵巧，学什么就会什么。

后来我还学了木工。我们队里有两个木匠，那时候是属于建筑队的。"三夏""三抢"时，建筑队会让工人回家帮忙做农活。空余的时候，这两个木匠就帮别人做木工，我觉得挺好玩的，就跟着摸摸锯子、碰碰刨子。他们对知识青年也挺关心的，有空就教我，后来我就学会了，业余时间也做起了木工。

我发现，很多技能都有基本的规范，比如木工怎么画直线呢？是用铅笔沿着木料边缘画。有一次一个人看我这样画线，就感慨道："你会做木匠的嘛！"不久后，有人在装修，需要几块45°角的三角形木料，我帮着锯了几块，他们感到很奇怪。

教师月刊：这样听下来，你插队的地方，人们好像都有一种不服输的劲头，日子再苦，也要想办法过得精彩。或许人的成长，首先就在于经历的增长。经历不同的工作，可以体察不同的人生和生活。这大概就是杜威所说的"教育即生活"。

黄建初：插队落户确实吃了很多苦，所以后来做教师所经历的苦就不觉得是苦了，感觉都是小事情。那些经历确实能让人对苦与乐有更深刻的感受。

我的那些"重要他人"

教师月刊：感觉得到你有一种好奇、好学的精神，并且不只是局限于自己的分内事。就像你近20年从事教育科研工作，同时对文学、摄影、中医等不同领域也有所涉猎。这种好奇、好学的精神，应该可以看作是你的富贵财富。

那么你是怎样回城、怎样成为一名教师的呢？——记得此前你只读到初中一年级。

黄建初：1977年恢复高考，姐姐鼓励我考大学，我虽然担心自己的文化知识有限，但还是想试试。那时候好多地方都办培训班，不收钱。我开始是到三墩中学去听课，但因为数学学得很少，听不懂，姐姐就让我到她任教的学校上复习班，她还请了同事辅导我的功课。那几位老师很厉害，能抓住重点，最重要的是能提纲挈领，效率很高。比如数学这个学科，每个晚上我背着书包到韦爱民老师家里，把做的作业给他看，韦老师先进行批改，再给我讲新的知识点，讲完以后布置几道题目，第二天我自己做，然后再给他看。在这个过程中，我的信心一直不足，姐姐就带我去见她的领导范校长。范校长给了我一句话："小黄啊，你要考呢就一定要争取考上，要瞄准这个目标！"这句话给了我很大的激励和动力。所以说，他们都是我成长路上的关键人物，在最关键的时候，在最关键的地方，给了我指点和鼓励。

功夫不负有心人，最终我考进了华东师范大学历史系。这个专业是韦老师帮我选的，很符合我的实际情况。对我来说，进大学是人生的一次大转折。

教师月刊：你做学问的底子，想必就是在大学里面打的吧？

黄建初：虽然上了大学，但我的文化起点是比较低的。那个时候同学间的年龄差异很大，最大的30岁，最小的18岁，我25岁，在中间。那些年纪大的同学成绩都很好，因为他们在"文化大革命"前读过高中；年纪小的同学，很多家境都比较好，自己也比较努力。我从初一离开学校以后就没有书读，能够考上大学，还真是不容易，与我同届的初中生中没有几个考上了大学。

大学的老师们也荒废了十年。高考的恢复让他们有了用武之地。他们把精力都用在了学生身上，这对学生来说实在是太珍贵了。此外就是同学情。我同宿舍的同学都蛮有水平的，他们会给我一些帮助，会告诉我一些事情应该怎么做，其中两个同学家在上海市区，他们会骑自行车来上学，有时我就借他们的自行车去办一些事。

我的第一篇作业实际上是同学指导我完成的。我后来慢慢学会了做卡片，学会了找书读，读了以后再写点东西。这对我后来的成长非常重要。

教师月刊：大学毕业后，你就回到母校南汇中学教历史，对吧？

黄建初：是的。记得开始我就给自己定了一条规矩：认认真真教书，踏踏实实做人，做一个好教师。南汇中学的老师有的原来就是我的老师，所以我得到的帮助很多。

陈兴邦老师是我人生的又一个导师。我们两人都教高一历史，办公桌面对面，他就顺理成章地成了我的"不挂名的导师"，不像现在需要什么"师徒协议"。我会问他很多问题，他习惯下课后抽一支烟，然后一边抽烟一边跟我讲，有时候会说："这样，下节课我上这个内容，你来听吧！"这样学起来很方便。我就看他怎样上课，怎样处理细节，怎样导入，怎样过渡，怎样引导学生，而且他的材料我可以马上用到。

教师月刊：这就是所谓师父吧，像是"手把手"的现场教学？

黄建初：没错。这很好地促进了我的专业成长。然后就是有参加教学评选活动的机会，因为年轻，学校就推荐了我。

在做历史教师的那些年，我跟读大学时的两位历史教学法老师保持着联系，一位是金相成老师，一位是陆满堂老师。我的教学工作和他们的研究专长可以说是连在一起的，所以不管是教学、教研，还是写作、参加教学评选等，都有较好的求教机会。

1987年，我参加了上海市中青年教师教学评选，拿到了优秀奖——当时的评选分优秀奖、鼓励奖两个等级，前者占其中的三四成。刚好，那一年开始实行职称评审制度。陈兴邦老师就建议我申报"破格"，结果比较顺利，我想，这可能也与小学科参评的人比较少有关。

教师月刊：后来是什么缘故或机会，让你转型去做教育科研了呢？

黄建初：读大学的时候，同学当中就有喜欢写文章的，所以我就有了"写作"的概念，做教师以后自定了一个目标：每年发表一篇文章。这样经常写，再发点文章，就有点知名度了。那时在一线教书的老师，写文章的很少。

在南汇中学做了九年历史教师之后，又做了九年的历史教研员。后来南汇科研室缺人，陈新元副校长便推荐了我，于是开始了做科研的专业工作，直到退休。

现在想想，做科研让我有机会结交一批在学术上有造诣的专家学者，这对我的"名师工作室"也非常有帮助。也是因为这些原因，尽管我现在退休了，但依然有事情做，还有发挥作用的空间。

教师月刊：你一路走过来，好像都比较顺利，有很多好机会，当然，我们也看到你自己一步一步走得很扎实。

黄建初：实际上在这个过程中也有一些困难，但是一点一点都克服掉了。就我自己的体会来说，对于年轻人，对于年轻教师，一定要多些宽容，多些扶持。我曾经是学校工会的体育委员，会组织青年教师踢足球、打桥牌。我那时也不过大他们几岁，跟他们相处很融洽，却因此受到一些非议。

教师月刊：你和青年教师的关系一直都处得很好。无论是带工作室还是做科研指导，你都非常信任青年教师，尊重他们，哪怕是不成熟的想法，也鼓励他们大胆去实践。

黄建初：我这一路走过来，遇到了很多贵人，他们的帮助对我非常重要。俗话说，出门靠朋友。应该说，我这一路顺的地方很顺，不顺利的地方也还好，一个个关口都过来了，包括插队的时候。这也让我有了一个处事原则：善待青年。

我还有一个比较突出的方面就是交友

教师月刊：你给工作室学员的箴言是"读书、交友、写文章"。这七个字，应该也是你的人生经验吧。你说得到很多贵人的帮助，想必这与你平时喜欢交友不无关系。同时，你也愿意与青年为友，和青年教师一起，投身于教育科研之中，同时扶持他们做科研。那么，你的工作室是怎样促进学员成长的呢？

黄建初：根据我对当前各种名师工作室的观察，我觉得我们工作室有自己的特点，很多细节都跟别人不一样。比如说听了报告以后，大家可能都要求学员写感想，我的要求是"有主题地写"，而不是宽泛地写、随意地写。这实际上也是参照陆有铨教授所说的"不要告诉我你知道什么，而要告诉我你主张什么"进行的。有主张和没有主张，这是不一样的。

我还有一个比较突出的方面就是交友。这一点其他工作室可能不太讲究。我把各行的高人请过来讲课，当然，客观上我的朋友比较多。

我做过"优秀教师成长溯源"的调查研究，最后形成了一篇文章——《通向优秀教师的发展路径分析》，文中提出了"勇于挑战、勤于学习、善于反思"是成为优秀教师的必由之路。这十多年工作室的工作，正是从这三个方面展开的，值得欣慰的是，这的确给了一些教师成长、发展上的帮助。

教师月刊： 你确实特别会利用各种资源，引导大家"交友"，其中包括充分发挥同伴之间相互引领的作用，所以，工作室十年前的学员可以成为十年后的学员的榜样，各届学员之间的关系非常好，彼此能够互相帮助、互相促进。我们认为，这一方面是其他很多工作室都欠缺的。我们还想知道，作为一名经验丰富的"老科研"，你对上海浦东现在的教育科研有怎样的评价？

黄建初： 在我看来，现在浦东比较有影响的有两个项目，一个是王丽琴老师带的团队，每年的"黄浦杯"长三角征文，都是拿奖大户，这个在上海其他区也比较出名；第二个是陈静静老师，她的"学习共同体"影响很大，市里也都知道，她现在在做"深度学习"的研究，相信会出大成果、好成果。

五、变坐而论道为"田野研究"

我曾经先后参加了两次中外教育的研讨会。十分庄重严肃的会议，却出现了会议尚未结束，不少与会者提前离场的尴尬局面。虽然我们可以归咎于离场人员的素质问题，但仔细想想，事情并不简单。我没有去过国外，不了解外国的情况，不便评说外国专家的讲演。就国内专家的报告，我认为还是有值得商榷的地方。

一场关于教育评价的报告会上，国内专家的报告，观点鲜明，逻辑严密，但所阐述的措施要真放到学校去实施，恐怕还有待推敲。报告者从教育的理想状态去设计评价，缺乏对学校实然状态的深刻了解。其实，教育远比我们想象的要复杂得多。

那天我在听报告时，突然想到"坐而论道"这个词。在我们提倡学术正气，反对不良学术风气的时候，可能也需要改一改坐而论道的学术作风。

有人说过一个苦涩的笑话：一位外国学者想研究中国的职业教育，准备去乡镇农村收集第一手资料，然后再做分析。不料一位中国同行却说，你只要到区县乡镇的政府机关去要点数据材料来就可以了，何必到一线去收集资料呢？外国专家听了以后，无言以答。他想，这算研究吗？难怪有一外国专家会发出"中国教育有研究吗"的感慨！

我无缘参与一些名教授到中小学做的研究，但从朋友那儿知道，有些专家学者已经走出书斋，到教育改革的一线做实证研究，并收到了极好的效果。比如叶澜教授在做新基础教育研究时，深入中小学课堂，听课交谈，在"田野"中进行研究，从中归纳教育的规律，提出新概念、新思想，解决教育实践中的问题。

时至今日，教师培训已被提到有关课改成败的高度来认识，但我们的培训仍未走出报告会一统天下之势。一味指责教师于事无补，走出困境还需从报告是否有新意，研究能否贴近学校、贴近教师、贴近课堂，走进"田野"去思考问题。教育研究者必须改变书斋中的"坐而论道"，深入"田野"去做有助于教育改革的实事。尤其是当前，课改的成绩与问题、矛盾同样十分突出，一线教师迫切希望专家学者做出解说，指明方向，解决实践中的悖论，着手概念重建，实实在在地推进教育改革。当然，这需要专家学者有一点牺牲精神，有一点为教育、为教师做一些实实在在的"小事"的奉献精神！学风建设需要从小事做起。

"二期课改"走到今天，迫切需要教育专家深入教改一线，在"田野研究"的基础上，发出自己的声音，为课改的推进做出贡献。为此，我们恳切希望专家学者们"坐而论道"少一些，"田野研究"多一些。这或许才是教育的幸事。

对教师来说，做"田野研究"有得天独厚的优势。每天就在教育的田野里耕耘，只要做个有心人，就有值得研究的对象，有值得撰写的故事，有可以交流分享的成果。

主张五
培苗先培根

校本研修从何处着手，我觉得可以从组织教师读书开始。读书看似是一个很小的举动，但因为不读书的教师越来越多，现在反而成为一个非常大的问题。读书就像种庄稼时的"植根"过程，需要深深扎进中国教育的泥土里才能绽放精彩。

一、读书的甘甜

世上关于读书的文章千千万，不同的人有不同的感悟。

我所在的浦东教发院组织教师读书，而后做了交流，并把文章集中起来登载在《浦东教育》专刊上。我回顾自己的读书"史"，坦陈读书带来的甘甜。

我自进入小学读书起，至今已有数十年的读书"史"了。回顾读书往事，既有细水长流的慢读，也有集中精力的快读。而留存在记忆中的读书刻痕，要数那几次集中的快读最深了。

1 无书读的苦与有书读的甜

说起曾经没有书读的苦楚，今天处在书海中的学生，大概是难以想象的。

1966年"文化大革命"爆发，学校"停课闹革命"，我的读书生活被迫中断。1968年下乡插队，每天劳作很辛苦。那时没有什么书可以阅读，闲暇时只能跟着老乡学做木工等手艺活，晚上则到农民大叔家里听他们讲过去的逸闻趣事。曾经在老乡家里借到一本线装的竖排本古代小说，虽然纸已泛黄，我在煤油灯下却看得津津有味，虽然已忘记那本书叫什么，也记不起书中的内容，但因为是唯一，所以难忘。

当时可看的只有报纸，除了政治新闻，最多的是"社论"。"社论体"的语言成为当时民众的共同话语。现在我听人发言或做报告，只要是言之慷慨激昂，实质却空洞无物，全由名词概念堆砌，经不起逻辑的推敲，就会想到那个时期的"社论体"。虽说今天这种话语文体已不普遍，但还会时常听到看到，可见其影响甚广。

1977年春风来临，中断了十年的高考恢复，我也在亲友的鼓励下投入复习，参加了在乡镇中学和县城中学举办的复习班，还得到姐姐的同事——南汇中学一批经验丰富的老师们的个别辅导，自此一跃入"龙门"，由在农村"接受贫下中农再教育的知识青年"变成了大学生。随时代的变迁，我跨进了读书的"天堂"。

知识不再无用，如饥似渴地在知识的海洋中"恶补"，成为我们那代大学生的最普遍现象。我求学于华东师范大学历史系，课余的阅读甚广，除了历史专业的书以外，还读了好多中外文学名著，甚至自学了《形式逻辑》《写作》等为学不可缺的基本知识。之后有幸被系里定为不带薪读书的贫困学生，推荐到学校图书馆勤工俭学，在工作不忙时，我得以进入书库翻阅。一次写论文，还得到了管理员的允许进入内库翻看平时不出借的书。

读书的方法是边读书边做读书摘记。做摘记卡片是那时流行的一种读书方法，我也在文具店买了一叠卡片，记录自己读书的名句要义、心得体会。这种读书方法我一直沿用到大学毕业做历史教师时，至今还保留着好多摘记卡，其中有的卡片还是我在成人夜校教书时，一位印刷厂的工人学生帮我做的，是用印扑克牌裁下的边角料切成的。

大学时代的集中阅读和做摘记卡的读书方法，助我学习、助我教书，自学能力在阅读、摘记中得以积累，奠定了之后我做教师、做学问的基础。

2 读书写作做研究

改革开放数年后，全民经商风起云涌，读书教学被人冷落，我教的历史学科更是边缘学科。是继续坚持自己曾经立下的目标——教好书以外写点论文充实自己的教书生活，还是随波逐流放弃对学问的追求得过且过，思考的痛苦很折磨人。幸运的是我坚持了下来。

又过了几年，我从历史教研员的岗位转到了科研副主任的岗位，新的工作带来新的挑战，我没有示弱，而是迎难而上。没有系统学过做研究，就凭着会找书来读的一点本领，我在挑战自我的过程中学习做研究。

我从学校的图书馆找来了教育科研方法的书，又去上海书城购买了几本书，一本一本地通读做笔记。我至今还清楚地记得那段时间通读的书有《教育研究方法导论》（威廉·维尔斯曼著）、《教育研究方法导论》（裴娣娜著）、《学校教育科研指导》（郑慧琦著）、《质的研究方法与社会科学研究》（陈向明著）、《教育培训案例》（郑金洲著）、《教学理论：课堂教学的原理、策略与研究》（施良方、崔允漷主编）、《教育新理念》（袁振国著）。好在那时老主任陈老师还在主持工作，我一个新手副主任"大树底下好乘凉"，一边跟着学，一边集中精力快速读书。

《上海教育科研》杂志也是我的必读"书"，我把图书馆里已经装订成册的两年内的杂志共24本借来，一篇文章一篇文章地读，做了大量的读书笔记。做教育科研首先是选题，杂志上正好登载了关于如何选题的文章，对教育科研选题从四个方面做了阐述，我边学边"贩卖"，下基层学校做指导时，就把学习的东西转化为指导的内容。

当时，南汇县的教育科研正好处在发展中，许多学校开始了教育科研的工作，需要研究的问题很多，我们科研员上门做指导任务很重。第一次随陈老师去一所幼儿园做指导时，我自己也没有多少经验可谈，只是学着做指导的尝试而已。面对的问题很多，我需要补习的内容也很多，唯一的办法就是读书。

在自己阅读的同时，我也做新书的推荐工作。记得在阅读了《学校教育科研指导》一书后，我在科研主任会上推荐了该书。一位科研主任坐车到上海教科院普教所，找到那本书的主编郑慧琦老师，要求为每位教师买一本。郑老师当时没有那么多书，而且觉得此书不适合所有教师读，就向他说明了情况。此事被记录在郑老师的另一本书《教师成为研究者》的"后记"里，因为感动于基层老师对教育科研的向往，成为她潜心推动教师做研究的动力之一。我和郑慧琦老师因为都关注教师怎样做研究而有了共同的话题，因为对教师的研究有共同爱好而成为知音，我成了她的书稿的最早阅读者。

此时，学习的方法已经不再是做摘记卡，而是复印了。书中精彩的段落，我都想方设法去复印。在学校复印要记录，太多次的复印会受到一些非议，为此，我常常请亲友帮助复印资料。这些宝贵的资料，成为我做科研辅导报告的最好材料。另外，剪报——剪下报纸上的文章，也是做指导、开培训课的最好例子。

《教师学做案例》《教师走进研究》《怎样做课例研究》《认识素质教育》等下校做的报告，以及在培训部开设的专题课和报告，就是读书学习的结果。

乘着学校的科研之风，我为读书得"功倍"而由衷地高兴。

3 网上阅读写博客

进入 2006 年，我因为被评为特级教师而领受了教育局下达的任务，领衔"教育科研工作室"培养骨干教师。初始，因为有过去的"老本"而不感到知识的匮乏，但随着准备好的培训内容陆续讲完，我感到了压力。还是那句话，不会就学，我想方设法寻找学习资料。

当时的电脑已经得到普及，我的上网能力也在学员的帮助下渐渐熟练，我从读专家的书，开始转向读他们的博客。第一个进入我阅读视野的是广东的学者许锡良。他的博客更新速度非常快，几乎是每天一文。我欣赏他思维的敏捷,对教育的深刻洞察。从许老师网页的链接处,我又关注了一批教育学者的博客。读了吴非老师的《不跪着教书》后,我关注了他的博客,时常能在他的博客上看到文笔犀利、抨击时弊入木三分的文章,读来痛快凌厉,不禁拍案叫好。

网络阅读成为我新的阅读热点,而网上复制、下载、转发,成了我新的阅读方式。当读到处于教育一线的优秀教师孙明霞老师的博客时,我被她对课堂的解读所吸引,她的文章平实而不失深刻,尤其是她对自己成长的解读,非常符合一线教师进步的需求。那时我正在研究优秀教师成长的奥秘,结合孙明霞老师的成长,我悟出了很多道理。

我将整理出的许多好文章发给学员,他们读了、悟了,写了多篇读书感想。他们想到还有好多教师也需要读书,建议我编一本给一线教师阅读的书,以解他们的读书之渴。我在学员、好友们的帮助下,精选了50篇文章,编辑了《教师人文通俗读本》,一本未正式出版却受老师们欢迎的书。

书中分五个部分:"师者情怀——生命的拔节"选了若干优秀教师成长的故事,希望教师们读了后对自己的成长有所帮助;"教学如歌——像苏格拉底那样上课"选了若干篇优秀教师上课的实录;"时文品读——让自己活得有滋味"选的是名家的教育随笔;"书扉芬芳——善良的心是一盏灯"收录的是我推崇的好书的序言,希望给教师们一点阅读指向;"乡音悦耳——学生没有罚我读一百遍"选了我身边的一些好教师的故事,希望教师们能以他们为表率。

有书为媒,我和孙明霞老师成了朋友,我把她的《用生命润泽生命》推荐给基层学校的科研主任,好多学校给每一位教师购买了一本阅读,还做了读书交流。孙明霞老师也在博客上介绍了我的《教师人文通俗读本》,引起许多网友教师的注意。福建的网友"红孩儿"杨老师得到了我赠送的《教师人文通俗读本》,她在一次读书俱乐部的好书推荐中,自豪地说自己有一本好书《教师人文通俗读本》,可惜不是正式出版的书,书店买不到。网友"天使"知道后,向我索要,后来在铜陵开会时我便送给她一本。

由读书到做书,我感到了乐趣,既有读书后交友的乐趣,也有沉浸在好书中充分享受的甘甜。张肇丰老师是《上海教育科研》杂志的副主编,也是我的好朋友。他也读了《教师人文通俗读本》，对我说："你做了一件好事，教师的读书需要有人做导引，你把读过的好文辑录成册，省去了老师们自己寻找的时间和精力。"坦率地说，大部头的书，教师也只看其中的精华部分，他们没有足够的时间去读书。他还说："《教师人文通俗读本》的编辑，是你做了教授不会去做的事，做了老师没法做的事，而你正好介于两者之间，自己做过教师，知道老师们需要读什么，能够读什么，这是发挥了你的特长。"一位教师朋友告诉我，他把《教师人文通俗读本》放在床头，时不时地看一两篇，文章不长，道理很朴素易懂，他喜欢这样的书。

在我的工作室，我和学员归纳了我们的培训特点，就是读书、交友、写文章。交友，其实就是读"无字"书，就是读人。我和学员当面聆听了王栋生、孙明霞等名师的报告，接受知识的同时，感受到他们身上的那种文气，那种人格魅力。写文章是读书的深化，是创生知识。我和学员不仅写教学论文，更多的是写随笔、读后感、听后感，写了就在网络上挂出，我们这个团体成了"1+1"教育网上很活跃的群体。学员的文章也频频被《福建论坛》《教师月刊》《教师博览》（原创版）等杂志相中，予以登载。我们感受到了因为读书而带来的甘甜。

读书的最高境界在于创生。我很赞成程红兵校长的一个观点：研究人员要做"原研究"，要研究开发工具性项目。此话点到了要害处。教师做研究就是如此，缺少了工具，教师的研究难上正规，需要专业人员开发工具和样案。就像由我、张娜老师和三林中学的计老师合作完成的"独立作业法的叙事研究报告"，旨在开发适合教师的用叙事文体阐述自己的行动研究报告的一个实例，报告已经在2011年召开的"全国生命化教育——叙事与课堂教学"研讨会上做了宣读，反响很好。

读书使我们"秀才不出门，便知天下事"，增长了知识，开阔了眼界；读书使我们"小自己，广天下"，不固步自封而勤于精进；读书使我们认识书而后认识人，"人"字天书的阅读永无止境。

浸入书中，甘甜自来，这是我的读书体会。

二、关于读书的一次讨论

我带领工作室的学员就"读书"这个话题进行了一次讨论,学员张丽芝用灵巧的双手快速打字记录了讨论的过程,学员陈璞整理了通稿。

教师读书这点事儿
——一次关于读书的讨论

读书让教师改变了吗

陈璞： 其实,读书可以改变或树立许多东西。初识一些朋友,第一感觉总猜我是语文教师,而非音乐教师。书生儒雅之气也好,书呆子味道也罢,或许是读书让我如此"美丽"吧。有时,回顾自己能在专业发展路上走得颇为顺畅,内在因素就在于由读书生发的底气比许多音乐教师同仁足一些吧。因为我校进行一个关于青年教师成长的课题研究,所以与教务主任戴老师聊起了青年教师的专业发展,其中提到了一位理科的青年骨干教师,已经做出了一些成绩,人很努力,踏实肯干,并且也有区级专业发展平台与导师引领,但就是无法再进一步发展。戴老师用一句话为他做出诊断："书读得太少！"我深以为然。

唐叶红： 书确实使我在思考、审美、寻趣,包括看人、待物方面有了很大进步。可以说,读书帮助我提升个人素养。有人比喻"一本好的书,是一个足以让你'为伊消得人憔悴'的情人"。人们说性格是遗传或受环境影响,但是我觉得读书造就了我一半的性格,促成了我思考的习惯,甚至还影响了我的人生观、价值观。

谈军妹： 读书无疑是培养完整人格和丰富心灵世界的主要手段之一,对教师当然也不会例外。所以,不读书的教师想要真正成为一个好老师显然是妄谈。

"读书不是为了应付明天的课，而是出自内心的需要和对知识的渴求。"当读书成为生活，才真正具备了当教师的资格。我常自问，对于我来说，读书意味着什么？因为我是一名幼儿教师，所以我想说，读书是一种心灵的活动，读书是一种美丽的感悟。我认为，每一个孩子都是一粒奇特的种子，你只要尽心照料，就看得到他生根、发芽、开花、结果。你用不着猜他会长成什么样，就是猜也猜不到。关键是你不要伤害"这粒种子"，要仔细地去观察他，该得到发展的都要让他发展。

从读书中教师可以获得什么

谈军妹：读书对我意味着什么？我想，有一个很符合我的说法是，我想通过学习获得一种安全感。是的，每个人与生俱来的安全感是不一样的。当了十年教师，我才走进专科学校的大门，所以，各方面的先天不足造成了我的自卑，让我缺乏一种安全感。在别的教师身上我能看到一种与生俱来的自信，可是，对于像我这样的人，这种自信需要通过自己很多的努力来获得，也就是说，我是用后天的努力来弥补先天的不足，这种弥补不是一点点，甚至没有尽头。虽然目前在我们单位我还算不错，但是，走出去呢？这种不安全感始终存在，也促使我必须学习。所以，只能靠自己，那种缺失的安全感只能通过自己来获得，这也是我读书的理由之一。

蔡燕英：黄老师曾问过我："读书于你，意味着什么？"我想说，一个最有说服力也最符合我的理由，就是我想通过学习获得自身的提升！在如今飞速发展的时代，对教师的要求越来越高，虽说我们幼儿园没有中小学的升学压力，但是，我们的危机感也步步紧逼，心中陡升莫名的紧迫感。为了不成为一个粗糙而荒疏的人，我选择读书。我相信，这是唯一让我存在下去并继续不断完善自己的选择！

黄建初：读书可以帮助我们减少盲目跟风。通过读书，我们的理论水平提高了，对某些领导的一些随意性的话语就会有一个明确的判断，对于一些不符合教育规律的要求就可以拒绝和抵制。

王薇： 作为老师，我们要通过读书达到一种精神的高度和强度。读书越多越知道不足，这是一个知不足而后学习的过程。教师书读得多了，就会把书卷气融入自己的举手投足间，也就会在潜移默化中传递给学生。对于教育，我觉得应该先教学生做人，再谈学习。有精神强度的人不会轻易被打倒，有精神强度的人是金子，他们不显露、不孤寂、不张扬。因为这样的原因，我们需要读书！

功利社会中如何读书

张娜： 从阅读的收获反观读书的目的，现在读书的人很少，原因是许多人心态浮躁、功利，不能接受读书的慢成长，他们需要的是迅速成名和快速致富，物质背后的心灵是被遗忘的角落。那么，众多读书人都是抱着何种心态和目的读书呢？

以追寻生命意义为目的的读书人，对人生充满真知灼见，他们读书收获的是对人生真善美更透彻的领悟，是心灵的震撼、内心深处的波涛汹涌和情感的振奋；以贩卖知识为职业的人，需要读书来收获知识，以便更成功地推销；以愉悦、消遣为目的的读书人，收获的是放松的心态、感官的愉悦和时间的流逝。在轻松的阅读中，作者也会把某种情感、某种社会场景甚至某种价值暗暗嵌入读者的头脑中。"书中自有颜如玉，书中自有千钟粟"，读书背后的目的，决定读书的收获。

张强： 确实如此。当今教师读书的现状不容乐观。我曾经在网上看到一个关于教师读书的调查，报告中的数据分析反映出，教师工作的年限越长，读书的比例就越小；读书的原因分析中，纯粹是爱好的比例极少。但是幸亏还有这样一部分人掀起了读书热潮，那就是名师，他们以师徒带教、风气引领等让一些青年教师去养成读书的习惯，大大提高了教师读书的比例。

孙莉： 参加这个活动后，我也看了其中一些书，比如《第56号教室的奇迹》，其中一些事例感染了我，也打动了我。这次读书活动中我们学校两位文章获奖的教师引发我思考：为什么新教师会认真读书而老教师就比较敷衍了事？联想到我自己，我也喜欢百度，有什么问题都会去百度里找答案，想要什么就去找什么。其实，网络在给我们便利的同时，我们的阅读也越来越快餐化了，这是我们教师应该警醒的。

统一要求的读书有效吗

黄建初：有时读书是需要导读的。浦东教发院举行了这样一个活动，要求各部门开展读书活动，每次由一位教师介绍一本书。我想如果作为指令性的工作，就好像把读书变成一种公共行为，读书应该是一种个人行为，别人要我读与我自己要读，其结果是不一样的。可能很多时候，学校指定的读书要求效果并不一定好，是吗？

王微：我作为学校的科研主任，每学期会精心挑选一些书发给教师们，可是会有人对我说这是浪费钱！我们有没有想过教师为什么不读书？我觉得课堂教学不是一本书就能带给我们迅速改变的，还需要教研员手把手地指导。我们要提高教学质量（分数）需要时间的积累。教师不读书是因为觉得读书没有用。可能还是大家的功利心的问题，想从读书中直接得到些什么，可读书又不能一下子带给我们直接的东西。

狄静：对于这个话题我也很有感触，以前每个月学校会安排写读书笔记。之前，我读了吴非老师的《不跪着教书》，觉得这与我的教学不搭界，所以读到一半就不读了。不久前黄老师来做报告的时候，给我们介绍了吴非老师的事迹，我突然觉得非常感动，真的已经有了要流泪的感觉。我就重新去借了这本书，仔细阅读。所以，学校统一要求读书没错，但是关键需要一种氛围，需要有人进行引领和讲解，这样你会用一种崭新的眼光来看一本书，就会发现它的意义。我也喜欢孙明霞老师的《用生命润泽生命》这本书，它让我更热爱幼教这个职业。以前我觉得幼儿园的工作非常琐碎，看到孙老师说"教师面对的不是石头，而是生命……"，让我感受到幼教行业独特的美好，我们应该热爱我们的事业。

沈红梅：由于在工作室里学习，看的书比以前多了许多。但是对于一般的老师来说，缺乏这样的平台。虽然有些学校也要求，一学期安排读一本书、写一篇读后感，但这不是自发的行为，很难使教师静下心来读书，这是比较头疼的。

张娜：对于有组织地读书的问题，可能这次读书活动推荐的书目不是我近期要关注的，比如对王丽琴老师推荐的《教学勇气——漫步教师心灵》这本书，我觉得没有时间读，如果我没有读，在交流读书体会时，我只是知道而已，不会产生共鸣，有组织地读书的效果于我而言并不理想。但如果是推荐《江村经济——中国农民的生活》，我肯定会读，因为它与我的专业有关。所以我觉得读书活动的组织要满足不同层面的需求。

建立教师的读书共同体

张丽芝：身边的老师不读书，怎么办呢？放弃吗？只有想办法。我的第一个策略是营造读书的氛围。先抛开这些老教师不管，从刚毕业的青年教师中选苗子，还真被我找到几个，然后我就经常拉着他们谈谈正在读的书。不经意间，发现经常出没于图书馆的身影似乎多了起来。

我的第二个策略是找时机。教务副主任在家保胎，为防辐射不能看电视，不能用电脑，只能看书，这正是一个大好时机，我赶紧送上一本孔庆东的书。第二天她就托人把这本书送了回来，并让人传话说："太好了，照此多送几本！"于是我便亲自选几本好书送去，并申明："这可是你自己要的，别说我难为你啊！"美术老师的女儿是一个坐不住的小女孩，总是被老师请家长，搞得我们这位自信的美术老师都要失去信心了，我送上一本《窗边的小豆豆》让她读。不久后，原先那个一听读书就以"去，离我远点"作为回应的美术老师开始主动在我的书架上选书了，一本龙应台的《孩子你慢慢来》，我自己还没有读完就被预订了。攻克了"两座大山"后，我突然发现其实不是大家不喜欢读书，只是没有推荐给他们更合适的书。是的，"读书"不能作为命令，而是需要引导的，在恰当的时机送上合适的书，他自然就会成为读书爱好者。

王丽琴：我认为读书漂流是很好的方法，我们可以从别人的阅读中有所感悟。我正在看郑新华老师借给我的一本书，上面有他的批注，给我也是一种启发。如果我有一本书是限量的，让大家在漂流中读这本书，可以在阅读中利用便贴纸记录一些心得，也可以在书上圈圈画画，后面阅读的老师就可以通过这些记录进行交流。

张丽芝： 我也在设想建立一个网络平台，类似于书友会或者沙龙之类的，组织喜欢读书的老师进行一些交流，比如推荐一些好的书，或者发一些读后感之类的。

王丽琴： 我是一个比较热情的人，我喜欢一群人一起读一本书。我觉得通过书我能闻到对方的"书味"，我还会觉得一起读过一本书的人关系会比较好。在做浦东教发院项目的时候，我在项目组里推荐《教学勇气——漫步教师心灵》这本书，效果不是很好。可能我喜欢的，不等于别人都会喜欢。

后来我做课题的时候，给大家推荐《江村经济——中国农民的生活》，当时这个沙龙的研讨很成功。特别要感谢金学成老师，当时两个小时里，金老师一个人就讲了一个多小时，因为他的家乡和江村比较接近，所以他有很多的感触。这样的沙龙，只要提供合适的书，提供一个场合，大家都很有收获。

对于教师，推荐的第一本书很关键。我写过一篇文章《教师要不要读教育理论》，其中引用了薛瑞萍的网络随笔《不读者说》，当然薛老师也读很多书，但她曾经说过她不要读教育理论的书，后来她也需要别人给她推荐一些教育理论的书。

因此，我认为引导别人读书是讲技巧、讲缘份的。

黄建初： 读书这点事儿，说小也小，今天的交流，或许能帮我们教师驱散读书过程中的些许寂寞与困惑。读书这桩事，说大也大，它关系到整个民族的未来，如果我们的教师都真正爱上读书，我们的学生在教师的引导下，都养成终身阅读的好习惯，我们的民族将更有力量，更有尊严！

三、培苗先培根——研修从读书开始

1 教师研修从读书开始

某校一项大型的教学展示活动过后，要求开课的八位教师各写一篇教后反思。文章收上来我一篇篇阅读，总觉得缺少一点什么。

  为什么开了课，也听了由教研员组织的教学研讨，教师却难以构成一篇有实际意义的反思文章来诉说感受和收获，只是重复着教研员的话语？写作之前是执教，执教之前要设计，设计之前要思想——思前想后。看来问题的源头在思考。如果没有对学科教学的思考，对存在问题的聚焦，只是循着"上一节好课"的思维做设计，大概都是泛泛而谈的老话重说。

  有教师对我们已经习以为常的教研做了入木三分的剖析[①]：

  以往我们也在不断地进行教学改革的尝试，但都是绞尽脑汁，想方设法让我们的学生听得更明白，教师对自己的每一句话都字斟句酌，而且挖空心思借用各种媒体让学生看得一清二楚，这种教学模式可以在短时间内向学生传授不少的东西，表面看是很见成效的，但遗憾的是学生仅仅是学到了一些知识，而且知识的掌握基本上是被动的，根本谈不上创新，因为教师很少给学生思考的机会，不思考，也就不会思考，不会思考也就不会创新，不会创新就养成不了终身学习的习惯和能力。

  我们不仅没有培养学生的思考，连自己也疏于思考了。

  与一位教师谈到教后反思。我问她："你上这节课的目的是什么？你有没有聚焦过学科教学中的问题？你的上课内容是一篇诗歌，作为一节研究课，你研究的主题是什么？"她没有回答。

  从教学走向课例研究，需要对开课的背景和主题聚焦，需要设计和实施这节课，还需要在课后研讨和反思。与平时上课不同之处是先要聚焦主题，后要反思得失。然后才有反思文章的写作。

  有一个正面的例子：某校一位老师（姓秦）在实施小组合作学习的教改，上了一节研究课。我同几位教师一起进入课堂听了课，也研讨了课的经验和教训，为后来的研究留下了空间。我还尝试请一位张老师写一篇分析。我把录像给了张老师，数天后她把写的《"整数指数幂及其运算"一课的点评》发

---

① 荆志强. 幸福地做老师——我的生本教育实践之路 [M]. 南京：江苏人民出版社，2019.

了过来，很有新意的一篇评析。

文章的开头她就站在学科教学的目标立意：

2012年杭州全国数学青年教师优秀课观摩活动中，现场展示的一节课恰好是同底数指数幂的运算，而通过这节课要传达给所有数学教师的理念是：构建一个前后一致、逻辑连贯的代数学习过程，使学生在掌握知识的过程中学会思考，把学生培养成为善于认识问题、善于解决问题的人才。关注重点是：数学的整体性，代数基本思想，运算技能，发现和提出问题的能力。

秦老师的这节"整数指数幂及其运算"，或许正是把握了这样一种设计理念。

这节课只有两个很简单的知识点：一个是将同底数幂的除法公式扩充到被除数的指数小于除数的指数的情况，另一个是给出负指数的意义。如果采用一种简单化的处理，直接告诉学生两个公式，然后用大量的课堂时间进行相关练习，那么从即时效果来看，可能一节课的学习效率更明显，学生可以通过大量的变式题目来演练不同类型的题目，学生的准确率会很高。而秦老师却采用了另外一种处理方法，用了28分钟的时间得出这样两个结论，其价值究竟在哪里呢？

一位教授指出应试教育的诸多问题，如"强加于人，压抑了学生的数学学习兴趣""缺乏问题意识，不利于创新精神和实践能力的培养""重结果轻过程，损坏数学思维过程的完整性，不利于数学思维能力的培养""学生机械重复、模仿记忆，缺少独立思考的机会，数学思维发展迟缓""学生学习方法单一、被动，缺少归纳、抽象等活动"……诸多问题，不一一列举，我以为，秦老师这节课，恰恰对以上问题有所突破。

张老师的分析显然在一般教师之上。我想，张老师的分析有新意，关键在于张老师有阅读的铺垫，她站在巨人的肩膀上分析，有视野的开阔和立意的高远。这种素养源自她的阅读和思考。2012年她加入王丽琴老师发起的"杜威阅读小组"，读了杜威的著作，参与小组的讨论交流，给了她一个广阔的视觉空间。由阅读走向课堂的实践，一篇《在阅读与实践中走近杜威的

"做中学"》获得了"黄浦杯"长三角教育征文的一等奖。

这里还有个例子也可以佐证：某学校开展校本研修，组织了一个阅读小组。组员自愿报名参加。第一次集体阅读张文质的《教育是慢的艺术》，然后开展阅读交流分享。老师们在张文质先生的带领下，视野开阔了，词汇丰富了。交流中好词好语脱口而出，诸如："尊重""信任""机会""责任""自我否定—自我重构—自我彻悟""教育本源""多一把尺子衡量""观其行、信其道"，等等。参加交流会的副校长坦言，没有想到老师们这么有才！阅读改变了教师。

学校每年的活动不可谓不多，就以上述那所学校为例，每年开展的活动林林总总一直贯穿全年，教师们说由于一直忙于应付各种活动、评比、检查，已经没有时间静下心来好好思考一番了。

活动很多，唯独没有把教师的读书与交流放到足够重要的地位。不读书怎能开窍？还是在原有的认识水平和话语系统里做"同水平反复"的工作，少有质量的提高也在意料之中。

要教师研读教育经典和教改经验文章的意义还在于，让教师在研读中与大师对话，从而占据一个制高点做教学。

一位朋友给我讲了他让儿子学围棋的故事。他的儿子学围棋，起初在我们县城里找了一位棋手做导师。学棋数年，县城的棋手已经无法满足孩子的学习需求。他顺着导师的意见，把儿子送到了离家较远的区少年宫，跟着更高的棋手学棋。又过了几年，区少年宫也无法满足孩子的需要了，他又把孩子送到了市少年宫学棋。学棋要找高手，学做教师也要找高手指导。

教师的成长其实也有找导师的学问。一旦身边的导师无法满足学习的需要时，一定要找大师。可是没有那么多的大师进行指导，怎么办？如今是网络时代，可以上网看大师们的博客；现在也是出版业兴盛的时代，可以买书读书，阅读那些教育经典。我们读大师的著作，就是给自己找大师"面授"的机会。站在大师的肩膀上，才能居高临下看教育，才能脱俗出众做研究。

培苗先培根，还是要关注教师的阅读和交流，打开思路搞教改。与其在追求活动的数量中反复"横盘"，不如在追求活动的质量中"断其一指"，以质取胜好。

2 一定要读真正的好书

书很多,文章铺天盖地,教师怎么办?怎么选择?周国平教授提出一个重要命题——一定要读真正的好书,值得我们参考。

他在文章里说道[①]:

费尔巴哈说:人就是他所吃的东西。至少就精神食物而言,这句话是对的。从一个人的读物大致可以判断他的精神品级。一个在阅读和沉思中与古今哲人文豪倾心交谈的人,与一个只读明星逸闻和凶杀故事的人,他们当然有着完全不同的内心世界。我甚至要说,他们也是生活在完全不同的外部世界上,因为世界本无定相,它对于不同的人呈现不同的面貌。

要读好书,一定要避免读坏书。所谓坏书,主要是指那些平庸的书。读坏书不但没有收获,而且损害莫大。一个人平日读什么书,会在内听觉中形成一种韵律,当他写作的时候,他就会不由自主地跟着这种韵律走。因此,大体而论,读书的档次决定了写作的档次。有的人生活在时间中,与古今哲人贤士相晤谈。有的人生活在空间中,与周围邻人俗士相往还。

不少大学生担心,在学校时都比较有理想,一旦走入社会,要坚持精神追求谈何容易,多数人被同化了。他们问我应该怎么办?

我答:恐怕没有什么好办法。如果我是你们,也只能面对现实,好好对付生存的压力。这肯定将占据大部分精力。在这个过程中,被同化是一个每天在发生的事实,我最多只能说,应该争取做那未被同化的少数人。为了这个目的,一个笨办法就是珍惜有限的闲暇时间,在生存斗争之余坚持读书,并且一定要读真正的好书。读什么是一件重要的事情,在这方面千万不要跟着媒体跑,把时间浪费在那些乱七八糟的流行读物上。媒体的着眼点基本上是文化消费,而如果你的生活的全部内容只是劳作和消费,怎么还能有真正的精神生活呢?相反,如果你经常与古今中外的圣哲会面,就能从他们那里

---

① 引文摘自周国平博客文章《一定要读真正的好书》。

获得一种强大的力量，见以支撑你抵御社会的同化。

自我是一个凝聚点。不应该把自我溶解在大师们的作品中，而应该把大师们的作品吸收到自我中来。对于自我来说，一切都只是养料。

在读一位大思想家的作品时，无论谴责还是辩护都是极狭隘的立场，与所读对象太不相称。我们需要的是一种对话式的理解，其中既有共鸣，也有抗争。

认真说来，一个人受另一个人（例如一位作家、一位哲学家）的"影响"是什么意想呢？无非是一种自我发现，是自己本己存在但沉睡着的东西的被唤醒。对心灵所发生的重大影响绝不可能是一种灌输，而应是一种共鸣和抗争。无论一本著作多么伟大，如果不能引起我的共鸣和抗争，它对于我实际上是不存在的。

四、永燃那不该熄灭的火种

编辑发来一位教师的困惑，希望我给予回答。于是我撰写了一封信作答。

编辑：以下案例，想请您拨冗进行分析，结合当下的教育教学现状和中小学教师专业发展上的一些实情，提出合理、有效的建议或对策。

问题：每一次外出参加培训或观摩学习，我都感觉收益很多，一些教育观念产生积极的改变，充满了改进教育教学的冲动和期待。但回到工作岗位后，那种整体的氛围又常常把我"打回原形"，自己还是原来的那个自己。我该如何保持教育的激情，走出这种成长的怪圈，从而一点点地改善自己呢？

——江苏省灌南县新安镇中心小学的侯老师

侯老师好！

编辑转来了你的信，也把你的问题提出，希望我给些建议。

从信中我没有看出你所说的"整体的氛围"是指什么，所以只能就我的所见所闻做些讨论交流。

教师是一个特殊的职业，它是与孩子共同成长的职业。因此，希望我们教师能保持对教育的激情，是对从事教育的人的一种美好要求。

激情是什么？《辞海》的解释是，激情"是一种强烈的情感表现形态，往往发生在强烈刺激或突如其来的变化之后。具有迅猛、激烈、难以抑制等特点。人在激情的支配下，常能调动身心的巨大潜力"。从这个解释看，有激情是好事，但教师不能光凭激情做事，还需要有稳定的学养能力做支撑。

我想，教师有教改的冲动和"打回原形"的无奈都是正常的行为，我们无须说三道四。问题是，在对优质教育资源渴求有加的今天，在十分关注教师专业成长的当下，我们自己该如何做才是明智的选择，这是值得探讨的一个现实问题。

教师的成长，需要火种的永久点燃。

回顾我从华东师范大学毕业之时，那是百废待兴的时期，教育正走出"文化大革命"的摧残，一切都处在蓬勃向上的过程中。那时从师范类学校毕业的学生，成为各类学校期待注入的新生力量而备受欢迎。我也立志要做一个好老师。我走出师大校门走进一所县重点中学时，立下的座右铭是"努力工作、团结同志"，很朴素直白。我以为这是我心中的火种。

我看过许锡良先生的博文，他大学毕业后到一所农村中学教书，条件极其简陋，住宿吃饭都很成问题，晚上要备课学习，就一张课桌而已。即使在那样的条件下，许老师也不忘读书写作，不忘做教师的本分，还是成了学生心中的好老师。可以说，青年教师走出师范学校时，梦怀憧憬，期盼有用武之地是共同的特征。

事实上，从学校毕业跨入学校工作，那是两种不同的角色。我当了区教师进修学校的教研员、科研主任后，到基层学校调研听课常常能听到老师们的叙说，他们会把心中的苦闷困惑对我诉说。话语中，我能感受到他们的怀才不遇，也能感受到他们青春活力依旧，求进取、盼成功的那颗火种仍在心中燃烧。

有些学校对教师关爱备至。一位校长对我说："每一次你们进修学校搞评优活动，我都会动员老师报名参加，不管最后的结果如何，参与活动本身就是一次学习提高的过程。"这是一位明智大度有智慧的校长。也有对评优活动持漠然态度的领导。相比之下，环境不同，教师后续的进步与否、进步快与慢就会与学校领导的态度有关。

有一年秋天，我带着一批学员慕名前往南京市行知小学，学习行知小学的教改经验，想亲眼看看行知小学的老师和学生，亲耳听听杨瑞清校长的教改经验。杨校长所处的行知小学原本是一所村小，办学条件十分简陋。靠什么使杨校长带领老师们在20余年的改革道路上，创造了不平凡的业绩？我以为，是陶行知先生的"行知精神"使然，是对教育的爱、对孩子的爱使然。这是他们心中不灭的火种。

我们希望能在比较舒坦宽松的氛围下，与学生共同慢慢地成长，这是很实际、很有价值的理想。但是，理想的教育环境建设不是我们身处其中的教师所能作为的。因此，面对优越的环境，我们当奋力前行。如果我们面对的是不太理想的环境，更需要保持心中曾经有过的火种。

侯老师，如果此时你心中曾经的火种始终还在，那我该向你祝福！

教师的成长，也需要良好氛围的支持。

从信中所述，我能感受到你对自己专业成长的向往，而且也有机会外出学习、观摩、听报告，这是很好的条件。平心而论，当前各级政府对教师的培训抓得很紧，对我们是一种激励和鞭策。回想一下，20世纪五六十年代，教师没有机会参加大规模的培训，教师的进步靠的是自己的学习研修。

2006年起，我接受了一项工作，带了一批骨干教师成立了名师工作室。领导希望通过两年的培养，骨干教师能再上一层楼。我和学员在思考、实践、研究的互动中，形成了我们工作室的宗旨——读书、交友、写文章。为什么这样定位呢？是基于我的认识，也是对实践结果的认定。

教师的成长取决于什么因素，我曾为之苦思冥想。在调查研究优秀教师的成长中，在阅读专著的思考中，我的认识慢慢地清晰起来。我写过一篇文章阐述了认识，提出"勇于挑战、勤于学习、善于反思"是教师专业成长的核心要素，是成为优秀教师的关键因素。

孙明霞老师是一位令人尊敬的好老师。她曾说过一个例子很有实证价值。有一位农村教师听了孙老师的讲座，觉得她是一个值得信赖的人，给她发了一封很长很长的信。孙老师说道：

从信中，我知道这是位很爱读书的老师，但周围环境很差，没有人读书，他读书别人还笑话他；他因为读了些书，就想在自己的课堂上做些改革，但又得不到领导的支持；他想学习，没有机会，唯一听的一次报告还是在实验小学听我讲的。一个如此上进的老师，却没有机会学习，他是特别苦恼的。还有一件让他感到特别不平的事就是，条件不如他的一些人职称评审通过了，他却没有通过。因为我不能解决他的任何实际问题，只能从精神上给他些鼓舞。我就鼓励他自己调整心态，自己找机会学习，大胆进行课堂教学的改革。

为了呼吁大家对农村教师的关注，我还把他那句话"我为学生的一生负责，谁为我的眼下负责"作为标题写了篇文章，没想到这篇文章被《教书育人》杂志发表了。当时正好泰安举行一个读书报告会，邀请了全国十大读书人物中的陶继新、刘良华老师等来做报告，我发信息给他，问他能不能来参加，他当即答应了。后来，他为了来参加读书报告会，请了病假，辗转济南到了泰安。他不舍得吃住会议安排的宾馆，就自己在外面花15元住宿；会议主办者感动于他的学习精神，免收了他的会议费（200元），他竟然买了200多元的书带回去，并且说回去要让他的同事也读书；他还专程到我的学校听了我一节课。回校后，他就开始大量读书，也建立了博客，我给他的博客取名"水中风景"。他坚持上博客大量阅读其他老师的文章，也直接和很多名师交流。他感到眼界打开了，视野开阔了，主动在语文教学中大胆实践教改，取得了很好的效果，感受到了教学的乐趣，找到了自己的价值所在。半年前的他是缺乏自信的，但半年后他充满了自信。为什么拥有这份自信？就是源于他的读书与写作。

孙老师说的例子告诉我们，即使是处在边远地区农村学校的教师，他有没有让心中的火种不灭的可能呢？答案是肯定的。

侯老师，如果你身边还缺乏良好氛围的支持，那我们自己可以试着来营建。如今，网络为我们的学习、写作提供了便捷和可能。上网开个博客，既能学习交流，又能把自己的所思、所想、所为告诉志同道合者，这里获得的精神力量是巨大的。有学者的引领，有朋友的扶持，也有发表自己教改成果的机会，何乐而不为呢！我和我的学员在孙明霞老师来传经后，纷纷在"1+1"教育网上开了个人博客，如今已经成为很活跃的一个群体。

侯老师，你问"每一次外出参加培训或观摩学习，我……充满了改进教育教学的冲动和期待。但回到工作岗位后，那种整体的氛围又常常把我'打回原形'，自己还是原来的那个自己。我该如何保持教育的激情"，我的回答是："教师的激情需要通过读书和写作、思考和实践，把激情转化为认识乃至使命，甚至信仰，把使命感和虔诚心慢慢转化为生命的能量，不息心中的火种，保持对教育真谛的向往。对教育怀抱敬畏之心，在俗世面前，留一份清醒和警觉。"

至于如何"走出这种成长的怪圈，从而一点点地改善自己"，我以为，还是很普通而有效的方法——读书、思考和写作。

黄建初

五、提高思维品质

于漪老师的文章《现在的老师不缺教学技巧，而缺思想与批判性思维》提出了一个重要问题，教师要有逻辑思维和实验科学的能力。她在文中说道：

西方科学出现了以后，主张逻辑思维——形式逻辑，离开了形式逻辑根本就没有理化生；还有一个叫实验科学——实证，谁说不行就拿出证据来。

我们是"拍脑袋""差不多"就行了。

我在参与一些师资培训、评审的时候，发现不少老师上课时形式逻辑的漏洞很多，不能自圆其说。因此，概念的界定、形式逻辑的思维、辩证逻辑的思维，是缺一不可的。比如，教学中教师大量用的是演绎思维，很少用归纳思维。演绎和归纳是两条路子，归纳是从个别到一般，演绎是从点到面。

批判性思维要在掌握真凭实据的基础上展开，否则怎么批判？批判什么东西？

批判不是否定，批判是在原有的基础上使好的发扬光大，使不足得到克服。思维方法确实要突破，批判性思维培养的目的是提升中学生的思维品质和思维能力，有这样一个扎实的基础，批判性思维就能得到正确的运用。

于漪老师的提醒非常好。

批判性思维如何培养？首先需要读到、听到批判性思维的话语，这是获得批判性思维的前提。其次，需要习得批判性思维表达的方法，能够在文章、发言中运用批判性思维表达自己的观点。

提高思维品质需要载体。一次与杨启亮教授就"教会还是学会"的讨论，提高了我和学员的认识。

杨启亮教授是王丽琴老师的导师，一次来浦东参加了我们工作室的活动。那次活动我们组织讨论一个话题：学生是"教会的"还是"学会的"。

杨启亮教授的观点是，"教"属于教学论的范畴，"学"属于学习论的范畴，两者不是一个层面的知识，所以无法作为讨论题展开讨论。杨教授是一位著名教授，此话一出搞得我这个出题人十分尴尬。我当时没有与杨教授争辩。回来后仔细想想，我出此题目的初衷与教授阐述的命题，不在一个探讨的范畴内。

《上海教育科研》准备刊发杨启亮教授的发言稿《教学有法，法无定法》，嘱我撰写一篇文章作为讨论同时刊登。于是，我撰写了《"教会还是学会"研讨的意义》。

我的观点是：与专家视角不同的是，我们不是把"教会还是学会"作为一个"教学论"的理论问题展开讨论，而是把它作为一个客观存在的认识问题、实践问题作为研讨的主题。就几次研讨来看，即使没有达成一致认识（事实上，统一认识是空想），这个过程仍对教师有帮助。

六、学一点中外教育史

有这样一个故事：一位长期从事中国古代科技史研究的教授，甘于清贫，潜心研究。有人问他，研究古代科技史既不能带来经济利益，又不被学界看好，你为何还孜孜不倦呢？教授的回答发人深省：研究古代科技史的确不会带来可观的收入，要追求收入还不如干点别的。然而，外国都在研究中国古代科技史，我们不去研究它，我们就会显得浅薄。

好一个"浅薄"，这个词道出了当前学界的一种偏态。这种偏态也弥漫在教育改革中。

浅薄来自无知。正如吕型伟老先生所指出的那样：

我们的实际工作者不重视漫长的教育史中有哪些教育家，有过哪些教育理论，他们进行过哪些实验，有哪些成功的经验与失败的教训；也不知道当前世界上特别是西方发达国家的教育理论有哪些发展。爱因斯坦之所以取得如此成就，是因为他站在巨人的肩膀上。我们一些同志不知道有过哪些巨人，更不知道他的肩膀在哪里，往往自以为创了什么新，结果可能是别人早就实验过而并不成功的东西。

当前，教育改革进入关键阶段，问题与创新同在，矛盾与希望共存。在我们致力于教育改革的繁忙之际，挤时间学一点中外教育史，我认为是十分必要的。

有着 70 年教育生涯的吕老先生，其丰富的教育经历和深刻的教育思想非常人所能及。植根于历史经验之上的教育改革思想，是吕老先生成为著名教育家的重要原因。教育改革呼唤更多的教育家。教育家需要有广博的知识。

浅薄与急功近利有着密切的关系。

有个和尚肚子饿了，吃了一个馒头，没有吃饱；又吃了一个馒头，还没吃饱，再吃一个馒头，吃饱了。这个和尚说，早知道这个馒头能吃饱，前面的馒头都是白吃的。这个和尚的见识，一看就知道是荒谬的，然而，教改中追求"第三个馒头"的浅见还很有市场。

教育改革是从历史中走过来的。学一点中外教育史，会使改革者变得厚实起来。厚德才能载物，厚积才能薄发。具备历史目光的人会变得深邃，才是有智慧的人。中外教育改革的历史，无疑是当前教育改革的深厚土壤，智慧源泉。

学史以明志，学史以寻策。学习杜威的教育思想，了解陶行知在20世纪40年代的教育改革，回顾50年代我国引进的凯洛夫的《教育学》及其在中国曾经的实施，有助于我们高屋建瓴地认识人的全面发展与社会需要之间的关系。了解20世纪60年代关于语文教学是"文道统一，以文为主"还是"文道统一，以道为主"的争论，有助于我们更好地把握当前的语文教改，少走弯路。

学史既要读正史，也要读非正史，如传记。在吕老先生的《吕型伟从教七十年散记——从"观察蚂蚁"到"研究人"》一书中，他亲身经历的历次教改，引发的所思所悟，给读者以启迪。这种以亲历者角度叙述的教育改革，弥补了正史的不足，更容易被读者接受。

让校长和教师们挤时间学一点教育史，还需要各方努力，创造一些条件：编一本既通俗易懂，又简明扼要的中外教育改革史，作为教师培训的教材，或者供校长和教师自学，是迫在眼前的事。相关的教育杂志能挤出版面介绍一点教育改革史，也是十分必要的善举。

学一点中外教育史，因为历史还活在我们的生活中。

教师的读书还会涉及中国教育的两本无字天书，一本是"地"字天书，一本是"人"字天书。

"地"字天书蕴含着本土化的问题。我在克旗主持课例研究专题研修班时，深深感到那里的教育与我所在的南汇、浦东的教育有很大的区别。这些区别制约着教育的发展。所以，认识教育的本土化特征，认识自己所教学科的特点，是教师驾驭学科教学、专业成长的必要前提。

"人"字天书是要学会读人。教师的成长需要找到精神导师，需要有值得追崇的专家学者作为偶像。如果近处找不到，可以寻找远处的精神导师。好多专家学者有自己的专业，有对专业的独特理解。他们能用一句话把深奥的问题用直白通俗的话语说清楚。我曾经就收集了这一类的话语，给学员学习领悟，因为"听君一席话，胜读十年书"。

主张六

用观察打开课堂"黑箱"

课堂观察有助于打开课堂"黑箱",拨开云雾见玄机。

拨开云雾,是指课堂教学具有复杂性和不确定性,需要用"显微镜"来透视课堂,然后用"望远镜"来分析课堂。我们曾经以为课堂教学是可以照搬照抄前人的经验,看来是有问题的。用简单化思维、确定性思维来看待教学、实施教学,已经受到了严峻的挑战。

怎样"看见"课堂和学习,我们有过听课评课、观课议课的更迭。而今,一种更科学、更有价值的方法技术——课堂观察已经诞生,而且越来越显示出不同寻常的意义和价值。

研究学生是怎样学习的,需要以课堂观察来搜集证据。研究教师怎样教才更有利于学生的学习,也需要用证据来证明。

课堂观察是用有理论视角的"眼睛"看见学生的学习,不论它是精彩纷呈,还是困难重重,都需要"看见",然后才有可能走出惯性和模式的束缚,重新设计教学,改进教学。

"玄",指的是课堂是一个"黑箱",需要打开。打开的关键在于引入光亮,这个光亮是教师理论智慧和实践智慧的提升。然而,一个两难的问题是:智慧来自实践,理论来自学习。这就好比"先有鸡还是先有蛋"的莫衷一是。

"机",指的是机会。教改的进程已经到了新时代的门槛上,跨越一步便是晴天,阳光灿烂。机会留给有准备的人,机会来了,我们准备好了吗?

一、课堂观察回顾

我们的课堂教学研究,走过了听课评课的漫长阶段。我们对听课评课习以为常,也完成了那个时代所赋予的使命。后来,有了观课议课的递进,于是对听课评课的优劣有了比较和甄别。佐藤学教授在日本践行学习共同体教改实验30多年,经过钟启泉教授、陈静静老师等学者介绍进入中国课堂,开启了国内教育课堂观察研究的新时代。

课堂观察顺应了课改、教改的新要求,与中国教授、学者的新思路、新观点不谋而合。成尚荣先生认为,我们对教师怎样教的研究比较多,而对学生怎样学的研究太少。叶澜教授的新基础教育提出"让课堂焕发生命活力",并深入课堂研究教学,形成了"生命·实践"教育学派,其理论之一是"新基础教育"的理论归纳与总结。它不是给学校一种模式来解决课堂教学活力不够、效率不高的问题,而是让实验学校创造出"有生命活力的课堂"。这一点与佐藤学教授不以一种模式来开展实验有异曲同工之妙。

用哲学思想指导教改实践,让教师创造课堂教学的新实践样态,用课堂观察搜集证据,以此证明教改实验的成败优劣,是一次面向世界、面向未来、面向现代化的教育变革。

教改需要一线教师的参与,并成为一支主力军的观点已经被有先知先觉的教授提出,这是经过实践检验的真理。教改需要"课堂转型"的观点也上升为学界主流观点。这些都预示着课堂教学的主体——教师将在改进教学、实现转型的任务中担当重任。

研究教学、打开课堂"黑箱"的任务需要课堂观察做基础。实践已经证明，被教师掌握并运用于教改实践的课堂观察，已经形成了一批颇有质量的成果。

我在2017年《中国教师报》刊登的《从"观教"走向"察学"》一文中提出了"课堂观察以实证资料说话，不仅起到了拨正教师教学行动的作用，还引起了教育观念的转变。值得关注的是，课堂观察改变了隐藏在教师内心深处的教育哲学"。这个观点至今仍然具有开创性意义。

从"观教"走向"察学"

何谓"观教"？听课时坐在教室后面看教师怎样上课。何谓"察学"？听课时坐在学生旁边看学生怎样学习。从"观教"走向"察学"，我也是在学习和实践中慢慢领悟的。

从录像带分析走向观察员分析

初次听说陈静静老师等人在浦东一所中学做课堂观察，是从我的同事张娜老师那里听说的。我问，他们是怎么做的？张老师告诉我，他们是在观课的同时拍摄了教师授课的全过程，然后进行录像回放，观察员和授课教师一边观看课堂发生的学与教的故事，一边分析隐藏在教与学行为背后的理念，探讨教师的预设是否合理，学生的学习是否有效。以学生在真实的教学环境中发生的学习故事作为研究对象，分析研究教育教学的状态，我觉得非常有意义。于是有了后来我和陈静静老师的交流探讨，自此开始了我和学员一起阅读研究的路程。

我对课堂观察并不陌生，早在十多年前，顾泠沅教授就在报告中提到过"课堂观察"。我一直记得他对一节课的提问分析，教师看似提问频频，其实无效提问占了六七成以上。课堂观察有许多方法，这也是我从顾泠沅教授那儿听到的。我曾经特意邀请杨玉东博士来南汇区给科研主任做培训，杨博士提出光讲道理不够，要提供一节数学课，他带着参加培训的有数学学科背景的科研主任做课堂观察与分析。此事过去了十年余，却因为这样的活动稀少给我留下了深刻的印象，也因为后续的推广没有实现，留给我一个大大的问号。

我愿意学习佐藤学教授的课堂观察方法，是因为他的研究持续了30多年而常研常新，这种课堂观察顺应了教育发展的趋势，把研究视角从关注"教师的教"转向关注"学生的学"。这不仅是研究方法的进步，更是教育哲学的更新。佐藤学教授谈到他做学习共同体研究的三条哲学基础——公共性、民主主义和卓越性，我非常赞同。

走进课堂看研讨课，就是当观察员看学生的学习，这种认识已经在我带的学员心中扎了根。经过一段时间的学习，他们已经学会坐在学生旁边，看学生怎样学习，看小组合作学习乃至协同学习是否真正发生。这样的研究方法在平时的校内教研活动中容易实施，不需要兴师动众，因而吸引了很多专业人员一起做。校本研修与教研活动因为融入了科研方法而提高了水平。

从结构观察走向自然观察

与某区的科研主任杨老师谈到我们正在实施的小组合作学习的教改实验，谈到了课堂观察，他马上说，课堂观察崔允漷教授也在做。但是与佐藤学教授的课堂观察相比，二者还是有区别的。

崔允漷教授在《课堂观察Ⅱ：走向专业的听评课》一书中谈到了他们团队的研究成果 LICC 范式，他将课堂分解为"学生学习""教师教学""课程性质"与"课堂文化"四个要素。所以，研究团队开发的观察工具既指向学生的学习，也指向教师的教学。教师带着预设的观察表走进课堂，然后依据观察表的指标研究教学，是崔教授课堂观察的明显特征。

佐藤学教授在上海浦东福山小学指导学习共同体研究的现场谈到了课堂观察，他直言：日本现在已不做结构观察，而是做自然观察。

所谓结构观察，是观察员教师带着研究指向做课堂观察，以量表作为观察工具。而佐藤学教授现在做的自然观察，不带量表走进课堂，教师以眼睛为观察工具。结构观察收集数据资料有明确的指向，以数量关系的分析见长；而自然观察收集资料数据是开放式的研究，以描述见长（也有数量关系的分析，但不是主要方面）。

在研究结构观察与自然观察的关系时，有研究人员认为，教师需要从做结构观察开始入门，然后走进自然观察，学会做描述见长的课堂观察。

我的体会是，以数量分析见长的结构观察，对整体的把握可能更好。但是，学生是以个体出现在课堂的，所以研究学生个体的学习更有价值，因为我们已经走进了个别化教育的时代。

从整体观察走向个别（小组）观察

我曾经请某所学校的计算机教师给一节数学研究课录像，回放时发现，他拍摄的录像不能作为分析资料，因为他不知道我们需要什么。他没有学科视角和研究视角，只是依据通常的拍摄方法做全景式的拍摄，摄像头对准的是教师，拍摄的是教师怎样教。后来，我告诉他要拍摄小组合作学习中学生的学习行为。以后，他的拍摄有所改进，但还是不尽如人意。

一次，数学教师小秦上一节研究课，陈静静老师带了一台摄像机，拍摄了一个小组四位学生学习的全过程。隔了几天，我们工作室学员和课题组教师集中做了一次课堂观察分析，收获很大。陈静静老师在研讨前把录像做了分段，研讨时她放一段录像，接着就提出问题，然后请观察员谈看法，直击痛点。这对观察员的挑战很大。好在他们都听了这节课，结合那个小组的学习，还是能提出一些意见和看法的。学员小唐是一位中学的外语教师，看录像做分析让她受益匪浅，在参加了分析研究后，她感慨万千，并撰写了《"另类"的课堂观察——学校教研文化重构的思考》一文。由课堂观察与录像分析，她想到了以往的教研活动，两相比较高下立见。

以往我们习惯用整体观察、整体研究代替个别研究，往往存在笼统的泛化。我们把研究视角对准教师，从而疏忽了对学生的研究。当下，许多专家呼吁把研究教师的教转向研究学生的学。这话说了已有数年，但在现实中仍然很难落实到课堂，未来还有很长的路要走。没有找到合适、有效的方法，研究学生的学只能停留在呼吁和文件中。但是浦东的学习共同体研究为研究学生的学开辟出了一条路，这是学习佐藤学教授研究方法的结果。

佐藤学教授提到了研究的三种视角：一为飞鸟之眼，高瞻远瞩却浮光掠影；二为蜻蜓之眼，视角下移却蜻蜓点水；三为蚂蚁之眼，所见有限却精确细致。"它们对大地的熟知程度远远高于飞鸟和蜻蜓，它们用自己的行动改变着土地的样貌和性质。"我们做学生学习的课堂观察，是以"蚂蚁之眼"改变教育生态的积极行动。

从参与研究的教师获得的成长来看，课堂观察以实证资料说话，不仅起到了矫正教师教学行动的作用，还引起了教师教育观念的转变。值得关注的是，课堂观察改变了隐藏在教师内心深处的教育哲学。这是教改能否有效推进、能否成功的关键所在。

二、用课堂观察改变"有色眼镜"看人

用"有色眼镜"看学生是教育中的大忌，然而，这样的习惯积重难返。通过对一位学生的持续观察，浦东教发院附属中学的徐老师开始反思学生学习困难的原因，从而质疑与批判往常的"有色眼镜"看人。

一个"学困生"的课堂学习故事及其析评

浦东教发院附属中学　徐国英

课堂观察的由来

我所在的学校正在推进课例研究和课堂观察，旨在改进教学、变革课堂，实现以学定教的课堂转型。

赵波兰老师是一位信息技术教师，她准备给六（1）班的学生上一节"认识思维导图"的研究课。教学任务是学生需要创建一个以"我"为主题的思维导图文档。这节课在电脑房里上。我们课题组教师走进她的课堂，做课堂观察员。

为了使观察员尽快进入角色，课前浦东教发院的王丽琴老师组织了简短的课前培训，请执教者赵老师谈了教学设计，王丽琴老师讲了课堂观察的方法要点。

我们每个观察员都拿到了一张课堂观察记录表，上面有如下内容：（1）教学设计；（2）课前访谈，访谈题目3个；（3）课堂观察记录，有教学设计、观察点、观察记录和思考；（4）课后访谈，问题有3个。有了观察表这一模板，我觉得做课堂观察并非高不可攀。

对观察对象的确定，王丽琴老师说可以自由选择。她还说，如果能够连续观察一位学生的若干节课的学习过程，会更有意思。听了王丽琴老师的话，我对观察对象的选择有了了解。

一位学生的学习观察记录

我选择的观察对象是六（1）班的小杨同学，课前我了解到他是一位教师眼中的学困生，因为小杨的语数英考试成绩总分不到60，数学和英语成绩常常是个位数。听任课老师说，他在数学、英语课上常常走神。我看了小杨的英语抄写作业，形似"天书"，很难看懂他在抄写什么。据活动课老师反映，他平时很少跟同伴一起玩耍，常常独自一人在操场上闲逛，嘴里还自言自语。这样一位学生，今天在赵老师的课上会如何表现呢？

我和小杨的第一次真正会面是我在课前对他的访谈。他个头高大，外貌敦厚，与我心中学困生的形象有点不一样。对我提出的几个问题，他和旁边的女同学都能够自然地回答。当问到我坐在旁边观看会不会对他们有影响时，他很直白地说："我们会紧张的。"于是我通过和他们一一握手的方式来拉近与他们的距离，希望能缓解他们的紧张情绪。事后看，我的介入并没有对小杨和他旁边的女生产生太大的影响。

由于电脑出了小故障，研究课刚开始，赵老师向学生推送了打字练习。我看到小杨的打字速度明显快于旁边的女生。询问后得知，他周末会在电脑上玩游戏，在游戏中有时会用到英语字母的输入。

　　课正式开始后，在情景导入环节，小杨很认真地听讲，没有开小差。我看到他能跟随老师的指令操作。只见他的两个手的手指一直在不停地动，动作频率要快于其他学生。在进入观看视频时，他手指动的频率慢了一些。在听到别的同学发言关于"我"会想到什么答案时，小杨和同学们一起笑了，而且还笑出很大声。看来，小杨的紧张情绪已经得到缓解。

　　在创建"我"这一主题的思维导图的过程中，刚开始小杨在打开学习材料时因出现一个对话框而稍慢了一些，而后他在建立主题和第一个分支主题时就很顺畅了。可是，当他想要建立第二个平行分支主题时，由于鼠标点击的位置是在第一个分支主题上，由此创建了一个分分支主题，然后他在那里不断地重复相同的错误尝试。这个动作让我看出小杨对电脑的操作也有一些困难。后来无意间他的鼠标的一个拖曳动作，让他成功地把一个分分支主题换成了第二个平行分支主题。

　　在看到旁边同学在主题框中输入文字时，小杨也进入了文字编辑的"漫漫长路"，在顺利输入"我"后，分支主题的"爱好"两个字的拼音又一次把他难住了。虽然他多次尝试去打开学习材料寻求解答，但无收获。当老师让同学分享第一次活动的成果时，他才歪打正着，因打出"恩爱"而完成了"爱好"两个字的输入。

　　在进入"美化"思维导图"我"的过程中，小杨先尝试找图片素材，在多次未果后又回到文字输入，这回他竟然比较顺利地输入了"爱好"主题下的"冰棍"和"画画"。于是，找回一些信心的他决定再次尝试插入图片。在不断打开不同的文件后，他终于找到了自己的照片，但插入时由于照片大小与文本框不一致，他又开始了来回不断地尝试，最后发现了用鼠标来缩小的方法。

　　这时，旁边的女生也遇到了同样的问题，看到小杨已成功做到，便向他询问。他通过演示教会了她，并说："就这么简单！"

　　在课的最后分享交流阶段，只要电脑被切换回来，有操作的时间间隙，小杨都会不断地、分秒必争地尽力去完成自己的第二个分支主题内容的输入，最后总算完成了两个分支主题的内容输入，并做了保存。

这是我观察到的小杨的学习过程。这个真实的学习过程反映了很多值得探讨的话题，很有意义。

回顾小杨的整堂课，我看到了他在学习环节中客观存在的困难，也看到了他面对困难所做出的努力。他一直在努力尝试一个人独自摸索，虽然进展不是很顺利，但他以自己的方式去探索、去解决。虽然他学习的进程与其他同学相比会慢些，但令人欣慰的是，他在这堂课上的学习行为还是很真实地发生了，不管这些学习行为多还是少，有真实的学习行为发生，就是他在课上的学习收获。

初次学做课堂观察，我看到了小杨学习过程时而顺利，时而困难。小杨也有学习的良好愿望，只是在碰到无法跨越的障碍时，又得不到及时帮助而形成困难的累积。那些瞬间即逝的教育契机，我们没有发现，我们也不知道怎样才能发现。

将心比心，如果我是一名学困生，大概也会碰到比学优生更多的学习障碍，需要得到更多的指导和帮助。我常常与身边的教师一起探讨学困生的教育问题，教师常常因学困生的某些不尽如人意的学科成绩而心生偏见，甚至全盘否定学生，生出"朽木不可雕也"的错误观点。这样的偏见会集聚，最后变成无奈甚至放弃，以"学生不行，我有什么办法"的话语对待教育工作。

课堂观察的细微阅看给了我一次警示，促使我对以往的"学困生成见"进行了反省。在我们每天的教学活动中，我们在每个班级都会遇到像小杨这样的学生，他们在各自的学习路上所遇到的困境，我们不太清楚，所以也没有什么针对性的措施去实实在在地帮助他们。

对学困生的成见常常使我们错失教育契机，导致教师无从下手、束手无策。现在看来，这不是学生的问题，而是我们的教育教学方法单一、狭窄，我们的教育观念有偏差所致。我们不知道学生的学习障碍到底在何处。我们自以为是的教学设计，离开学生需要的教育而产生隔阂，隔靴搔痒的教育因不切实际而效果平平。

一次课堂观察让我反思到：如果教师能够学会换位思考，能够站在学困生的角度思考问题，就会想到需要改进教学设计的首先是教师。我们是真该放弃"学困生成见"，改变教学设计，以便为学生的学习送上及时雨。

再次课堂观察

第一次研究课的顺利进行，唤起了我们课题组教师的研究热情。浦东教发院的科研员张娜老师建议再举行一次研究课，把从发现存在问题中引出的改进措施放到课堂里实施，看看效果如何。于是，第一次课堂观察后的两周，还是星期二上午，我又一次走进六（1）班做课堂观察员。

这次的课例研究做了创新设计。课堂教学分成两部分，前20分钟英语老师张立带领学生通过对牛津英语 6BU8 Windy weather 分模块进行主题式知识点的梳理，然后运用思维导图把知识结构写在纸上。后20分钟，由赵老师带领学生用计算机操作软件对自己的思维导图进行美化。这是一次没有尝试过的教学探索。将英语课的教学内容落实到信息科技课上的融合研究中，对两位执教教师而言都有挑战，这节课的创新意味很浓。

我的观察对象还是小杨，这次观察让我看到了两个不同的小杨——信息科技课上的"小杨"和英语课上的"小杨"。

以下为课堂观察记录。

前20分钟的英语课，教学场所做了更换，张老师在学校的"梦想课堂"上课。英语课上的小杨，一开始还能够做到认真听课，虽然他的手一直在动——一会儿动动笔，一会儿翻翻书，边上的其他同学一有动静，他的视线就会转移过去，但他还是会把注意力较快地转回到老师那里，努力跟上老师的上课节奏。

当老师要求同学们齐声朗读时，他的嘴不出声地跟着动。但从"read and underline the verbs"自主环节开始，小杨就没了"方向"。我想可能是他的英语单词、句式不过关，阅读碰到了困难。

于是他上课后的第一个哈欠来了。当课程进行到10分钟时，他跟读的嘴动得慢了，身体也离开了座位，视线四处游动，出现心思游离课堂的状态。在最后几分钟里他连打了5个哈欠，显然对于英语课上的自主活动，他一个都没跟上，看得出他没听懂什么。学习其实没有发生。

后20分钟的信息课，他像换了一个人似的。坐到电脑前，小杨用较快的速度打开软件，虽说他没听懂刚才英语老师的复习，但瞥见一边的同学输入的主题内容后，他也开始尝试输入英语"windy day"，但由于他不知中英文的切换，怎么做都无法顺利输入。见他多次未果后，我演示给他看如何切换，接着他就利用上节课所学的技能迅速建立了分支主题。

由于对前半节课英语知识的学习状态不佳，小杨打开了书，模仿书上内容开始创建自己的思维导图。他顺利地进行英文输入，并插入素材文件夹中相对应的图片，最后建立了一个主题和并列七个分支主题的思维导图。虽然其中有瑕疵，如漏插了一张图、两个分支英语词汇重复，但就呈现的最后的形式而言，他有了自己的"作品"。信息科技课的学习应该是顺利完成了。

在课后的访谈中，我得知他其实对于输入的英文单词一个都不认识。

有趣的是，小杨对旁边的学习伙伴——两位女生提供了帮助，他通过演示教会边上两位女生怎样插入图片，又演示给右边的女生看如何在主题的左右两边都建立分支主题。

可能由于他的表达不够清晰，也可能是女生没有领会到，所以女生的尝试没有成功。

回顾小杨在整堂课上的表现及课后的访谈，我发现像小杨这一类的学困生，他们对自己学习中遇到的困难，尝试解决的方法比较单一，也不善于向他人及时发出"求助"信号。他们更愿意自己在那里反复进行一次又一次的不计时间成本的尝试，这种学习方法，对学困生而言，并不是可取的学习方法。也许是曾经有过的求助没有得到回应，也许是曾经因此受到"白眼"甚至更为严重的心理伤害，所以他们选择了看似自主的探索，成效却不佳。

同时他们对于自己学习中问题的诊断不够精准，更不善于提出问题。他们对老师以言语讲授为主的知识点的理解不到位，再加上他们自身听课时的一些陋习如有小动作、不够专注、思维不积极等，也影响了他们在课上的学习成效。于是随着时间的推移和知识学习的加深，他们很容易就掉队了，就"游离"在课堂之外。

对信息科技课上小杨的学习状态颇佳，该怎么解释？我想到，一旦有不以原有学科知识为主要支撑点的动手探索性的学习任务时，他们还是会表现出积极参与的一面，有时他们的表现不仅毫不逊色于其他学生，还频频闪现精彩的亮色。

对两次课堂观察的思考与辨析

第一，关于"真实"的小杨和"虚假"的小杨。两次课堂观察，我看到了两个小杨：一个是"真实"的小杨，一个是"虚假"的小杨。我看到了真实小杨的学习状态——令人欣慰的学习和充满学习障碍的学习。如果没有做课堂观察员，我可能还会沉浸在对学困生的偏见中不能自拔。两次课堂观察引出我对教育经验的重新审视，经验也会成为革故鼎新的囹圄，阻碍课堂变革的发生。新时代需要新思维，走出新路径。

只有看清真实的小杨的学习需求，教师才有可能产生对症的良方。

第二，关于激发学生的学习兴趣。激发学生的学习兴趣，已经是一个老话题了。观察了真实的小杨，促使我反思教师的教育立场。说是以生为本，其实我们一直习惯了，也愿意服从于教师立场，以教师的眼光——常常是偏见来判断学生。我们没有建立起学生立场，不会站在学生的角度思考问题。从教师立场走向学生立场，需要课堂观察的触动，需要学习设计与实施的跟进。

如果不做课堂观察，我就看不到真实的小杨，也难以接近小杨，更谈不上走进小杨的内心深处，真正成为学生成长的助推器、点灯人。

第三，教师需要转变教学方法，更需要转变学生观、教育观。叶澜教授在实施"新基础教育"改革时，提出了三条新学生观，即主动性、潜在性和差异性。小杨有主动学习的愿望，也有潜在的学习动力和能力，如何把潜在的学习动力和能力展现出来，为个人成长提供动能，是教师需要研究的命题。小杨与周边学习伙伴有差异，怎样把差异变成学习资源，也需要教师设计适合的学习进程，推动合作学习、协同学习的真实发生。

这一切，都需要教师先转变观念，后设计有针对性的教学措施。

三、"发现"是课堂观察的重要价值

1 发现问题——课堂观察的作用之一

以下是一篇发现问题的课堂观察与分析。

"纸的探究"观课有感

浦东新区御桥小学　夏叶青

曾有幸聆听了五（6）班的探究课，卫老师做了大量的准备工作，每个小组有自己的子课题进行探究，每组都设立了组长带领小组成员完成探究任务。整堂课井井有条，学生发言大大方方，老师在巡视时也不时地进行点拨，作为一堂展示课是相当成功和优秀的。

观察过程和分析

我和黄老师以及张文婷老师属于第三观察小组，组长朱同学，组员李同学、焦同学、王同学和戴同学。她们这次主要探究"纸张洇水的秘密"这个子课题，本堂课的主要任务是做各种纸张的洇水实验。以下是我们观察到的一些现象和分析。

观察一：实验开始了，组长朱同学把提前做好的实验过程的纸往桌子上一放，就开始动手了，但此时发现实验所需要的用水没有准备好，就请王同学去准备。王同学跑到教室的水龙头处接水，发现水龙头没水，只得悻悻而归。组长就让他自己想办法，还催他快点。王同学愣在那里，一时不知所措，作为观察员的我忍不住提醒他去教室外取水，他才恍然大悟，后来成功取回所需要的水。而此时，组长已经马不停蹄地在做准备工作——将各种纸条一一贴到一张长条形的卡纸上。两位女同学在一旁帮忙，另一位男同学插不上手，只能看着。

分析和建议：组长是个很有能力的孩子，从她准备好的实验图纸以及桌卡就能看出——能写能画，图纸和桌卡制作非常精美，图纸上的实验步骤写得清清楚楚，插图也恰到好处。但是实验开始后，她就大包大揽，没有给其他组员分配任务，导致组员只能看着她做。我观察到这个实验的任务其实不少，完全可以分工去做，这样可以提高效率。组员王同学两次取水都没有得到组长和其他组员的帮助和鼓励，所以尽管完成了取水任务，但是没有获得成就感。

如果组长在实验开始前能够先组织大家坐下来讲解一下图纸上的步骤和准备工作，并分配好每个组员的任务，最后能够肯定组员的完成力，那么这个小组的凝聚力和效率会提高很多。

观察二：在实验的过程中，焦同学按组长的要求把墨水瓶里的墨水倒进水盆里，但却不小心把墨水倒到了水盆外面。顿时，焦同学傻眼了，手忙脚乱地拿起桌子上装材料的信封去擦拭，结果越擦越脏。王同学赶紧来帮忙，用手去抹，结果手上弄得全是墨水。另外两个女生没有动静，只顾着看组长贴纸条。卫老师正好看到这一幕，提醒他们可以用什么纸擦最好。但是孩子们没有去思考老师的提问，继续做手中的事情。第一轮洇水实验开始了，三个人都聚在一起观察，但是王同学却在擦拭自己手上的墨汁，完全没有心思去观察实验。

分析和建议：从这件突发事情中可以看出，孩子们的临场处理能力比较弱，组长只顾完成实验，没有停下脚步帮助组员处理意外。可以说，这组的合作能力是非常弱的，组员之间没有合作的意识。如果当墨水倒在水盆外面时，大家能够停下手中的"活"，如果大家能留意卫老师的提醒，那么大家一起商量讨论，是有能力想出更好的解决办法来的。我发现桌子上有餐巾纸，但是由于大家只想到完成实验"任务",就忽略了如何"就地取材",如何互帮互助,归根结底,是孩子们不会"与人相处"。

观察三: 在第二轮贴纸实验中,组长依旧没有"放权"给组员,组员们在一旁能插手的就插手,能插嘴的就插嘴,这样才能刷点"存在感",表明自己在参与。贴纸贴到一半时,王同学耐不住性子,想了个其他的点子,并伸手去"帮忙"。结果被组长大喝一声:"你不懂不要瞎猜和想象!"说罢,用力拍掉了王同学伸出的小手。虽然实验在规定时间内完成了,但是几位组员没有获得很大的成功感,尤其是王同学。

分析和建议: 很明显组长是个"一言堂",整个实验过程都是她说了算,最后交流也头头是道,虽然能力很强,但却不是一个好领导。王同学在整个实验中自始至终没有得到大家的认同,对他来说,这个实验的失败感要高于成功感。其实,他既帮助了打水,又帮助了焦同学擦墨汁,还提供了建议给组长,是个不可多得的"人才"。但是由于组长缺乏领导能力,只顾表现自己,因此没有通过这个实验给组员们带来成就感。实验的结果,除了组长以外组员们并不是很关注,尤其是参与较少的焦同学以及"备受打击"的王同学。建议组长在关注探究知识的同时,更关注探究过程中的"与人相处"。

课堂观察带来的几点思考

探究过程是一个很漫长的过程,探究学科不同于其他学科,有既定的内容和目标。从表面看,它可以是个"随心所欲"的课程,因为课题可以自己定,内容也可以自己选,可以探究几节课,也可以探究几个学期。但是从内在看,它又是个"难以驾驭"的课程,想要上好,并非易事,无论是卫老师还是我,都是在摸索中前行。

由于参加了黄老师指导的"以学定教"课题组,让我对"探究课"和"研究课"有了更多的认识和思考:

(1)我们上探究课的目的是什么?只是去收集资料和汇报成果吗?如果是前十年,能够做到这样就已经非常好了。因为当时信息传递还没有这么快捷和便利，能够查到一些有用的资料还真不容易。但是十年后的现在，信息的获取已经是"小菜一碟"，而同伴之间的"有效合作"问题更加凸显——孩子们越来越自我，越来越个性化，也越来越任性。所以我想通过探究课去培养孩子们如何相处，如何共同面对问题，如何取长补短解决困难。这是一种能力，是长大后与社会接轨的必备能力。

（2）针对课堂上的实验"纸张洇水的秘密"中引起的突发事件，让我想到了两个小问题：①实验的目的是什么？如果仅仅是完成"作业"，了解各种纸洇水的程度，那么这就成了一堂自然常识课了。而我们学校的探究课又叫生活探究课，可以通过实验启发孩子们如何去解决生活中的用纸问题，那么探究课起到的作用也会更大些。②当墨水倒在了水盆外面的时候，如果孩子们有解决问题的意识，是很容易想到解决办法的：向老师求助，借教室里的抹布一用；找到桌子上的餐巾纸或者向观察员老师借餐巾纸一用。墨水的事件恰恰是"纸张洇水的秘密"的生活延伸，是最真实和最及时的"洇水实验"——信封的纸洇水能力差，所以越擦越脏，如果是餐巾纸，吸水能力就会强好多倍。但是很可惜，他们是"任务型"孩子，没能捕捉到这个有意义的实验。

（3）卫老师的探究课偏向于展示课，每个小组都有各自的任务来展示或者汇报。如果作为课题结束的展示课是非常有意义的，可以让大家看到探究的所有内容和过程以及小组间互相欣赏和了解彼此的探究过程。但是由于我们"以学定教"的定位是研究课，主要研究学生的学习过程，所以就发现展示课的缺陷——不能产生共鸣。如果这堂课就设定一个内容，例如"纸张洇水的秘密"，每个小组都去做同样的实验，但是每个小组遇到的困难和问题以及突发事件都会相同或不同，那么可以通过交流汇报、小组间互相学习来帮助完善实验的探究过程，组长和组员间的"无效合作"也能被提出来并加以改善，这样孩子们之间的"有效合作"会进一步提高。

这是我观课后的三点不太成熟的想法，希望能够和大家一起探讨。同时，非常感谢卫老师精心准备的这堂非常用心的探究课，让我们有了思考的载体。真的像黄老师说的那样，没有卫老师的课，就没有我们的这些想法和思考，感谢他的付出！

❷ 总结经验——课堂观察的作用之二

以下是两篇总结经验的课堂观察与分析。

用实践智慧创造高品质协同学习的课堂
——观《爱莲说》教学研究课有感

上海市南汇第五中学　倪　青

在四月里一个细雨轻寒的午后，我们再度走进程春雨老师的课堂。程老师的学习共同体课堂确实能照出传统课上一些亟待改进的问题，他的课堂探索给我们提供了一个样例。

课前预习单——以学定教的设计

程老师的课上，有一样在我课前和课上都不曾用过的东西——预习单和学习单。前者从内容上看，类似于我们惯常布置的预习作业。而程老师的预习单和我们的预习作业有什么不同呢？我摘录了他上《爱莲说》前下发的预习单。

> 1. 能否谈谈你对这篇文章的理解，或者说说你在阅读过程中，对文中某些内容的分析、解读？〔提示：至少说一点，多者不限。例如：水陆草木之花，可爱者甚蕃。这句话中提到的"水陆之花"在文中指的是"莲花"（水生）和"菊花与牡丹"（陆生）。〕
>
> 2. 你在阅读过程中遇到了什么问题，有没有需要老师和同学帮忙解决的？（可以写1~2个）

我们惯常的字词读音、熟读课文的预习和程老师的预习单有何不同？我的观察是，这就是"以学定教"的教学观的体现。

此前我听黄建初老师提过关于维果斯基的"最近发展区"，老师课上教什么，得依学生现有发展水平和即将达到的发展水平而定。从分析程老师所设的预习单来看，可分为两个层次：一是了解在学生自主学习状态下对文本内容的解读力，这也是促进学生思维的途径之一；二是了解学生无法独立解读的存疑之处，而存疑处也应该是老师在课上要着力解决的"教的内容"。

学生在进入课堂前并非一张白纸，他们是带着已有的语文经验和认知结构开始新的学习的。程老师的预习单着眼于学生的"最近发展区"，在了解学生的已知和未知后，上课才可能做到有的放矢，这正是学习共同体课堂"以学定教"教学观的充分体现。

课中学习单——协同学习的设计

程老师两次课上发的学习单如下。

《爱莲说》学习单

1. 交流、分享彼此对文章内容的解读、分析。（六分钟后选举一位代表分享小组交流的成果，先说自己学到了什么，然后再交流小组共同的理解。）

回答用语提示：

（1）我从 _____（人名）同学那儿学到了（知道了）：_____。他（她）对 _____ 的理解很 _____，这让我对 _____ 的理解有了新的认识。

我还从 _____（人名）同学那儿学到了（知道了）：_____。他（她）对 _____ 的理解很 _____，这让我对 _____ 的理解有了新的认识。

我们小组对这篇文章的理解有这样几点：_____
_____
_____。

（请注意一定是集合了所有组员的意见和想法，不能只说自己的理解。）

《百合花开》学习单

1. 三分钟时间独立思考，并完成下列问题：
我认为野草、蜂蝶鸟雀不喜欢百合，是因为 _____。
我的依据是 _____。
2. 六分钟合作交流，完成下列问题：
我们认为野草、蜂蝶鸟雀不喜欢百合，是因为 _____。
我们的依据是 _____。

细看两份学习单，可以发现其相同的设计在于，先独立思考后协同学习。

以《爱莲说》为例，观察程老师的课堂小组交流情况：

虽然预习单已经呈现独立思考的过程，而在明确了老师布置的任务"交流、分享彼此对文章内容的解读、分析"后，我观察到身边的四个学生最初依然各自安静地默读同伴的预习单，并没有直接开始言语交流。两三分钟后，我对面的 A 生转身轻声对身旁的 B 生说："一会儿由你代表我们发言吧。"B 生回答："我还有一张没看完，稍等。"四人同时抬眼默然相视，无人相催。

没多久，他们开始协商交流发言的内容。B 生建议将 A 生的"'予独爱莲之出淤泥而不染'中的'独'表现了作者不与世俗同流合污"这一见解代表小组分享，理由是，自己预习时也想到了这个问题，但只谈到是君子的品性，未对君子"不与世俗同流合污"的品性进行挖掘。

当我暗自为 A 生和 B 生的赏析力叫好时，A 生又推荐 C 生的"'菊之爱，陶后鲜有闻。莲之爱，同予者何人……'一句形成对比关系，反衬作者高洁的品格"，理由是，自己的问题只是从君子含义的角度解读，而 C 生的更妙，是从反衬写法的角度来表现作者的高尚情操……

在 A、B 生皆言之成理、莫衷一是的情况下，他们转而默然了片刻，又不约而同地重拾手中的预习单和学习单静静地思索着。忽而 D 生打破了寂静："我觉得应该把你们俩分析的问题都拿出来分享才好，这是从不同的角度来解析作者的品性，我看并无高下之分！"D 生所言即刻获得四人颔首一致赞同。

程老师课上的小组合作之所以有协同学习的过程和"相互学"的发生，原因有二。

首先，倾听规则的建立。上课伊始，程老师提出了讨论的注意事项，比如小组交流声音要轻，组内四人能听清即可；无论谁发言，其余同学都要认真专注地倾听。细读程老师所设的学习单，从"我从谁那儿学到了"到"我还从谁那儿学到了"，从"我有了新的理解"到"集合了所有组员的意见和想法，不能只说自己的理解"等的发言内容和要求，无处不显现教师致力于学生倾听习惯的培养。

其次，同伴互助下的独立学习。没有独立思考也就没有见地，更遑论讨论的深刻性了。即便是在相互交流，也往往流于肤浅，我们所期待的智慧交响课堂也便无从发生。

基于学科本质的挑战性学习的设计

我观察到学生在组内分享交流后聚集了这样一些问题：

（1）既然莲花清雅高洁，那为何众人喜爱的是富贵荣华的牡丹？

（2）作者要赞美的是莲花，为什么还要写菊和牡丹？

（3）"予独爱莲"和"菊之爱，陶后鲜有闻"是说明莲花和菊花差不多的含义吗？

（4）三种花分别代表了怎样的一类人？

程老师在给予组内十分钟充分交流的基础上，让学生合作解决预习单上存在的困惑，各组派代表交流学习。令观察员们称奇的是，学生所提问题指向性明确，如上面（1）（2）两题，指出了文章为了写莲花而将另外两种花做对比（陪衬或反衬）之用的写法；再看（3）（4）两题，显示了以花喻人的象征手法，以此来认识并突出莲花的君子品行，同时也是本文的旨归。

课后研讨时，几位观察员高度赞赏学生提出问题和解决问题的能力，而我想这当然与程老师平时的培育方式有关。

伙伴平等互学关系的建立

当我身旁的D生两次以字难看为由回绝A生请他代笔填写小组学习单问题

汇总任务时，C 生建议轮流记录，这次我来下次你来，D 生闻此欣然答应。组内汇总交流时，我多次听到这样的话："你说呢？""我觉得你说得有道理，不过我想的是……""这题我不理解，你怎么看？"同伴间不是会的教不会的，而是不会的主动请教会的，这显然是彼此已然形成了良好的伙伴关系。

回归文本（反刍）促发深度思考

在各组派代表交流时，程老师请了我身旁的 C 生。C 生说："我们认为'予独爱莲'的'独'字和'菊之爱，陶后鲜有闻'的'鲜'字意思差不多，可见莲花和菊花也喻指差不多的君子一类的人。"程老师当即追问，差多少才算差"不多"，何意？请从文中找依据，差在哪里？此问抓住了核心问题，即把握作者所提倡的君子品行与莲特点的相同之处。程老师课上话不多，所谓"风乍起，吹皱一池春水"，因聚焦和促发学生思考，也便生成了学生对君子（淡泊名利、不与世俗同流合污、异世独立和遗世独立）多元的精彩解读。

沉潜涵泳之功不可谓不深

有学生提出：为何文章开篇和结尾处三种花的叙述顺序有所变化？对此，程老师在课后研讨中坦言，该生所问是自己多日解读文本且"毕其功"之问，实在了得。而自己在备课中为此翻阅了很多文献资料来解决这个极富挑战性的问题，也梳理了便于学生把握莲与君子相同之处的三个知识要点作为学习资料。

对于这个挑战性的难题，课上程老师先是请学生依据学习资料上的内容自己解决问题，待有自己思考后再组内交流，若还不能解决的可请教老师。随即有位男生起身问：什么是"宋明理学"？环顾四周无人能答，程老师便娓娓道来，从学派讲到主要代表人物乃至用典等。

面对课堂的"旁逸斜出"，老师能见招拆招，其博学的功底和周全的备课怎不让学生心生敬佩！

学习共同体课堂有三个关键词："高质""协同学习""设计"，这是有学习发生的真正课堂，也是能促进学生成长的课堂。观摩程春雨老师独运匠心、简约而不简单的共同体课堂，会发现一些基本要素。

首先是倾听、串联和反刍。教师要认真倾听学生的表达，并分析其发言与文本内容或其他同学发言或自身经验间的联系，串联后要回归文本知识。学生间建立起来的倾听是为了理解对方表达的内容，受启发后能为后续对话沟通奠定基础。可以说，倾听是教师教学活动的核心，不仅是倾听好的发言，而且要信任和期许每个学生的发言都是精彩的。尊重并悦纳每位学生的思考乃至他们的困惑或沉默。倾听是课堂教学的立足点。

其次为高品质的设计。教师既要准备学生课前预习的学习单，又要设计有一定开放性的核心问题，课上围绕核心问题协同探究。与以问为主牵引学生思维，指向学生求同或者"同而不和"的传统课堂做法不同，程老师打破了传授式的课堂格局，给予学生活动和思考的时间和空间，形成"活动式、合作式、反思式"的协同学习，这是有利于学生发展求异思维能力的高品质设计。

佐藤学教授说，未来我们不该是教学的专家，而应力争成为学习的专家。黄建初老师认为，教师的实践智慧是我们开展教改实验能否成功的关键要素。实践智慧如何才能累积？需要教师通过阅读把专家的理论、思想、原则、策略变成自己的知识（认识），并且运用于教学实际，以实践为媒介，以反思为准则，运用写作提炼个人化的经验，形成"扎根理论"，并变成智慧，成为解决课堂教学问题的工具。

我想，有实践智慧的教师往往能够敏感于课堂中的细微事件，葆有探究学习的热情和具备解决疑难问题的能力。

深度学习是如何发生的
——对初中数学"函数的初步认识"的课堂观察与分析

内蒙古赤峰市宁城县第三中学　卜玉芬

奇趣的任务设计带学生进入探索的时空

为了占据一个好的观察点，我早早地来到王晓叶老师上课的教室，坐在学生小邓和小孙的右侧。这是两个娇小玲珑、恬静可爱的女孩，她们开始很好奇，不时地看看陆续走进来的老师。脸上的那一抹红晕，显现出她们的兴奋和期待。

我坐到小邓同学的身后，她先给了我一个微笑，然后主动移了一下身子，在课桌上腾出一块空间，让我放记录本和课堂观察记录单。我很感激，主动和她握了手。观察员要学会与被观察学生形成良好关系，是我从学习共同体课堂上学到的。

刚开始，王晓叶老师按学习单讲了学习规则和方法，让学生初步学会交流、思考、分享、倾听和讨论的方法。关于课堂规则，小邓同学虽然记得不是十分完整，但关键词还是记下来了。小邓同学有一定的倾听能力，或者说是听话的"乖"孩子。我拍照时，她很理解，我们俩有好几次眼神的对视和会意的微笑。我知道小邓同学已放松身心，把我当朋友了。

接着，王晓叶老师出示了第一个学习任务"黑箱解密"，他手中拿着一个左右两侧带有开口的黑色纸盒，往讲桌一放，不仅吸引了孩子的目光，也引起了我的好奇。以往的课堂有"激趣"一说，我对王老师的教学设计有点期待，不知道他有什么锦囊妙计把学生引入学习。

接下来，王晓叶老师像变魔术一样，插入一张纸，抽出另一张纸，依次是右"1"左"5"，右"2"左"7"，右"3"左"9"，右"4"左"11"。他问学生：如果右是"100"呢？给任何一个数可以吗？给字母可以吗？并给学生们留了十分钟的时间去思考和讨论。

这项学习任务的设计很有意义。起点低，每一个学生都可以独立学习；要求高，需要有先备知识和运用一定方法解决问题的策略。常常听到实施学习共同体教改的教师担心，设计冲刺挑战性问题，好像只对学优生有利、对学困生意义不大。王晓叶老师的设计，给我们的启迪是，教学设计不在于问题有多高的要求，而在于起点必须低。让每个孩子都能凭借自己的能力进入，这是保持孩子长时间学习兴趣的原动力，也是同伴协同走向深度学习的驱动力。

此时，身边的小邓同学及小组同学都很认真，她们自主破解数据隐含的奥妙，寻找变化中的规律。他们在三分钟后陆续发现数据的变化，但在规律的形成中似乎打了一个死结，结论得出之前的那几秒钟或者一两分钟是"黎明前的黑暗"。六分钟后，小邓同学在冥思苦想仍不得解后把目光投向了我，我看了眼她五排一致的书写算式，结果已有了雏形，差一点就指向结论了。

这个教学过程时间比较长。由此我想到了往常的教学，一般情况下，教师不舍得在这样的创造性学习活动上花功夫，给冲刺挑战性学习留下足够的思考时间。结果是学生很少有绞尽脑汁地思考继而豁然开朗的学习体验，主动性学习的萌芽常常夭折在破土而出的前夕。我们已经习惯了花多于冲刺挑战性学习数倍的时间，反复"刷题"，宁肯做多于冲刺挑战性问题数倍的习题，事倍而功半。王晓叶老师的课重点放在"育"和"习"上，颠覆了传统教学重教知识及反复训练强化。

独立思考与彼此交流让学生突破认知困境

当小邓同学看向我，向我求助时，我轻轻地说："右是 200，左边应是多少呢？"她随口说："403。"我又问："如果是 n 呢？"她说："$2n+3$。"我赞许地点点头。她带着一份满足加入了小组的讨论中。十分钟后，她们小组的另一个同学在全班进行了第一个展示，虽然呈现的形式与小邓同学的不一样，但结果是一样的。

孩子们在交流中保留了自己的独立，作为数学教师，我很钦佩孩子们的这种精神。孩子坐下后，王晓叶老师以微笑和点头给孩子注入信心和力量。

接下来，王晓叶老师又抛出第二个任务"计算硬币数量"。我刚看完题目，身边的小邓同学已写完结论，我兴奋地用手机把她学习单上的内容拍下来。我的举动可能引起敏锐而又善于发现的王老师的注意，他也快速来到我们这个小组。看了孩子的答案，我俩相视一笑，都为学生的学习暗暗叫好。

接下来小邓同学成了这轮的首席发言人，通过测量一枚硬币和五箱硬币的质量，计算出硬币的数量，从而得出五箱硬币的币值。在她的引领和启示下，后面的答案精彩纷呈：通过液体测一箱硬币的体积，测几个硬币的高，但都没有突破小邓同学通过质量来计算硬币数量这个思维模式。

后来，我在小邓同学的学习单里又发现了新的方法，把测一个硬币换成测量 1000 个硬币，用 1000 个硬币与五箱硬币之比作为运算方法，操作更快更方便。虽然因时间关系没有展示，但我伸出大拇指，给了她一个坚定有力的点赞，谁说学生不如师，教学相长，青出于蓝而胜于蓝。

精致的挑战性问题设计让学生体会学习的快乐

下课了，我和小邓同学一起走出教室。我及时采访了她，请她谈谈这节课的感受。她说："太爽了！从来没上过这么爽的课！"

我不知道一个"爽"字在孩子心里有多大分量，更无法计算出这个"爽"字值多少分。但是，我知道这个"爽"的过程一定会给孩子留下刻骨铭心的记忆，甚至追随孩子一生。哪一天突然回忆起这节课，她的嘴角依然会露出甜蜜的微笑。或许对枯燥的数学有了新的认识和兴趣——原来数学课还能这样上呀！

课后，我才知道他们是初一的孩子，今天上的是初二下学期的函数。"函数的初步认识"已经给学生留下期待，因为学习是快乐的，成功的学习体验会激励新的探究欲望，走向新的成功。我想孩子们会迫不及待地想了解更深的函数知识了！

……

纵观王晓叶老师的课，给我的整体印象是清晰、淡雅、慢节奏、高思维。他不急不躁，娓娓道来，不追不赶却水到渠成。想想自己已经习惯的课堂，大容量，高缩浓，解题技巧，题型分类，直奔主题，满足了少数精英，却一次又一次地甩掉了大量的最初同行者。理直气壮做错事，还把错误归因于学生，想想真是汗颜！

上述几个案例都表明，课堂观察有助于发现问题，从而提出解决问题的方法。如果没有发现问题在前，也就不可能产生解决问题的设想与教学。

四、教师介入学生学习活动的课堂观察

课堂观察中的教师，能否介入学生的学习活动？这是一个见仁见智的问题。教师介入学生的学习活动，可以使课堂观察走进学生，把访谈、问卷的方法融入到课堂观察中，从而起到事半功倍的作用。

1 "创造性"何以培养

《小站》是六年级的一节语文课。小瞿老师以这节课作为新教师培训的展示课。她的教学目标是：抓住关键语句，感受小站"小而精"的特点；理解作者对小站工作人员热爱生活、忠于职守的钦佩和赞美；逐渐养成读思结合、读写结合的好习惯。教学过程：新课导入、交流预习收获、探讨思考、感悟写话、课堂小结，共五个环节。

《小站》是人教版教材第五单元"阅读"中的一课。从课文编排和设计看，有阅读和写作两大目标。小瞿老师教学的最后一个环节是写话。写话是一次学习的升华，让学生在阅读感悟基础上，撰写一段留言，表达对小站工作人员的钦佩和赞美。

设计不可谓不好。可是，实际情况是，"写话"仅仅停留在复述和模仿学习的层次，立意还不够高。以"项目化学习"的思想来观照《小站》教学，设计还可以改进。项目化学习提倡创设"真实"的教学情景，让学生在"真实"的情景中学习解决问题，从而提高实践能力。

怎样修改教学设计？我想到的方法之一是，把原来的设计"如果你是旅客，你想在留言板上对火车站的工作人员说些什么？请把你心里的话写在留言板上"改成"你来到了这个北方的小站，看到了小站的温暖和春意，然而，今天我们面临着防控疫情的严紧形势，你想在留言板上给小站的工作人员留下什么话？"方法之二，在留言板上留言，需要注意哪些格式？方法之三，你既想给火车站的工作人员留言，也想对过往的旅客留言，那么这两句话应

该怎么说比较合适?

我观察的这个小组学生都能够完成教师布置的作业，留言表达了对火车站工作人员的感谢。可见这样的教学设计对学生没有挑战性。教学还只是"模仿"式学习，把教师刚才教的学习内容再重复一遍。

我在阅读学生的作业中发现，学生撰写的留言，只有一句话两行字，既没有署名，也没有日期。我想到作为一份留言，是需要讲究格式的。没有署名和日期的留言，还缺了一些内容。我问旁边的一位女生："留言需要署名吗？"她点点头，于是写上了名字。我说："需要日期吗？"她写下了日期。我说："你自己是旅客，对吗？在署名的前面写上'一旅客'，可否？"她落笔写了"旅客"，但没有加"一"字。很好！说明学生是有思考与判断能力的。

我问："是否需要在留言前面加上'称呼'，以表示写给谁的？"女生若有所思。我们还没有讨论出答案，下课铃声就响了，于是留下了一次没有完成的讨论。

"赞美工作人员"是瞿老师这节课的教学目标之一，她的板书（小站：偏僻、宁静、春意盎然……→赞美工作人员）上也突出了"赞美工作人员"的立意。

从这个班级学生的实际情况看，"赞美工作人员"的立意还可以商榷，至少这个立意有点浅显。我们可能太小看学生的理解能力了，这是我在这次观察的 20 节展示课上得到的认识。"赞美工作人员"的教学目标放在小学三四年级，可能比较合适，到了六年级还是读出"赞美"，就显然有点肤浅了。

从"素养立意"看教学设计，把《小站》教学放在疫情的情景下，让学生经历一次"情景性"学习，学会表达对小站工作人员的崇敬之心，进而表达对过往旅客的仁爱之心，是一次有挑战性的学习。这样的微改进，已经把"创造性"思维培养转化成了具体的教学任务。在教学《小站》的过程中，让学生重新温习写信的格式，使知识（会抓住关键词语）、能力（写信的格式）和素养（创造性地表达）融会贯通落到实处。如果这样来设计教学，则已经超越了"知识立意""能力立意"的教学，抵达"素养立意"的高水平学习了。

2 学有余力的学生怎么引导

"装饰画——我眼中的螃蟹"是小王老师执教的六年级美术课。她的教学目标有三点。(1)知识与技能:知晓装饰画的定义、特点,了解螃蟹的特征及其装饰的特点,学会用彩色纸剪贴的表现方法创作具有色彩性和造型特征的螃蟹的装饰画。(2)过程与方法:通过欣赏、观察、对比和探究知晓装饰画的特点和螃蟹的装饰性,学会运用彩色纸剪贴的方法创作具有生命张力的螃蟹的装饰过程。(3)情感态度与价值观:感受装饰画的艺术魅力,体验创作装饰画的乐趣,感悟创作与生活的关系。教学流程:比较导入、欣赏理解、探知表现、创作与辅导、展示与评价、总结与拓展,共六个环节。

在教学目标和流程设计中,"创作"一词多次出现,可见小王老师对创作情有独钟。在"创作与辅导"环节,她的教学设计是:(1)两人一组,运用装饰画的特点,尝试剪贴出一幅具有美感的螃蟹装饰画;(2)作业要求——造型(块面多样)、色彩(对比、鲜艳、醒目)、螃蟹具有生命张力。完成后把作品张贴在展板的框内。学生创作时,教师巡视辅导,适当给学生建议,发现亮点及时肯定,发现问题给予技术上的指导和帮助。

这份教学设计的目标是对的,可是,达成目标的方法与途径有待改进。我以"创作与辅导"环节的教学活动为例,试做分析。

我在现场做课堂观察员。教学进入了"创作与辅导"阶段,学生两人一组开始了创作。我发现第三组第一排的两位学生第一个完成作业,然后把创作的"螃蟹"贴到了展板上。于是,我走过去和学生交流起来。我说:"你们是第一个完成作业的学生,要表扬你们!现在,我们尝试一个新的任务,愿意吗?"他们点点头,眼睛睁得大大的。"我们尝试一下给螃蟹起个名字,好吗?想想看,你们创作的这个螃蟹有什么特点?"一男一女两位学生互相对视了一下,开始思考起来。

那位女同学突然想到了名字,于是在一张彩色纸上用铅笔描写起空心字。第一个字是"宝",第二个字是"瑙",连起来就是"宝瑙"。字写得清秀端正,一笔一画都很认真仔细,稍有不妥就马上用橡皮擦去重新改正。我请那位男同学把"宝瑙"两字裁剪下来，涂上胶水粘贴到展示板上，放在他们作品"螃蟹"的上方。我期望教师能够发现这份有创意的作品，让学生上台叙说创作的过程，并说说自己的心路历程。

教师没有发现这份作业的创意之处，也没有发现创意对深度学习意味着什么。

马上就下课了，我没有时间询问女同学"宝瑙"两个字的含义。我猜想，"宝"是宝石，这幅装饰画"螃蟹"背壳坚硬，如同宝石一样；而"瑙"字取义"玛瑙"，螃蟹的背壳呈现青色，与玛瑙相似，所以他们创作的"螃蟹"如同"宝石—玛瑙"，有坚硬的背壳，有玛瑙的色彩。好一个"宝瑙"，好一个聪慧的学生！挑战性学习可以把学生的知识转变为智慧，在创意中实现"素养"培育的目的。

给自己的作品取一个名字，是一种挑战性学习。取名的能力很有用处，比如语文教学"半开放命题"的作文、"开放式命题"的作文，都需要学生自己给文章命题。图画、摄影、舞蹈等艺术创作，常常会涉及如何命题的考量。给作品起一个合适、贴切、有新意的名字，也是学生需要学习的本领。

除了给作品起名字，还有什么挑战性学习的设计呢？我想到了给"螃蟹"创作一首小诗，给"螃蟹"起名字并且加上简单的"解说词"。

很可惜那位小王老师既没有发现"宝瑙"这个名字的深层次教学含义，也没有让这两位学生上台说说起名字的心路历程。展示作品和评价作品的意义在于进一步提升对"螃蟹"装饰画创作的理解，拓展能力和升华学习品格。如果只是随便让一位学生就事论事说说自己的作品，"创作"二字蕴含的核心素养便没有在教学中体现。

这种遗憾看似是教学的方法问题，其实在方法论背后隐藏的是价值观的局限。

我一直致力于青年教师培养，也常常持宽容和鼓励的态度。但是，那些远远落后于学生实际需求和时代发展的教学设计，如果没有人给予指出，可能会把青年教师引向歧路。一年期的入职教师是否能够得到高水平教师的指导而形成"素养立意"的教育观念，一如桃树、苹果树在幼年时的"定杆"。

"定杆"一旦定低了，以后要纠正会比较难。古人曰：取法乎上，仅得乎中；取法乎中，仅得乎下。青年教师培养也是这个道理。

在赤峰市克旗举行的骨干教师培训中，教师们提出了八个有待探索的问题，其中之一就是：学优生在完成了既定学习任务后，教师怎么办？从小王老师的"螃蟹"装饰画教学来看，给学有余力的学生增加一些挑战性学习任务，是一种可行的选择。

通过课堂观察，发现学生的学习是真实还是虚假，是浅表学习还是深度学习，常常需要课堂观察员教师访谈学生，以便对看到的现象做深入探析。所以，观察员教师因时、因事而介入学生学习，通过访谈、对话、活动进一步深入质里来探究真相，是可以尝试的一种举措。

五、用手机拍摄照片记录学习过程

在课堂观察中，很多教师已经善于运用手机拍摄学生的学习过程，从而在文字记录以外，有了更为便捷的手机拍摄照片的方法，由此使实证研究得到了技术上的支持，方法、工具和技术都有了补充和拓展。

手机拍摄照片及分析解读是一种技术革新，工具便是手机。从教科研方法来说，是一种调查研究。如今，手机人人都有，用手机拍摄已成为一件司空见惯的事。这项技术的运用，极其重要的是教师需要有一双善于"发现"课堂、解读课堂的眼睛。

1 对课堂整体学习状态的记录

2017年9月26日，王晓叶老师在浦东教发院附属中学（预备）六（1）班上了一节学习共同体研究课"数30"，这是一节富有挑战性的研究课。面对陌生的教师、陌生的孩子，王晓叶老师做了精心设计，完成了一次探索性实验。

我的学员拍摄了一组照片，记录了学生的情绪变化。

上课初始，学生有点紧张，脸上的表情很严肃，内心忐忑不安

课的中期，学生开始进入学习状态

根据教师的要求，学生在努力地记录

左右、前后交流开始出现。一旦学习成为一件快乐的事情，学生喜笑颜开，这是他们的真情流露

　　这组照片给我们的启示是：怎样让学生喜欢学习、在快乐中学习，是教师需要研究的重要问题。

　　王老师喜欢给每一位学生设置席卡，这是教师尊重每一位学生生命个体的表现。学生对此怎样想？可以做一次问卷调查。

2 对小组内学生合作学习的状态的记录

在"数30"这节课上，学员还拍摄到两位学生的学习伙伴关系。

一位男生与一位女生成为学习的伙伴，有倾听，也有交流

3 记录小组学生学习单的组合照片

"压强综合计算"是一所农村初中学校的龙头课题"基于合理化问题设计深化小组合作学习的实践研究"结题会上的展示课，由教龄七年的顾老师执教。顾老师的课上得很不错，在课题组内曾经多次承担研究课教学的重担。在教学的"实践应用"环节，他设计了一道综合题：

课堂练习：如下页图所示，盛有水的轻质薄壁柱形容器甲、乙置于水平地面上，底面积分别为 S、2S，容器足够高。有三个物体 A、B、C，其密度、体积的关系如下表所示。请选择其中一个，将其放入容器甲或乙中（物体均能浸没在水中），使水对容器底部压强的变化量 $\triangle P_{水}$、容器对水平地面压强的变化量 $\triangle P_{容}$ 均最大。写出选择的物体和容器并说明理由，求出 $\triangle P_{水}$ 和 $\triangle P_{容}$ 的最大值。

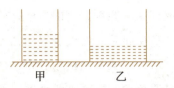

物 体	密 度	体 积
A	3ρ	2V
B	2ρ	3V
C	ρ	3V

小组的座位采取的是"团团坐"的形式，不是"秧田座"。每个小组形成一个学习的圆心，若干个小组的圆心形成一个班级集体。教师的角色在座位安排上出现了改变。

我观察了第五小组的学生，发现五位学生出现四种答案。

我还拍到学生两两交流的照片。看来，学生已经养成了同伴互助、交流研讨的习惯。

学生相互交流

如果我们不用课堂观察这个调查研究的方法，就很难发现五位学生四种答案的真实情况。所以，我在课后的评议中提出，如果课题组后续继续进行课堂教改实验的话，需要增加"课堂观察与分析"的研究环节。以"课堂观察与分析"总结经验，发现教学需要改进的地方，便于教改实验研究持续地提升。

执教这节课的顾老师是课题组核心成员，教学能力属于上游水平。七年的教学实践已经积累了丰富的经验，教学设计思路也是清晰的。

那么，第五小组学生出现的情况说明了什么？至少说明教学设计有必要再反思一下是否恰当。因为从第五小组学生的作答看，没有达成教学目标。这背后的原因到底是什么，值得深究。需要追问，是教学目标设计不合理，还是教学过程与目标的达成度不匹配？或是另有原因？如果有课后访谈了解学生的思维过程，则会比较清楚。

专家指出，行动研究需要做两轮以上。顾老师后续如果继续展开研究，可以以这次留下的问题作为新一轮研究的起点，再做一次课例研究，会把行动研究引向深处。

如果这节课重新执教一遍，该怎样修改教学设计？学习共同体教改实验得出一个结论：把教学目标确定在层次 C 上，可以在教学中带出层次 A 和 B。这里把 A 和 B 看作是基础性问题，把 C 看作是冲刺挑战性问题。反之，把教学目标确定在 A 或 B 层次上，教学无法带出高一级的 C 层次。

由此观照"素养立意"和"知识立意""能力立意"的关系，以"素养立意"的教学设计显然在水平上要高出一筹。以"素养立意"的教学活动可以把"知识立意""能力立意"涵盖到教学中；反之，以"知识立意"的教学往往停留在学生获取课本提供的知识上，学生的学习像"书柜"；以"能力立意"的教学已经有了进步，学生不仅获得知识，还有能力（如解题方法）的习得和拓展，但是，学生还是仅仅在面向过去中得到传承。以"素养立意"的教学面向未来，面向未来的"不可知"和"不确定性"，这就需要教师培养学生面对未来不确定的"活"知识、"活"能力，乃至在新的情景下创造性地运用所学知识和能力，解决复杂问题、不确定性问题的能力。这种能力还需要情感态度与价值观的支撑。没有勇于挑战的精神、开放的思想境界和面向未来的气魄，是不能称之为"素养"教育的。

这节课是复习课，学生已经学习了液体压强和容器对水平面压强的基本计算方法，所以教师直接给出冲刺挑战性问题组织本节课的教学，会如何呢？从学习时间分配来看，本课有三次小组合作学习活动，每一次给予的时间都是独立思考两分半钟，合作学习两分半钟。这样的时间分配对冲刺挑战性学习显然太短。把前面的两次小组合作学习时间全部合并到"模型应用"中，给"小组合作运用模型解释问题，要求写出推理过程及理由"充裕的独立学习和合作学习的时间，让学习"深度发生"，可能是一种值得尝试的教学设计。

4 手机拍摄与访谈的结合使用

手机拍摄与访谈相结合可以使搜集的证据更真实、更准确。

2018年4月18日，我走进一所小学的课堂，聆听了一节展示课《欧洲古城堡》。课初始后十分钟，我拍摄了学生的表情，有"惶恐不安"之感。

上课十分钟后的学生模样

最后一个活动环节是小组合作用积木搭一个城堡。学生在游戏活动中展开学习，本来是一件很高兴的事情，但是，孩子们的脸上无兴奋之情，眼中无光彩，只有呆滞的神情。我有点纳闷。

小组合作搭城堡

于是，我即兴访谈了离我最近的一位学生：

问：小朋友，你们搭的是什么城堡？
生：哥特式城堡。
问：为什么搭哥特式城堡？
生：我们昨天搭过的。
问：昨天搭的是哥特式城堡，那今天换一种城堡试试，好吗？
生：不行。老师说的。

这些照片和访谈让我找到了学生上课神采不飞扬、不兴奋的原因，原来是教师落后陈旧的观念所致。

拍照和访谈是一种现场收集资料的方式，用这种方式研究课堂与教学，给我们创造了一种研究范式。

六、焦点学生和关键事件分析的课堂观察

1 焦点学生和关键事件分析的观察

焦点学生和关键事件分析的观察是陈静静老师倡导的一种课堂观察法。她以行动研究者的身份,以参与式观察的方式进入中小学课堂,进行了多年的行动研究,对3000多节课和5000多名学生进行了观察分析。她不断尝试国内外课堂研究的各种方法,并进行改进与总结,研发了适用于一线教师和研究者的课堂观察方法——焦点学生学习历程观察与关键事件分析,即对个体学生完整学习历程进行观察,并对此学生学习过程中的关键事件进行分析。观察者以个体学生的学习过程作为观察对象,尝试进入个体学生的真实世界,跟踪学生学习的全过程,搜集学习相关的完整证据,分析具体学生学习过程中的关键事件,发现个体学生学习的困境与需求,不断总结学生学习规律,以此促进教师的自我反思与教学重构。[①]

陈静静老师的研究为学习共同体教改实验提供了一种可参考的观察方法。学习与模仿陈静静老师的观察分析容易让新手教师学会观察。

那么,是不是所有的课堂观察就这一种方法?不是的。

我在参与教师的教改实验中,发现了一些具有情景性和本土化特征的课堂观察,由此得出结论:教改不是以一种固定的模式去解决所有的问题,而是由教师依据实际情况,秉持正确的教育哲学和教育思想,创造性地运用一定的方法,达到研究教学、改进教学的目的。

就如前面叙述的课堂观察,是教师在实施观察中渐渐形成的具有"个别化""情景性"的观察。既有对一位学生的观察、对两位学生的对比观察,也有对一个小组五位学生的观察。从另一个标准划分,还出现了发现问题和总

---

① 参见陈静静《揭开学习的奥秘——焦点学生学习历程观察与关键事件分析》,内部交流资料。

结经验的观察。来自赤峰市宁城三中的卜玉芬老师，在观课中运用了三种调查研究，把课后访谈与实物分析的方法融合在课堂观察中，创造了多种证据互证的资料收集，使结论更具说服力、可信度。我在课堂观察中有意介入学生的学习活动，以"素养立意"把教学引向深度学习，拓展了课堂观察的宽度和深度。

教改实践是教师以教育理论、教育思想为指导，从模仿走向创新。我从对课堂观察的研究中，得出一个认识——在真实的教育情景中开展研究，在解决本土的问题中实现创新。

在浦东新区御桥小学的探究课"纸的探究"中，有两位教师撰写的课堂观察与分析具有鲜明特征，不失为课堂观察方法的"本土化"创新。

（1）李老师撰写的课堂观察与分析。

我进入教室时，第一环节"小组合作探究"已经开始了。教室里热火朝天，有的学生在做实验，有的学生在做问卷调查，有的学生在讨论，唯独我观察的第八小组异常安静。我感到很纳闷。

走近一瞧，桌上摆着小组成员已经制作好的探究再生纸的小报，组长姚同学正在一张写满了资料的纸上用红笔做补充，其他同学默默地看着。我询问组内老师后得知，这组是"绿色行动小组"中的A组，负责收集再生纸的资料，制作成小报向全班展示。我原本觉得非常遗憾，错过了这个小组最精彩的资料汇总和讨论整理的过程，不料，组内老师告诉我，他们并没有讨论。有一个同学将收集并制作好的卡纸资料拿出来，和另外几个女生一起动手粘贴。在制作小报的过程中，原本让我们期待的讨论并没有发生。我看到了一个现象：女生们轻声轻气地讨论资料卡纸该怎么摆放，相应的小磁贴又应该如何摆放才好看，尤其是一个漂亮的娃娃磁贴，让他们犹豫了很久。这可能是以往的经验导致评价探究活动的作品过分追求美观。用了不到一半的活动时间，小报制作好了，女生们就安静地坐着，剩下组长一人在忙碌。当卫老师过来询问他们讨论的结果时，学生们对卫老师提出的问题都没能回答上来。

由此可见，这一组学生关注的焦点并不在探究再生纸这项活动本身，而是把讨论的重点放在如何把小报布置得漂亮，偏离了探究性学习的本质要求。

难道是再生纸的探究无法在课堂上呈现？教师如果指导学生设计并实施有挑战性的探究学习，大概不会出现冷场的尴尬局面。

李老师观察到的问题从另一个角度印证了设计和实施冲刺挑战性问题组织教学的重要性。

（2）孙老师撰写的课堂观察与分析。

我观察的是第六小组，组员六人。首先我按照顺时针方向对六人进行编号，然后我从学生学习的维度，选取了两个课堂观察点：学生课堂活跃度统计、学生课堂情绪变化统计。

学生课堂情绪变化统计。在大约15分钟的合作学习时间中，小组成员的情绪也发生了一定的变化。统计表如下：

学生编号	1~5分钟	6~10分钟	11~15分钟
①	兴奋	平静（未采纳）	低落
②	平静	兴奋（采纳）	平静
③	兴奋	兴奋	兴奋
④	平静	兴奋	兴奋
⑤	平静	平静	平静
⑥	兴奋	低落（未采纳）	低落

①号学生的工作一直都是测量，缺乏新鲜感和挑战性，加上所提意见未被采纳，所以情绪曲线处于不断下滑的状态。

②号学生由于意见被采纳了一次，所以中间的情绪呈现兴奋状态。

③号学生作为小组的"领袖"，尝试着用自己高昂的情绪不断地激励着组员。

④号学生受到③号学生的感染，情绪呈现上升的状态。

⑤号学生处于绝对的听众状态，没有积极进行团队合作，建议可以将一

部分记录的工作交给她来完成。

⑥号学生由于③号、④号学生的强势，表现的机会不多，加上意见未被采纳，所以情绪滑落速度较快。

听孙老师的介绍，看得出他的观察很仔细，发现了不少学习的秘密。他的课堂观察给我们的启示是，对于学生低落的学习情绪，我们需要特别关注，因为这种情绪肯定不利于学生的学习。

怎样解决这个难题？借鉴学习共同体的研究成果。值得尝试的措施是，教师要设计有挑战性的学习活动，以保持学生的学习情绪处于积极的状态。

如果说，李老师的课堂观察还属于"焦点学生和关键事件分析"的类别之下，那么，孙教师创造的"学习情绪"观察法，就拓宽了观察的视野。

由此可见，课堂观察需要众多教师在自己的课堂里实施"情景性"研究和"本土化"创新。

2 课堂观察与教师成长的关系

（1）课堂观察对教师教育写作的意义。

课堂观察技术的运用，创生了一种教育写作文体——课堂观察与分析。

课堂观察与分析以叙事的笔法，记录课堂里真实的教学故事，而后对故事做有理论视角的分析与解读。课堂观察与分析可以单独成篇，独立发表与交流，也可以作为课例研究报告的一部分，收录在课例研究报告中。

课例研究报告有了课堂观察与分析作为基础材料，不再停留在教师主观臆想的层面上，不再是以经验判断、思辨和推理得出结论，而是用证据证明研究结论，实证研究的思想得以体现。

课堂观察与分析这种写作方法使教师的教育写作得以拓宽和深入。

因为实施课堂观察的研究方法，教师的教育写作有内容可写，有故事为证，大大丰富了教师教育写作的数据资料源泉。用理论照射实践，使实践得到"研究"的光亮照射，为揭示课堂教学的真实性、复杂性和不确定性提供了一手证据。

把课堂观察与分析引入教师的经验总结，可以使教育总结变得更可信，更有说服力，更接近实验科学的精神要义。

（2）课堂观察对教师成长的意义。

课堂观察也是教师同自己的相遇与对话。

佐藤学教授给学习下了定义：所谓学习，就是同教科书（客观世界）的相遇与对话，同教室里的伙伴们的相遇与对话，同自己的相遇与对话。综观目前学习共同体实验教师撰写的文章，主要集中在"同客观世界的相遇与对话""同学习伙伴的相遇和对话"，如何解读"同自己的相遇和对话"呢？

内蒙古赤峰市克旗的语文教师张雪在参加学习共同体教改实验时，阅读了朱春蓉、王晓叶、严长宜老师的课堂观察与分析的文章，有感而发撰写了《课堂观察也是与自己的"相遇"与"对话"》[①]，认为课堂观察也是教师专业成长的历练过程，课堂观察为教师的专业成长提供了又一途径。

张雪老师在文章里写道：

阅读这三篇文章，我感到课堂观察是教学的另一种"精耕细作"，是用学生的真实学习状态作为研判、辨析课堂教学是否有效的一种研究方法。三位教师用朴实的语言记录关键人物和焦点事件，以教育理论为指导，关注学生学习历程，分析教学的意义和价值。这个过程其实也是教师用课堂观察不断反观自己，照射出教学的优劣高下，与自己内心的那个"我"的"相遇"和"对话"的历程。

"学习是相遇与对话"的定义拓展了学习的内涵。把学生之间的合作学习视为重要方式，也把教师与自己内心的对话视为专业成长的重要方式。"相遇"一说告诉我们，教师不再只是扮演"传道""授业""解惑者"的角色，而是学做一名"倾听者"，在倾听的过程中，进行"串联""反刍"。课堂学习不再

---

① 此文载《中国教师报》2019年10月30日第4版"现代课堂"周刊栏，刊登时题目被改为《学习是一场"相遇"与"对话"》。

是以教师为中心的一言堂，而是以学生为中心的多元对话。

教师通过课堂观察与自己"相遇"和"对话"，既是一种新观点，也是对教师专业成长的又一种解读。学界对教师成长的研究显示，教师的思考与反思是专业成长的必由之路。这个研究结论已经被众多事实证明。

阅读是为了在思考与反思中提升自己。写作是教师把即兴的感悟用文字表达出来，与学习共同体伙伴分享交流，共同提高。写作的过程对于我来说，就是在与心中的那个"我"的"相遇"与"对话"。如果说观察是实践，那么写作是思维加深的雕刻，刻在心中的痕迹预示着"我"的成长。

如果只是选择一位学生做聚焦，也行。对一位学生的观察，本校教师做最合适，可以做连续性的课堂观察。对这位学生的学习有一个较长周期的记录与分析，会比较深入，也容易发现一些有趣的现象。如果选择两位学生做聚焦，可以尝试对不同学习风格的学生作比较。如果选择一个小组五位学生做聚焦，则可以把"人际关系"作为聚焦的焦点。不管是前后比较、左右比较，还是组内关系的比较，都是以学界公认的研究方式实施教改研究。

比较是我们认识客观世界的方法之一。选择哪位学生做观察不重要，重要的是学会用叙事方法记录故事，用理论视角分析学生的学习，引起反思并在反思中提高才是最重要的。

主张七
用调查搜集证据

有老师问：怎样证明教改实施后的成效有了提高？这是一个真问题、好问题，是好多教师在开展行动研究时都会碰到的难题。

以往的课题研究报告中常常以考试成绩、获得奖励作为评判依据，可信度不高。影响考试成绩的因素很多，教师改进教学方法只是其中之一。获得奖励，这个奖励只是在参评人员中间"选优"，这就像在三级运动员中选出的第一与在一级运动员中选出的第一不是同等概念一样，无法进行比较。

教育的成效有显性的，也有隐性的。显性的因素容易"看见"，隐性的因素需要研究者去"发现"，需要做"显性化"处理。这就需要教师学会用调查的方法搜集证据，用证据证明有没有成效以及成效的大小。

以往的研究中，教师曾经用实验班与对照班的方法证明教改实践的成效，也碰到了难题。实验需要控制变量，学生通过教改实验得到的提高也有可能是非教改因素带来的结果。此外，教育改革中的"纯"实验几乎没有，因为很难绕开伦理的难题，对人不能做实验！

于是，学界提倡以"准实验"方法实施教改，就是在自然条件下，开展教改实验研究。在自然的条件下搜集证据，用证据来证明教改实验的成效。这样既避开了伦理难题，也比较接近实验研究的思想。

教育研究中可供教师参考的搜集证据的方法主要有观察法、访谈法、问卷法和实物分析法。

我将搜集证据的方法进行了分类：一类是高结构方法，一类是低结构方法。高结构证据搜集方法是指数量的、观察的方法；低结构证据搜集方法是指言说的、体验的方法。相对而言，低结构证据搜集方法的主观性强于高结构证据搜集方法，所以，可信度会低一些。

一、量化（数量）的证据搜集方法例析

在量化的搜集数据方法中，问卷调查是常用的方法。问卷调查也有水平高低之分。专家能够把质性的材料转化成数量关系的分析解读，而我们教师一般能够做到客观、真实、说理比较充分就已经相当不错了。

以下为具体的实例和分析。

某学校收到督导室督导报告，其中有督导调查问卷结果的反馈，提到该校喜欢英语学科的学生占 70% 以上。这个结果与我们的估计相差甚大。

要证明这个结论的真伪，可信与否，需要我们也做一次调查。于是，我和该校德育主任合作进行了一次问卷调查。

教发院附属中学教育工作问卷调查

教发院附属中学的同学：

你好！

我们是浦东教发院的老师，为了了解学校的教育工作，特开展本次调查。

我们的调查只是了解情况，供分析用，不会对外公布。

请你根据实际情况，如实作答。本次调查采用匿名方式，不用填写姓名，我们希望调查能够客观、真实。

问卷调查采用简答题，用简短的文字回答就可以。感谢你的配合！

浦东教发院调查组

2019年4月26日

问卷调查

1. 你现在读几年级？（　　　）年级

2. 你在班里担任小干部吗？（写"是"或者"不是"就可）
（　　　）

3. 你现在所学的各门功课中，最喜欢什么学科？为什么喜欢？
答：_____

4. 近年来，学校开展了很多德育活动，你最喜欢什么德育活动？你喜欢的原因是什么？
答：_____

5. 在各种德育活动中，你最不喜欢的活动是什么？为什么？
答：_____

6. 如果请你给校长提一条改善教育工作的建议，你想对校长说什么？
答：_____

7. 如果请你对班主任（或任课教师）说一句心里话，你想说什么？
答：_____

8. 如果请你对爸爸、妈妈（或爷爷、奶奶）说一句心里话，你想说什么？
答：_____

对教发院附属中学六年级某班的调查研究报告

调查目的

搜集学生的信息，为改进学校教育教学工作提供依据。

根据学校的意见，我与教发院附属中学德育处的老师一起对六年级某班做了问卷调查。此前，浦东新区教育局已经组织专家做过调查，我们的问卷尽量不与专家调查重复，设计问卷时已经考虑到。

问卷设计前，我对德育处主任倪老师做了一次访谈。访谈在坦诚的氛围中进行，我搜集到很多信息，之后倪老师还发给我一些文档，有工作总结、计划、德育处的主题教育讲座，等等。

调查方法与过程

我设计了问卷，共八个小问题，邀请学生匿名作答，希望能够真实，可信度高些。最后收到倪老师交给我的问卷29份。现在对问卷结果做初步分析。

1. 你现在读几年级？

此题旨在让学生进入答题状态。

2. 你在班里担任小干部吗？（写"是"或者"不是"就可）

此题主要看学生的作答是否真实。至于担任干部与否，与调查结果无实质上的意义。

3. 你现在所学的各门功课中，最喜欢什么学科？为什么喜欢？

这道题是本次调查的重点之一。

（专家的调查结果发现，学生对英语学科喜欢的人数占了绝大多数。由此产生的问题是：学生为什么喜欢英语？对学校一位领导访谈时，我提到了这个问题，她给出的答案是教师"敬业"。）

调查数据统计：

最喜欢数学，10人，约占三分之一。

理由：有趣，3人；解难题有成就感，1人；解题的喜悦，大学需要，1人；解题会想到很多，1人；提高逻辑思维，1人；老师讲课仔细，1人；有探索，

1人；数学成绩好，1人。

最喜欢英语，6人，约占五分之一。

理由：我擅长，2人；生动有趣、浅显易懂，1人；增长知识，开阔视野，1人；简单，1人；有趣，1人。

最喜欢语文，5人，约占六分之一。

理由：生动有趣，1人；丰富有趣，1人；内容丰富，1人；幽默，1人；没有答案，1人。

最喜欢地理，2人。

理由：有趣，1人；逗我们笑，1人。

最喜欢体育课、音乐课、信息课、活动课各1人。都差不多，2人。

对本题的数据做初步分析：

（1）有趣，成为出现频率最高的词。有10人，约占三分之一。

（2）个人爱好，会产生对学科的喜好。有7人，约占四分之一。

（3）有成就感，也是学生喜欢的理由。

（4）其中一个学生回答数学课能够提高逻辑思维，这位学生的作答颇为深刻。

4. 近年来，学校开展了很多德育活动，你最喜欢什么德育活动？你喜欢的原因是什么？

调查数据统计：

最喜欢春游，9人。

理由：放松，3人；有趣，1人；看景，1人；自由，1人；开阔眼界，1人；促进同学间友情，1人；亲近自然，了解自然知识，还锻炼身体，1人。

最喜欢诗词诵读，9人。

理由：学习知识，3人；有趣，1人；有互动，1人；投入情感，1人；听到好听的诵读，1人；了解古代文化，对语文有益，1人；对诗词的情感，比读书更好听，1人。

最喜欢社会实践，3人。

理由：和同学一起玩，1人；促进与同学的友情，1人；有趣，形式自由，1人。

最喜欢国学讲座（文化讲座），3人。

理由：学到知识，有意义，了解传统文化。

最喜欢心理健康讲座，1人；看儿童剧，1人；元旦文艺汇演，1人；星期五的广播，1人；踢足球，1人。

5. 在各种德育活动中，你最不喜欢的活动是什么？为什么？

调查数据统计：

没有，17人。理由没有写。

没有，3人。理由是都很喜欢。

不喜欢卫生广播，3人。理由是无聊。

不喜欢国学讲座，2人。理由：坐在后面看不见，1人；无聊，1人。

不喜欢看电影，2人。理由：不舒服，1人；看完意犹未尽，1人。

不喜欢跑步，1人。理由是太累。

不喜欢唱歌，1人。理由是不会。

6. 如果请你给校长提一条改善教育工作的建议，你想对校长说什么？

无或没有写，14人。

有建议的：活动多一点，3人；多种点树木，3人；多一些诗词诵读的活动，1人；饭菜好吃一点，1人；多清理园里的树木，1人；教室左边装窗帘（有反光），1人；把教育的内容传到广播中去，1人；不要太严格，1人；开门早一点，1人；看电影回来时，需要调节心情，1人；给每个班级更多图书，中午等空闲时间可阅读，1人。

7. 如果请你对班主任（或任课教师）说一句心里话，你想说什么？

感恩的话：说"教师特别辛苦"，11人。

表达态度的话：我会好好学习的，3人。

没有话，3人。

要求的话：再严格一点，2人。

建议的话：英语课占课太多了，2人；少占课，2人；作业少一点，2人；数学教师适当温柔一点，1人；英语教师，把下课时间留给我们，1人；不加晚自习，1人；多出一些有趣的题来考考我们，1人。

8. 如果请你对爸爸、妈妈（或爷爷、奶奶）说一句心里话，你想说什么？

感恩的话：感谢，保重，9人；我爱你们，3人；我能独立了，3人。

建议型话语：要求多关心，3人；要求理解，1人；要求陪伴，1人；不要老玩手机，多陪陪我们，1人；对我好一点，2人；不要老催作业，1人；不要布置太多作业，1人；少问我成绩，1人；别揍我，1人；说"外公，你真的不爱我了吗？"，1人；无，1人。

调查分析

1. 总体印象。

本次调查的真实性是比较强的。学生的作答比较真实、可信。

教发院附属中学六年级的学生很可爱，很淳朴，也愿意把心里话说出来。如果没有考试成绩指标的要求，这些孩子都是好孩子。

学生心地善良，对教师有感恩之心，对父母也有感恩之心。这是我们做好教育教学工作的有利条件。说明学校的德育工作起了作用，当然也是家庭教育的结果。

2. 关于"有趣"。

从学生最喜欢的学科看，学生喜欢的学科往往是因为教师的课堂教学"有趣"。关于有趣，调查者想到了两层含义。一是教学有"趣味性"。不仅使学生增长了知识，还有教学过程不呆板。二是"乐趣"。教学有快乐，学习过程是快乐的。

这就给我们的教学改进提出了要求，也可成为"阳光课堂"建设的目标之一。

喜欢英语课的理由使我们看到了一些隐藏的原因：增长知识、开阔视野、生动有趣、浅显易懂，这样的课是值得追求的。

3. 关于德育活动的喜欢与不喜欢。

德育活动也是学校教育的一部分。与课堂教学"坐中学""听中学""考中学"的不同之处在于，以"做中学""活动中学""体验中学"可以获得教益。德育活动和校本课程的学习可以让学生有更多的学习经历，体验不同的学习方式。

4. 个别学生的作答，已经有比较深入的思考。

有学生希望"给每个班级更多图书，中午等空闲时间可阅读"，这是一条非常好的建议，也不难做到。

对数学课可以起到"提高逻辑思维"的认识，说明这位学生已经有了较深的思考。很欣慰。

对"多出一些有趣的题来考考我们"的要求，不仅非常好，也是教师不难做到的。利用黑板、学习园地、微信等方式，搞个"每周一题"，也不难做到。

5. 喜欢学生是做好教育教学工作的重要前提。

调查时，我能够感受到学校的教师对学生的仁爱之心。有教师告诉我，他就是喜欢学生。喜欢学生就会产生尊重、理解、信任，就会循循善诱，就会把课备得精细，就会不断提出新的要求，促进自身的专业发展。

叶澜教授在实施"新基础教育"改革时提出了学生观的转变，教师要认识到：学生有主动性——主动发展进步的要求；有潜在性——潜在的发展可能性；有差异性——每个学生都不是一样的，尤其是学生的爱好、性格特征、学习风格都不一样。需要教师"因材施教""因人施教"，给每个学生提供学习的权利，让每个学生成为最好的自己。

我们的调查结果与督导室的结果相差甚远。督导室可能是在某个环节搜集证据时出了偏差，也可能是督导室的督导因为时间太紧产生了误差。

我和德育主任又对该校七年级做了一次调查，重复验证。结果是，搜集的数据与六年级相差不大，再次证实了我们的预判应该是对的。

二、把质性的数据转化为数量关系的调查研究

顾泠沅教授发表的《以课例为载体引领教师发展》（载《人民教育》2003年第6期），记载了他和王洁博士的研究成果。这项研究成果把质性的描述转化为数量关系的分析，这是一种高超的研究技术，一般教师难以企及这个水平。但是，我们应该知道有这种研究方法。

杨玉东博士曾经告诉我，国外的研究中，把质性研究转化为数量关系的分析的例子比较多，值得我们借鉴和尝试。即使我们目前还"虽不能止"，也要"心向往之"。

从告诉事实到组织观察
——"淀粉遇上碘酒变成蓝紫色"[①]

顾泠沅　王　洁

现代自然科学课程理念指明，亲身经历以探究为主的学习活动是学生学习科学的主要途径，因此课程应教给学生科学加工的方法，给他们提供一种思想工具，这样，学生就会更好地了解科学中的探索精神了。

小学自然中的《淀粉》是一堂带有实验的课，其中"淀粉遇碘酒变为蓝紫色"是一个重要的教学内容。按照以往的教学方式，教师通常是拿出事先准备的淀粉，在告知学生淀粉的性质之后，做一个教学演示：将碘酒滴在淀粉上，验证淀粉的特性——遇碘酒会变成蓝紫色。

参加我们行动计划的 X 老师，她上的课与以往相比已经有所改变。在她的课上，学生被调动起来，不停地随着教师的指示动手做实验。可是，如果仔细分析，学生的行为实际上是对教师指令的被动回应：把指定的液体（碘酒）滴到指定的物品（淀粉）上，使之产生一种预定的变化（变成蓝紫色）。这样做，看似让学生观察与探究，实则仍然停留在"告诉事实，验证结论"的水平，学生没能亲身经历主动观察与分辨的学习活动，思维活动投入量明显不足。

针对上述情况的改进课，使用的"液体"增至黄酒、酱油、碘酒三种，"物品"改为马铃薯、盐、面粉、米饭、糖等多种，然后放手让学生在各种"液体"与各种"物品"之间一对一"找朋友"——哪种"液体"碰到哪种"物品"会发生颜色变化？教师组织学生观察，学生通过亲自分类、亲自鉴别，从而发现

---

① 本文为《以课例为载体引领教师发展》中的一部分。

淀粉特有的性质。

改进前后的课有没有本质的区别？对此，我们根据两堂课所做实验的有关记录材料，对学生实验时所用的时间、占比及效果做了统计。从数据结果可以清楚地看出：改进后的课中，学生探究实验的时间占比从原来的 9.50% 增加到 65.41%，相应的模仿实验的时间占比从原来的 73.14% 减少到了 0，变化十分明显。探究实验的时间增多后，学生有了充分的自主探究、自主思考的时间和空间，发现比之前更丰富，思考比之前更深入，提出的问题更多元、更有价值。

爱因斯坦说："科学是探求意义的过程。""探究式"教学方式的采用更为关注引导学生立足关键问题，采用科学、合理的方法解决关键问题。"探究式"教学方式的采用讲求方法的适时给予，引领学生在"有结构的探究→指导性的探究→自由的探究"的过程中走向开放学习，有更多发现。

从顾泠沅教授的文章看，他们团队运用了"录像带分析法"，就是把教学过程拍摄下来，而后对录像带做回放与分析。浦东新区三林东校的刘姣老师的课例研究报告[①]也呈现了录像带分析的样例。

在开展学习共同体教改实验中，我们已经把"课堂观察与分析"运用到课例研究之中，收到了良好的效果。相关内容已在"主张六"中予以阐述，这里不再重复。

三、访谈（言说）的搜集方法

访谈有两种，一种是个别访谈，一种是小组访谈。如果涉及被访谈者不宜公开的内容，可以做个别访谈。如果是可以公开的无关个人隐私的话题，可以做小组访谈。

---

① 可参见《走向实证——给教师的教科研建议》"课例研究报告的阅读与借鉴"中的引文内容。

1　个别访谈例析

陈静静老师于 2016 年 12 月 13 日下午在上海市南汇第五中学七（2）班上了一节语文课《佐贺的超级阿嬷》，参加课堂观察的有南汇第五中学的全体教师，还有有志于学习共同体教改实验的专业研究人员和初中教师。

这节课有点"另类"。这个班级是由多数外来务工子女组成的，学习成绩不太理想。对陈静静老师来说颇具挑战性，但也是一种全新的体验。但很神奇的是，这群孩子与她素未谋面，一个非专业的语文老师上了 80 分钟的课，创建了一个全新的学习环境，学习了一篇 115 节的长文，又有那么多的老师坐在学生旁边进行观察，这一切颠覆性的尝试，各种反常的要素放在一起，竟然发生了很强烈的"化学反应"，这群孩子兴致勃勃地把这篇文章"吃"进去了。

课堂观察员们对这节课称赞有加，是评判的依据之一；学生的真实感受是另一个依据，是比教师更重要的证据。

为了了解学生的真实感受，我做了问卷调查，并把调查结果给了倪青老师，希望她做一次个别访谈。

倪青老师在之后完成了对七（2）班学生课后阅读《佐贺的超级阿嬷》的访谈。

访谈（调查）原因：陈静静老师在七（2）班上课快结束时，留了一个悬念——没有告诉学生这篇文章的题目。当时学生急切地想知道书名，他们希望知道自己给文章起的题目与作者的题目是否相符。

那么，后来的故事是怎样展开的，这是我们想通过调查了解的。也希望以此进一步研究关于语文教学，关于阅读兴趣的培养，关于引导学生读书的问题。

访谈（调查）过程：倪青老师在 2017 年 1 月 11 日对七（2）班班主任施老师和学生做了个别访谈。访谈在宽松的气氛中进行，没有压力。倪青老师注意到需要给访谈设置一个安全的环境，所以有时避开了办公室人多嘈杂的环境，在走廊里进行了一对一的访谈。学生和班主任的回答应该是真实的反映。

学生阅读《佐贺的超级阿嬷》情况调查：全班21位学生，共有6人读了这本书，其中有2人（小程、小宁）读了两遍。大部分学生在上课的当天抢着看了下书名，此后便不再问津。有部分学生翻阅了几页，没有读完整本书。也有部分学生当时未能抢到书，如今书就在教室公共书柜里，学生有机会去阅读，热情却已减退。

下面是具体的访谈记录。

第一位：七（2）班班主任施老师

地点：教师办公室

问：陈静静老师课后留下的那本书《佐贺的超级阿嬷》现在何处？有多少学生看过？

施：那本书平时就放在教室后面的公共书柜里，起初学生热情高涨，争抢着要看那本书，尤其是上完课后那会儿，学生很好奇书名是什么，于是抢着看。陈老师上课后的那个星期，我让学生写了篇周记，有几个学生谈到上了陈老师的课后，激发了他们阅读的兴趣，准备要买书看了。更让人高兴的是，小程变得与以往有所不同，他竟把家里的一大摞书带到学校和同学们一起分享，这点让人感到很意外。我想这是陈老师的课带给学生的影响吧。

第二位：小程

地点：教师办公室

问：平日爱看书吗？《佐贺的超级阿嬷》这本书里什么内容吸引了你以至于看了两遍？

小程：读小学时不怎么看书，家里也没多少书看。我觉得那本《佐贺的超级阿嬷》很好看，有意思，我自己没有外婆，她过世早我没见过。还有，书里讲到的生活经历都跟我老家的生活很像，所以看着看着就想起我以前在老家时候过的生活。我是在每天中午自习课时看这本书的。

问：你把家里的书带来与同学们分享，这是为什么？

小程：因为我看到同学们在上了陈老师的课后都对看书很感兴趣，看他们在抢，应该是不够看吧，我家里也有一些书，所以就带来了啊！有《世界通史》《中华传统美德百字经》《读者》……（还说了这些书的价钱，如数家珍。）

问：喜欢陈老师这样的上课方式吗？为什么？

小程：嗯，不喜欢。因为我上课时背后的老师太多了，很挤的，反正就是不喜欢很多老师在教室里。

问：如果只有陈老师一个人呢？

小程：那还好。

问：哪里好？

小程：这节课好多同学都回答问题啊，老师也比较和蔼可亲。

第三位：小宁

地点：教室走道旁

问：平日爱看书吗？如果看，会看些什么书？

小宁：会看些，但常常不能静下心来看书。看得比较多的是动漫类的漫画，比如《爆笑校园》，很好玩，很好笑。

问：陈老师的那本书，你看了两遍，是有什么特别的内容吸引你了吗？你读过更厚、更好看的书吗？

小宁：因为好看才看的，我没有看过更好看的书了。里面讲到第二次世界大战，那时日本人民过着很困苦的生活，却很快乐，那种乐观的精神让我很佩服，日子那么苦还能过得很快乐。还有里面的外婆我觉得很有趣，我自己也有外婆，她种地，人很淳朴，反正和文中的那个外婆很不一样。

问：你用了多少时间看完那本书的？最近会看些别的书吗？

小宁：我差不多加起来五六个小时就看完了，在学校中午休息时看，在家里也看，对了，回家乘公交车时也看，所以很快就看完了。之后，等有些同学也看了这本书后，我又拿来看了一遍，我发现看书太有意思了！最近有书就看，没书就不看。

第四位：小熊

地点：教室走道旁

问：喜欢陈老师的那节课吗？为什么？

小熊：不喜欢，有很多老师，所以我很紧张。

问：如果没有旁边的老师听课，只是陈老师给大家上课，喜欢这节课吗？为什么？

小熊：不喜欢……因为这个老师太温柔了，有点不习惯。

问：温柔不好吗？你以前的老师又是怎样的？

小熊：我们小学五年级的老师在我们犯错后就让"蹲马步"，还让罚抄《开国大典》这篇课文，很长的。

问：你喜欢蹲马步和被罚抄？

小熊：也不是，反正不习惯。

问：相比以往的课，陈老师的课还有哪些地方让你不习惯？

小熊：我们围起来坐的。

问：不好吗？我看你那天被点名起来朗读，结果没读，后来别的同学帮你读了。当时为什么不读？

小熊：我有个字不认识。

问：如果当时这个字认识的话，你会读那个语段吗？

小熊：我其实想读的，但是被别人读去了，如果不是围起来坐的话，我就有机会读了。

问：你是说，围起来坐的话，发言的机会就会被别的同学抢去了？

小熊：嗯，有点。

第五位：小许

地点：教室楼道内

问：平时爱看书吗？陈老师的那本书你喜欢吗？

小许：以前不爱看书，家里爸爸妈妈不给我买书看，他们都忙于工作，我妈妈是个工作狂。我在家里要忙家务，烧饭洗碗洗被子。陈老师的那本书我觉得好有趣，那几天我们班不断有人在看，不过大家只是看了个书名，他们不爱看书，贪玩。我准备再看一遍。

问：喜欢的理由是什么？

小许：我外婆在我很小的时候就去世了，看这本书时，我觉得自己不孤独，也很向往有这样的外婆。我没看过这么好看的书。

问：最近看些别的书吗？

小许：看啊，我这几天在看《哈佛的青春不迷茫》，上了陈老师的课后，我带着妹妹每周六或者周日都去文化中心的图书馆看书。

问：谈谈陈老师的课吧。

小许：我觉得这节课让我懂得了不要胆小，要勇敢举手发言；座位也很有趣，是分小组的，我们可以互相问答，不懂的问题还可以问旁边的伙伴。

陈静静老师在南汇第五中学执教了80分钟的长课《佐贺的超级阿嬷》后，引发了学生强烈的阅读兴趣。然而，大部分学生未能持续这股热情的现象，这一现象不得不引起倪青老师的思考：这堂课为什么能引发学生强烈的阅读兴趣？从阅读兴趣的激发到阅读习惯的养成，语文课该做些怎样的调整或者引导？下面是她对这次访谈之后的一个初步分析。

探讨一：关于教材的选编

当我访谈两位将《佐贺的超级阿嬷》读了两遍的小程和小宁，还有即将再读第二遍的小许时，他们三人都不约而同地谈到文章里的外婆"很有趣""有意思"。再看小宁说的："里面讲到第二次世界大战，那时日本人民过着很困苦的生活，却很快乐，那种乐观的精神让我很佩服，日子那么苦还能过得很快乐。"可见，"有趣"和"有意思"与学生的阅读成正相关。

以此反观语文教材的选编，可以剔除很多平庸的篇目，精选经典篇目。著名学者钱理群教授评价说，我们语文教材的选编基本停留在20世纪60年代的水平，可谓一针见血。

语文有教参，本来是为教师的教学提供参考，不料却成为"标准答案"

的出处，既束缚了教师拳脚的施展，也把学生引向"考试高于一切"的歧路。

陈老师的这节课有教参吗？没有。那么陈老师备课吗？备的是什么？答案是，在对教学内容充分把握和深刻解读的前提下，她更关心的是"备学生"。用她的话说，就是"让从来不开口的学生开口"，田农老师对此评价为"极为重要的教育价值观"，我深以为然。

李冲锋博士说，评价教学成败，其中重要标准之一是能否通过课文的学习使学生对课文内容产生兴趣，以至有想要去读整本书乃至读这个作家作品的愿望。

语文教材选编有诸多诟病，很多老师却把语文教材奉为"经典"。可以说，我们目迷五色，无所适从。既如此，何不学学陈老师这种选材的勇气和见识？也许我们做不到像陈老师那样有智慧、有胆识，但至少不用唯教材是从。

探讨二：关于阅读兴趣和习惯的培养

阅读究竟有多重要？吴非老师说："人的高贵源自教养，教养则来自'精神底子'。"学生时代的阅读是为人生"打底子"。苏霍姆林斯基说，一个不阅读的孩子是学习上潜在的差生。他对此曾试用过许多手段来促进学生的智力活动，最终得出的一条结论是：最有效的手段就是扩大学生的阅读范围和阅读量。

陈静静老师的课在当时成功地激发了学生的阅读兴趣，缘何后来多半学生热情减退乃至曾经争抢书看的局面不再出现？我的认识是，这应该是阅读习惯未养成所致。

正如访谈中小许评价她的同学那样："他们不爱看书，贪玩。"可以说，民工子弟班的学生，有阅读习惯的实在很少，偶见一两个在课上能和老师就文本延伸开去且能对得上话的，那老师真要喜出望外了。前两天我跟这个班的语文老师徐晓蔚谈及这个班学生阅读习惯培养的问题，对此徐老师有些踌躇。我们从访谈中可知，这些孩子的家庭对于课外阅读培养几乎是没有意识的，甚至有反对的，要么是家里没书看，要么是有书却不让看，因为家长们认为看课外书对于分数非但无益，还会耽误学习。

而阅读习惯的养成又是一个漫长的过程。所以，我们不妨来探讨一下在陈老师的课上完后学生阅读兴趣盎然的当下，语文教育该如何做进一步引导，使学生的阅读兴趣得到呵护，阅读习惯养成成为可能。

徐老师跟我说起班里的一凡和佳庆两位"小文豪"，他俩在课上常常和老师对答如流，比如徐老师教"神话单元"，他俩可以跟老师聊谈狐说鬼的《聊斋志异》，如此"旁逸斜出"的课堂，哪个语文老师不喜欢？正如徐老师说的那样，他们的精彩源于课外阅读。这两位学生无疑比别人读了更多的书，更多他们喜欢的书。

班里那些不爱读书、没书读的学生在陈老师的课后能主动去借书读，甚至买书读，带给我们的启发和思考不可谓不深：是否该冲破自己课堂的成规（更是陈规），认识到阅读之于语文的重要意义好比砖瓦之于高楼、灵魂之于生命。我们默守（也是死守）教材画地为牢，把多少学生的精力、智力、体力耗费在有限的应考知识上，是时候变革我们的课堂了。

教育家说教育像农业，是慢的艺术。语文老师先让自己成为读书人，领着学生徜徉书海，汲取知识丰富人格，经年累月的阅读必然能丰厚学生的精神底色。

② 小组访谈

如果把上述几位学生集中起来做访谈，就变成了小组访谈。

不管是哪种访谈，研究人员都要根据访谈的需要，对班级、学生做抽样，确定访谈对象。访谈者要事先拟定访谈提纲，形成有结构的访谈问题，然后在合适的场所进行访谈。

③ 即兴访谈

即兴访谈是课堂观察员在课后的访谈。因为课间时间有限，一般都比较短。教师对自己所观察的对象做即兴访谈，是把课堂观察员还想了解的事情——特别是学生内心的感受通过访谈获取。

本书"主张六"第三小节"'发现'是课堂观察的重要价值"中卜玉芬老师对学生的访谈便是一次即兴访谈。

　　下面是卜玉芬老师对这次访谈的分析。

　　一节课结束，学生感觉"爽"，非常难能可贵。小邓同学的一个"爽"字，初看与分数无关，与教育评价无关，然而，的的确确就是"以学生为本"的体现，就是教育理应追求的目标，就是最朴实无华的评价。

　　小邓同学为何感到"爽"？因为孩子的学习过程充满了温馨的氛围、安全的环境。教室里很安静，一个个小脑袋都在静悄悄地忙碌着，或严肃地阅读，或皱着眉头思考，或快速地写着什么，或几个人轻轻地说着话，没有紧张，只是从容。他们的目光是温和的，语言是轻松而柔软的，态度是谦和而自足的。老师慢慢地在学生中间转着，时而侧耳倾听，他的步伐也是轻松而舒缓的，他不会让大家停下来大声说什么，只会和一个学生或一组学生比画着什么，或轻轻地说着什么，非常宁静。这就是学习共同体所追求的课堂——安静、安心、安全、润泽。这就是宁静的课堂的力量。

　　孩子学会知识、明白函数这个概念的形成过程，教师以低起点、高挑战的问题激发学生，学习过程还获得了成功、自信，收获满满的喜悦。他们通过自身的努力被认可、被欣赏、被肯定，这种心理体验对学生成长的价值非凡，意义深远。

　　孩子们在学习过程中，经历了独立思考，与同伴协同学习过程，思考深度和品质一点点提升。沉浸在学习过程中的"爽"，对孩子来说，是全身心投入的积极心理体验，是积雪式学习。深度理解、深度思考在与同伴的交流中，一层一层得到叠加。有内心体验的"爽"为学习打下基础，我们不用担心表面的"慢"。这是我理解的"慢就是快"的道理。

　　对这样一个访谈的记录与分析，卜老师归纳出一条原理——精致的挑战性问题设计能让学生体会学习的快乐。

　　学生的自叙（感悟），也是我们常用的调查方法。一项教育教学活动结束后，让学生撰写文章说说感受，教师收集学生的日记、周记、读后感等文字材料，作为证据。

四、体验的搜集方法

教师撰写经验总结是比较熟悉的一种写作方法，这里不再展开论述，主要说说教育案例。

教育案例是一种研究方法还是搜集数据资料的一种方法，学界对此有不同的看法。从搜集证据的角度把教育案例归入资料收集，也是有道理的。如果能够做成一个比较中规中矩的教育案例，那称为"教育案例研究"也是成立的。

从证据的可信度来看，教师的经验总结主观性比较明显，所以可信度会低一些。相比而言，量化研究的客观性强一些，所以可信度也会高一些。观察和言说比较，前者要比后者更客观，所以前者归入高结构搜集证据方法，后者归入低结构搜集证据方法。

运用实验的思想做教育研究，可以借鉴自然科学研究的假设与验证的思路。

运用调查法搜集证据是教育研究中常用的方法。对教师来说，需要系统地阅读相关著作，从而对选择什么方法做研究有一个比较清晰的了解和理解。

教育研究方法与教育哲学的方法论构成一种从属关系。哲学研究是教育研究方法上位的方法，教育研究属于哲学研究之下的下位研究方法。

教育哲学认为：从思辨技巧来看，哲学研究的基本方法有三——分类别、找关系、作比较。

我的理解是，学分类、作比较和找关系是三种最基本的思辨方法。由是，教师可以对自己所做的研究检验一下，是分类研究、比较研究，还是关系研究？如果都不是的话，还需要对原来的课题设计做修改、完善。

主张八
心灵世界的宽广

人靠粮食获得身体的成长，那么，人的精神成长靠什么？学生的精神成长又靠什么？我以为，这是教师需要认真思考的问题。

李家声老师说："世上最危险的职业有两个，一个是教师，一个是医生。从某种程度上说，教师比医生还危险，庸医害的是一个人，而庸师害的是一群人，毁的是孩子的精神和心灵。"

教师首先是一个自己精神世界的建设者，然后才能成为学生精神世界的培育者。

一、人的精神成长靠什么

回顾自己精神成长的过程，我觉得在学生少年的精神成长期，教师承担了重要的示范和教导责任。小时候，父母是孩子的第一位老师，在父母的言传身教下，孩子在牙牙学语中渐渐获得第一笔精神底色。及至上学，教师就成了学生精神成长的榜样和导师。记得念小学时，我从老师的教导中懂得了诚实、友好、尊敬长辈；念中学时，我在老师的教育下学会了关心同学、承担责任、努力学习、热爱祖国。

我到农村插队落户的那个年代，没有电视和书看，下雨天和黄昏时，只能在农民家的客堂里，三五人围坐在一起，听颇有见识的大叔讲生产队里的往事、乡间的趣闻。对我这样一个知青，他们常常会伸出援手，而且从不计较是否有回报。农民的善良、正直和淳朴，深深打动了我，以至于到今天，我还常以"半个农民"自居，说此话时没有半点自卑的感觉，反而以农民为荣。我深深藏在心底的是对乡村田野生活的美好回忆，对土地的眷恋，对大自然的向往，以及对农民叔叔婶婶的感激。

大学毕业后，我成了一名教师，来到母校南汇中学教书。那里有我的老师，一群为了教育事业勤奋工作、为人师表的优秀教师们。特别是我的导师陈兴邦老师，一身正气，两袖清风，身上充满着"富贵不能淫，贫贱不能移，威武不能屈"的人格魅力。做教师的第二年，学校让我当班主任，配了一位老大姐副班主任王老师。她那恰当的点拨、对我工作的天衣无缝的补充，使我的工作得以顺利开展。这是王老师甘为人梯的忘我精神，以至到今天，学生仍然念念不忘王老师的智慧、风采和如母亲般的爱。

20世纪80年代后期，改革开放热潮中的经商致富、跳出教育界的群起仿效，与教育界的清贫形成反差，动摇还是坚守，成为教师面临的难题。我清楚地记得，邹老师的一句看似无意的话语，让我选择坚持下去。他说，现在是满目皆商物欲横流，唯有我们教育还保持了纯洁清静。

1989年，在邹老师的介绍下，我加入了民盟。在民盟组织里，我认识了一批优秀的同志：老领导汪老师的事无巨细、亲历亲为的作风；盟员周董的大气，对弱者的同情与慷慨解囊，对事业的执著倾心；军人出身的李总编的认真细致、追求卓越、助人为乐的风格；还有那些白衣天使，用人间大爱，连续30年义诊无怨无悔。所有的一切，都成了我的精神食粮，使我的人格、精神在他们的示范教导下得以提升，我常常为结交了这样一群朋友而欣喜。

从事教育科研工作后，我有幸结识了一批教育专家科研信徒，从此我跨进了另一扇大门。他们执著、深刻、尖锐而又富于爱心。我在阅读他们的著作或论文时，从略懂些许到能够初交，再至现在可以不费力地神交，知识的增长和研究能力的提高不算最重要的，精神世界在这个过程中的宽广，辨析问题的深邃，思想境界的高远，才是最主要的，这些是那些站在门外的人很难体会到的。

我从自身的精神成长，想到今天的年轻教师。他们也需要精神成长的不断发育完善，以此获得对学生教育示范的底蕴。

教师首先是一个自己精神世界的建设者，然后才能成为学生精神世界的培育者。阅读理念先进、思考深刻的好文章，无疑是建设精神世界的一条捷径。与专家学者的对话，会使我们站在时代的前列，拥有哲学的目光，透过厚重的历史，去认识教育、实践教育。如果学生的精神世界没有与知识实现同步成长，我们就不能说完成了教育任务。

其实，教育给学生留下的深远持久的东西，不是知识和分数，而是思想认识、精神和人格。这才是教育理应追求的崇高境界。可惜在现在升学和考试的遮蔽下，这些东西渐渐淡出了我们的视野。近来读到李家声老师的教育信条"心眼好比什么都重要"，我深为感动。感动之余，总想做点什么，为年轻的教师，更为学生。

今天在"蜜糖"中长大的新生代，不会也不可能重走崎岖路，感受老一辈的心路旅程，"文化大革命"中吃"忆苦思甜"饭的荒诞浅薄不会重演。但是，为了让教师拥有学生精神成长过程中所需要的人文素养科学精神，给他们提供学习的材料，引导阅读并保持下去，从而建立起教师的精神世界以满足学生的需要，这绝对是必要的举措。

基于这一认识，我撰写了本书，意在免去教师寻找阅读文本的时间，为他们搭一条快速通道。让我们共同走在阅读的路上，以人文滋养自己的职业情操和精神世界，在拥有幸福人生的同时，也传递给下一代。

二、增添学术驱匠气

我主持工作室做骨干教师培养,注重思维品质和人格修养的提升,这些修炼比学习研究方法更重要,比获得奖励、发表文章更重要。

现实生活中,匠气弥散,严重影响到教育的秉性和成效。何谓匠气?简而言之,就是只顾埋头拉车,不去抬头看路。我常常看教师的文章,会删去文章中那些过头话,这些问题的存在实质是教师少了一点学术的修养。因此,提升教师的学术气以驱退匠气,有必要也有价值。

为此,我撰写了《增添学术驱匠气》一文,希望能对提升学员素养有帮助。

增添学术驱匠气

好马还须自奋蹄

有道是,人之无德,其行不远。教师培训德为先,这毫无疑问。看多了极端功利主义的红尘滚滚,我对德行的修炼就愈加重视。

我认为受训教师的德行培训,是潜移默化的影响和熏陶,是让他们学会自我进取的主动吸收。

给学员做报告的教授、专家身上弥漫着一种德行,有执著、独立思考和真知灼见,有仁爱、敬畏和悲悯情怀,都是学员可以汲取的营养。

要求学员写听后感,不失为一种好办法。学员在听课感想、培训小结中都谈到了专家、教授对他们的人生观、价值观的影响。来参加培训的教师当为好教师。好马还须自奋蹄。

"学是学得会的,教是教不会的",一位教授的话在我的培训中也得到了验证。

差别当中找规律

我在《上海教育科研》杂志上，先后读到了宋林飞的《以一带五：学科带头人高位发展的助长模式》和蒋选荣、吴红漫的《名师工作室运行机制的构建与思考》等文章，可见，名师工作室的培训开始受到注视，成为学界研究的对象。

有一天，浦东教发院教师发展中心"基地工作室管理办"召开了培训工作研讨会，会上有三个基地工作室介绍了经验，有学科教研取向的培训，有课题研究取向的培训，也有课程开发取向的培训。用会议主持人的话说，就是各有特色。而后，管理者又提出新一轮培训的增长点在何处的问题。

主持人依据自己的特长和对工作室培养目标的理解做培训，见仁见智，各有千秋。各有特色固然不错，但是还需要透过表象看到本质，逼近培训的本真和规律。如果要从各有特色中提炼出共性的东西，那是什么呢？以我所见，各个工作室的研究，大概可以分为三种类型，即教学研究、课题研究和课程研究。共通的地方是，以研究提升教师的专业素养。

各个名师工作室运行，都在研究上下功夫。为何？为什么我们都关注教师做研究？难道仅仅是关注学科教学的成绩、成效，关注教师学习共同体的建设，仅仅追求论文的发表、课题研究报告的成文，在各级各类评选中获奖？显然不是。如果我们进一步深究研究给教师带来的变化，"学术"二字就会凸显出来。研究的方式方法，旨在给受训的教师增添一点"学术气"，脱离"教书匠"藩篱。让学术气来驱赶身上的匠气，让教师成为队伍中有学术修养的那群人。

习得学术方为是

做教师培训所追求的学术，可以关注学术视野、学术方法和学术理性。

学术视野

我们都认为培训需要组织教师读书。读书旨在拓展教师的视野，尤其是学术视野。我勉励学员，读书一定要读好书，一定要选择站在教育前沿的书读。

如果有几本同类的书，我一定选择"大家"的新著读。因为新著往往已经涵盖或者"覆盖"了前面的书。选择"大家"为的是从读书开始就站在巨人的肩膀上。阅读可以增添学术素养，这已经被实践所证明。

学术方法

做学术是有方法可寻的。有教授提出，学术研究的三个套路是学分类、找关系、作比较。我觉得这其实也是教师做研究的方法论意义上的一种划分。教师不论做教学研究、课题研究还是课程研究，都会涉及方法。学分类、找关系、作比较，可以说涵盖了教师阐述和论证问题的一般方法。

学术理性

俗话说，文字是思维的体操，此话有理。写文章，就是锤炼思维。我常常要求学员写一点读书笔记、教育随笔，旨在帮助学员学会思考和反思，学会思辨，尤其是站在学术研究的角度来思考问题。学会用实践来证明，学会用逻辑来思辨，学会用哲学来检验思辨的正确与否。如果形成了这种思考的习惯，那就是在学术道路上前进了一步。

刘良华教授在《学术研究与零修辞写作》一文中指出：学术论文的陈述不可避免地隐含作者的价值倾向，这使论文的写作总是不同程度地带有作者的感情色彩。但是，学术论文在表达自己的价值倾向时，需要尽可能保持克制、节制，尽可能少用"修辞"，尽量少用纲领性定义、口号和比喻等"实践教育学"的语言，更不能"口诛笔伐"。

我想，习得学术秉性的要义是，以读书为人生第一要务，以思考为做学问的基础，在不间断的写作中提升学术修养。

学术修养的习得需要有学术的氛围，工作室或许就提供了一种切磋学术的条件和平台，学术修养需要在学术的历练中铸就，做聪明人还需要下"笨功夫"。

以增添学术气来驱退匠气，在急功近利、物欲横流的世俗面前保持理性和正义，秉持育人为先的教育立场。

三、立德传人与立言传世

退休的老教师中隐藏着丰富的研修资源，他们也乐意为后来者做些传帮带的工作，以亲身经历与体悟重塑教师的价值观、人生观，做点立德传人和立言传世的好事，既愉悦了自己，也给他人带来一些正能量。

1 立德传人

我周围的那些老年朋友以立德传人的事迹实在太多了。2017 年，我特别邀请了 77 岁的杨德广教授来我工作室为青年教师讲课，谈谈他的人生观、价值观，谈谈他退休以后做慈善的故事。杨教授满面红光，声音洪亮，两个小时的讲课，看不出一点儿劳累。或许行善事者都有一颗年轻的心，所以不觉老。学员们感动于他卖一套房筹集资金到西部地区给学生提供营养午餐、植树治荒的善举，当场纷纷表示要和杨教授建立微信联系，还询问可否也参与捐资助学的善举，杨教授一一予以回答。

杨教授这样的人为数不多。更多退休的老年人是助子女教育孙辈，帮助接送孩子上下学，通过言传身教告诉后辈该怎样为人父母，该怎样教育孩子，这也是立德传人的真实写照。

2 立言传世

因为去了一次英国，我对历史上英国的昔日辉煌有了新认识，对那片土地上曾经留下的思想、学说、技术、军事有了近距离的接触，从而产生了一些新认识。导游说英国的一切都是私人的，看来我们对"私有财产神圣不可侵犯"的概念需要有更为全面的认识。特别是那些思想家的学说，对历史的发展所起到的作用足以引起我们的重视。

之前看到报道说，北京大学的钱理群教授卖了房后到郊区一所老年公寓安顿下来，准备一门心思读书写作。我读过钱教授的好多书，觉得以他的学识和学养，今后应该会有新的传世之作问世。

　　自由的思想需要有思想的自由做依托，需要有做学问的时间和空间。退休在家的人少了文山会海，少了种种束缚，尽可走出国门看世界，走进民间做调研，把学问建立在中国的大地上。

　　人到一定年龄，阅历丰富更易于思考和反思，离开了复杂的人际关系，把思考建立在与自身利益相对"隔离"的基础上，会更加客观、更加务实。

四、有悲悯情怀的教育研究

　　《有悲悯情怀的教育研究》是我为同事王丽琴老师的著作《被遗忘的烛光——"城中村"教师生存实录》写的序。这本书在 2016 年 3 月由上海三联书店出版。她的这项研究成果被评为 2021 年上海市教育科研成果一等奖。上海市教科院普教所的老领导潘国青先生参加了评审工作，一次见面时，他表示这篇序写得很好，提升了这项成果的品位。

　　我看过质量上乘的序言，也读过泛泛而谈的序言。私以为，撰写书稿的序言，考验了执笔人的能力素养和学术品位。因为撰写序言前，执笔人需要认真阅读书稿，对作者有深入的了解和理解，对书稿需要做一点评析，提炼和升华书稿的价值。

有悲悯情怀的教育研究

　　这是一本有悲悯情怀的教育人写的书，一本可以触及人心底那一块柔软处的书。

　　民办农民工子女学校是改革开放年代的新事物，是城市化进程中农村与城市相反走向的产物。我想，既是时代的产物，也会随着时代的发展而消亡。那么，王丽琴等这一群教育人研究民办农民工子女学校的教师，它的意义何在呢？

人过留痕，雁过留声，一段人为因素大于自然因素而出现的历史，不可避免地会在人们的心中留下刻痕，就应该有人去研究它，在洞悉和体察的同时，留下文字供后人阅读，留下真实史料供后继者研究。历史不能忘记，"忘记历史就意味着背叛"，更何况民工潮涉及的人数之多、时间之长在历史上是空前的。

民办农民工子女学校的教师也如曾经在历史上发挥了极大作用的民办教师、代课教师一样，在特殊的年代里，为了孩子，为了民族的生存繁衍，做出了富有成效的贡献。如果那一段历史少了民办教师和代课教师，后续的历史或许就不是这样的。同理，民办农民工子女学校教师的作用或许也会因时间的推移而凸显出来。

我曾经看到一所农村学校举办60年校庆，因为没有功成名就的诸如院士、部长、著名的什么家什么家而生出遗憾、感慨万千。我说，一所学校育一方人，哪怕这所学校只是把附近村落、社区的子弟教育成为一个正常人，不再蒙昧无知，长大后从事普通工作，成为一个自食其力的劳动者，学校的作用就已经显示，教师的作用就已经显现，何必为此伤感！

如今教育研究铺天盖地到处都是。我看教育研究，可以分为两种：一种是"锦上添花"的研究，一种是"雪中送炭"的研究。对民办农民工子女学校教师的研究当属后者。农民工子女学校教师是社会中的弱势群体，研究他们的存在方式、发展诉求，社会如何给予支持，是不太会得到好大喜功者的青睐的。如果有一批研究项目让你挑选，大概很多人会选择"锦上添花"而遗弃"雪中送炭"。

王丽琴老师因为一个偶然的机会走进民办农民工子女学校。而后，她把民办农民工子女学校教师的培训做得有板有眼，一点儿都不含糊。她得到了广大民办农民工子女学校教师的爱戴。人心皆同，哪个人对自己真好，哪个人只是在嘴上敷衍，教师心里最明白。谁好谁歹，不是自我吹嘘、写在文章里就可以蒙混的。

我读过王丽琴老师写她出生地和从小学开始念书的"个人史"，以及后来读大学、研究生的经历，能够体会到一个农家孩子求学的不易。特别是在她家庭发生剧变后，家境急转直下。这样的人生经历给予了她阅历经验。这些阅历经验,给她的人生涂上了一道底色。这道底色与她的悲悯情怀有密切的关系。有道是,人吃下去什么就变成了什么。

　　研究是需要讲究方法的。本书主体是调查研究,涉及的方法有问卷调查、访谈、观察。刘良华教授的著作《教育研究方法(第2版)》指出,经典的调查研究就是问卷法、访谈法、观察法。在真实的研究中,调查者一般混合使用质的研究和量的研究,但常用的方法仍然是问卷法、访谈法和观察法这三种经典的方法。以此考察本研究的方法,既有质的研究方法的运用,对28位民工教师的访谈就是;又有量的研究方法的运用,对民工教师的问卷调查就是。对比问卷调查与访谈调查,王丽琴老师更看重28位教师个案的访谈。我深为赞同。

　　日本佐藤学教授对研究有过"飞鸟之眼""蜻蜓之眼"和"蚂蚁之眼"的比喻——"飞鸟之眼:高瞻远瞩却捕光掠影""蜻蜓之眼:视角下移却蜻蜓点水""蚂蚁之眼:所见有限却精确细致"。佐藤学教授显然赞赏"蚂蚁之眼"的精确细致,所以能够坚持到学校的课堂里研究教育。

　　读本书中的问卷调查报告,显然也是王丽琴老师做研究的一种视角,有问卷,有统计,有分析。但是这种问卷统计与分析,是否存在受到质疑的情况,值得我们深思。"他们与被调查者并没有真正见过面,也没有去过对方工作的环境,也不了解其真实想法。研究者根据多数人的问卷作答情况进行数量化分析,每一所学校、每一个教师都不过是这个调研中一个微不足道的小小数字而已。"

　　我很欣赏"蚂蚁之眼",对走进学校走近教师做现场的观察和访谈,深为赞同。"蚂蚁虽小,却有着自己特有的优势。看似最不起眼的它们,却是最为亲近泥土、亲近自然的……它们对大地的熟知程度远远高于飞鸟和蜻蜓,它们用自己的行动改变着土地的样貌和性质,它们的家就在这里,它们才是这片土地真正的主宰。"这也是我对访谈调查、观察调查赞赏的理由。

　　不是说问卷调查不好。在专家看来,调查问卷设计的高水平是"情景设计、价值中立、两难选择"。这需要花费研究者很多精力,甚至需要做预调查以修改完善调查问卷的设计。三种调查——观察、访谈和问卷做得好,可以起到对证据进行"互证"的作用,使研究搜集的证据更有说服力。本研究是一个团队,所以怎样使个人做的调查与他人的调查形成互证关系,也是值得推敲的地方。

常常读到这样的话,在做调查研究时,调查者需要"价值中立"。初读觉得很有道理,仔细想想却很难做到。陈向明教授做辍学生的调查时,如果没有对辍学生的同情心,只是以一个研究者去做调查,结果可能会与我们今天读到的报告不同。这里涉及的问题是,调查报告以数据资料说话,而不是陈向明教授批评的那种所谓研究:"由于定量研究不重视研究者以及研究者和被研究者之间的关系对研究的影响,我们从这类报告中看不到研究者的身影以及他们对自己行为的反省,因此也就无从判断研究的可靠性。""对辍学现象的研究多停留在思考和呼吁层次,没有对辍学的具体情况和过程进行探讨。"①

王丽琴和她的团队的调查研究,作为一个学者,需要尽力做到"价值中立",这个价值中立不是以情感代替理智,从感情出发先入为主谈研究结论,而是努力还原民办农民工子女学校教师的真实现场,以真实——还原真相、得出真知、追求真理为旨归。

在我和她的接触中,我知道她在为民办农民工子女学校教师争取培训机会中做了不少努力。每年暑期,在由崔永元的基金会和华东师范大学等单位发起组织的"爱飞翔·乡村教师培训"(上海)项目中,她都以自己的言说和行动争取到 10~20 个名额,持续五年,已有 60 多位民办农民工子女学校教师参训并结业。有一年,她与我说起能否请民盟的企业家赞助民办农民工子女学校教师一些参训的资金,她知道我们民盟中有愿意献爱心的好人。这群教师受助于民盟企业家的赞助而得以成行,我们都很欣慰。这一切,如果不是对民办农民工子女学校教师有着强烈的悲悯情怀,我觉得是很难做到的。

心中想着教师,才能把自己的喜怒哀乐与他们紧紧相连。这是"志愿精神"的体现,更是有正义感、有良知的知识分子的本分和情操。

---

① 陈向明.王小刚为什么不上学了——一位辍学生的个案调查[J].教育研究与实验,1996(1):35–45.

五、在研究中找回"真我"

教师参与研究,对教师自己而言,到底意味着什么,答案见仁见智。曾经有"反思说""分享说",也有"成长说"。对这些答案,我都认同。但是,我以为思辨需要延伸,寻根问底需要深入。今天,我想加上一说,叫作"找回自我说"。

在研究中找回真实的自我

教师话语权的失落

今天,在教育的话语世界里,我们广大的一线教师已经严重"失语"了。

何谓失语?翻开报纸、杂志,看看就知道,那里没有多少是我们教师的话语。参加大会、小会,听听就知道话语权在何人之手!

需要指出的是,教育世界的话语权已经被许多大而失当、空而抽象、以权说话的话语占据了。普通教师的话语,在强势强权面前,声音越来越微弱,已经少有挤入正规传播渠道的生存空间。

在这样的话语世界里,我们心有不甘,曾经抗争过,然而终究无功而返。在无力改变的残酷事实面前,我们消极吸取"经验",由抗争转入顺从,已经被迫习惯了这种不正常的状态,已经甘于失语。"我们麻木了!"

更为遗憾的是,一旦我们获得了表达自己话语的机会,我们又不知道该怎样说话了,强势话语压制了我们的灵动,而模仿和抄袭磨掉了我们的锐气。"我们的个性不见了!"

教育世界缺少了一线教师那里生长出的鲜活、灵动的话语,是教育话语世界的"生态"失衡。

教育的主体当是教师，主体"无言"，实属不正常。我真想大喊一声："主体缺位"何时休！

由失语，导致我们教师被忽视，被边缘化。

我的学生，一名优秀的初中语文教师、模范班主任小丁告诉我："其实，重要的不在于钱。"教师普遍觉得身心疲惫，压力太大。小丁说："我从早晨7点到校，忙到下午5点离校，没有停息，也不知道在忙些什么，我成了工作的机器。"说到面临职称评定，要考外语、计算机，要完成教育论文，这成了她前进路上的三只"拦路虎"。她坦言："一个班级56个孩子，两个班的语文教学，我哪敢怠慢，哪有时间去读书复习？！"

与话语霸权紧密相连的是教师中弥漫着职业倦怠，而且越来越严重。千万不要简单地责怪我们的老师，那是表象。深层次拷问时，必须看到制度和机制掺杂的混合作用，导致了职业倦怠的严重后果。快乐、成功、幸福感已经离教师渐行渐远，职业不倦怠才怪呢！

为了消解职业倦怠，我们使用了许多外力，包括"大培训"、"育德能力"、人事制度改革、绩效考核等。虽层层加码，但收效甚微。即使能有一点效果，但成本昂贵。为什么？

认识教师的两种话语

教育世界存在着两种话语：一是日常性话语，二是创新性话语。教师就生活在这两种话语世界中。日常话语是朴实的、不断重复的，创新话语是抽象的、带有独特性的。

经验以日常话语承载，是日积月累的结果。教师工作需要经验的积累，所以有经验的教师可以成为青年教师的师父。青年教师没有在讲台上摸爬滚打，单靠大学里学的书本知识，是难以成为优秀教师的。

青年教师在老教师的带领下，成长就会加速。这就是经验的作用。问题是，过分夸大经验的作用，过分依赖经验而忽视创新话语对我们成长的作用，我们会走入一味依靠经验的窄路。

创新性话语来自何处？研究是创新话语积累的过程。

因为研究，我们必须学习，阅读文献，阅读理论书籍，我们增添了理论话语。因为研究，我们需要对问题进行剖析，我们增添了问题意识和洞察问题的能力。因为研究，我们需要暂时离开我们熟悉的日常性话语世界，走进创新性话语世界，用带有创新的语言表述我们的看法与观点、方法与策略，我们又增加了思辨的能力。

在两种话语间"穿梭"

日常生活的失衡，内心的失落，需要用"心"来治。在习以为常的教育生活中，添加一些"调节剂"，给疲惫的身心减减压，添加一点新鲜和光亮，很有必要。我们怀着期盼在苦苦寻觅。

我们是否需要转换角度思考问题，把研究变成教师的自觉努力，变成教师生活的"常态"？

我们需要充分认识研究的乐趣，重视研究对职业倦怠的"疗效"，用研究让教师换一种愉快的生活。

教师的生活原本是由自己做选择，现在已被严重扭曲。教师对课堂教学的选择变成了种种规范的框定，他们失去了工作的"自由"，成了规矩的"奴隶"。有道是，熟悉的地方没有风景，改变我们的实践，你将置身于别样的境地，那里，也许会风光无限。教师也需要张扬性格，变换生活，在陌生中寻找新鲜和刺激，在陌生的地方寻找美感，感受到美的享受，发展自己的情感世界，充实生活。这陌生的地方，包含研究的新天地、新视角、新思考，包括教师的话语转换。

通过研究，让我们进入创新性话语世界，以此在日常性话语和创新性话语之间形成一种适度的张力，有助于消解职业倦怠。在研究中寻找真实的"自我"，是我们推进教师研究的又一目标和崇高理想。

我之所以极力推进教师的研究，积极开展案例研究、课例研究、经验总结、课题研究，还有写教育随笔、做教育叙事研究，是因为研究对教师而言，的确很有成效。我自己亲手做过各种方法的研究，也教给教师们各种研究方法，这些所作所为，是基于我对反思的追求，基于我对分享的器重，基于我对成长的向往。更重要的是，我希望在研究中，教师能找回真实的自我，不要迷失，也不要失落。

充分关注在研究中找回自信、追求崇高、找到幸福、找回曾经失落的自我，用研究重拾教育话语权，那样，研究才能成为我们心中永远的追求。我们离教育研究的本真也就又近了一步。

六、净化心灵

改革开放，举世瞩目；教育改革，前程似锦。开放带来了价值多元，既生机勃勃，又有观念冲撞，迷乱了我们的视线。我们的教育也身陷囹圄，不可避免地染上其新其变，其痛其难。

教师置于此情此景，身不由己，各种价值观扑面而来，有清晰也有迷茫，还没有等你想清楚，人已经被熏得脚步踉跄，着实考验定力。

改革的利益十分诱人。有时候，信手可拈，得来不花一丝气力；有时候，再怎样努力付出，总有一堵无形的墙横隔在那儿，任凭冲锋陷阵，也是空手而归。既如此，人心灵的宁静与否、心念的纯化与否就十分重要了。

在教育科研名师工作室，我首先关注教育技术，关注研究技巧，因为技术是不可缺少的。为此，我开设了"记录身边的故事——从写教育案例开始""聚焦课堂教学——课例研究辨高下""经验需要提炼——总结经验基于思辨"的讲座，旨在把教师引上研究之路。

但是，基于对教师成长的认识，我更注重学员的心灵建设，这样做，旨在让清醒者、混沌者多些思想，多些自净的能力。

净化心灵，说起来容易，做起来却很难。净化不是靠说教就能实现的。凡说教，往往只有近期效应和外观亮色。我依靠优秀者的示范，请了作家何羽讲述《热血·厚土：温州民营企业家与凉州作家的对话》背后的故事，让周星增、雪漠、何羽的人生哲学渗入学员心田，重建人生理想，净化学员的心灵；请了南京市行知小学校长杨瑞清讲"走在行知路上"的故事，以行知人的执著追求重建学员的人生追求；请了特级教师郭德峰，讲述老科研工作者的德与行，净化学员的德行思辨。

南京的梅园新村留下了我们学习先辈的足迹，依靠学员自己的感悟，以使自己的步伐踏实有力。网络博文是我们学习的园地，这里有不曾会面的新老朋友，一组署名"随火车远行"的文章，让我们掩卷沉思。

学习、思考、行动的成果，需要用文字来固着，不仅"自悟"，还可以"悟他"。因此，工作室极力提倡写作，即使工作、学习再累，也要不忘笔耕。学员的好文章挂在工作室的网页上，以便交流。而工作室的文集《言为心声》《学研行思录》等辑录的文章，就是我们在学习路上的行与思的记录。

我们追求"言为心声，志在求真"。言为心声，是我们对言不由衷的反拨；志在求真，是我们对虚话伪行的修正。尽管这种努力对于大环境而言，显得那么微弱，但是，就我们自身来说，却是一次次努力求索的过程。我们认为，能量的集聚需要从小到大，从微弱到刚强，其路是一步一步走出来的。

工作室把读书、交友、写文章作为宗旨，既适合学员的实际需要，也有助于他们走进研究。我期盼的是，学员能不断地思考教育，思考人生，在改变自己的同时，也改变学生的精神世界。

每一次看到学员的好文章，我会从心底涌出一股喜悦之情。修改润色，不觉疲劳，这些事大都是在晚上做的。网络为我们提供了方便和快捷，使交流沟通的心语更为亲近。他们在工作室学习期间的撰写颇丰，收录到文集里的只是其中的一部分。有些练笔，学员暂时还不愿公布，只想对"自己"说，我尊重他们的意愿。应该说，文章还显稚嫩，观点也不尽正确，需要进一步修改提炼。但是我们可以说的是，言语一定是发自内心，观点也一定是来自我们学习和思考的灵动与睿智。

展望未来，我们信心倍增，豪情满怀。改变教师，就是改变教育的未来！

后 记

教师在研究中成长，研究与进修是一枚硬币的两面，合而为一不可分。我的《走向实证——给教师的教科研建议》已经出版，回看书稿时感到有些话还没有说透，有些话还没有说到，于是萌生了再撰写一本姐妹篇书的想法。

本书阐述了教师校本研修的目的、路径、方法和境界，分八章例述，简称"八条主张"。书中有研修目的——改善心智模式，有研修路径——好实践长出新观念、何以走向日常化、建立自己的山峰，有研修方法——培苗先培根、用观察打开课堂"黑箱"、用调查搜集证据，还有研修境界——心灵世界的宽广。

涉及的观点和例证系我主持工作室或校本研修班培养骨干教师的经验总结。其中有的内容已经写成文章公开发表，有的内容尚未发表。这些主张来自我的实践研究和实践创新，是我在工作和研究中的思考与反思的结果。

校本研修需要做在根基上，用价值观和人生追求作为培育的根本。站在今天的门槛看研修，培育学生的核心素养成为教育的追求。同理，教师也需要通过修炼融会贯通于核心素养。

2022年，教育中的一件大事是新课标的推出和核心素养教育的提出。怎样使新课标中的核心素养教育真正落地，是一件有待教育同仁齐心协力为之的大事。在与教师朋友接触和交往中，我深感校本研修的重要。这是打通教改最后"一公里"的重要通道。

我感到教育这辆车上有两个"车轮"，一个"车轮"叫作理论研究、应然研究、飞鸟之眼；一个"车轮"叫作实践研究、实然研究、蚂蚁之眼。这两个"车轮"的直径必须同样大小，才能推动车子进行向前的直线运动。如果两个"车轮"有大有小，运动的轨迹就不是前进，而是原地打转，成了转圈的运动。兜兜转转好长时间，下车仔细一看，还是在原地，几乎没有多少前进。

我们需要把那个小的"车轮"做大，做到直径与另一个"车轮"同样大小。这是很重要的事情。我撰写《走向实证——给教师的教科研建议》一书，就是试图把小的"车轮"做大，以蚂蚁之眼做实践研究的方法论和学理归纳，促进实践研究的"车轮"变大。《走向实证——给教师的教科研建议》有幸被《中国教育报》评为"2022年教师喜欢的100本书"的前十名。而这本《校本研修的八条主张》还是承袭"走向有理论视角的情景性本土化实证研究"的思想，把焦点集中到校本研修上来，争取对教育现场正在发生的教育细节的研究有所创新和建树，扭转教师跟着专家做宏观研究、中观研究，结果是吃力不讨好的误识盲动。

新课标落地需要两次转化。政策、理论、实践，三者构成一种什么关系呢？新课标推出，有了政策性概念。政策性概念不是学术性概念，更不是实践性概念。第一步，需要把政策性概念变成学术性概念。这是学术界要做的事情。学术界对新课标的讨论、言说，就是在完成这项工作。学术界的言说包括撰写文章发表，即通过思辨、逻辑推理把政策性概念转化成学术性概念。学术性概念还没有经过实践的检验，只是一种"假说""假设"，需要实践的验证。第二步，需要把学术性概念转化成实践性概念。这一步通过理论与实践的融通完成转化，形成实践性概念。实践性概念的话语系统与教育实际比较接近，容易被广大教师所接受，达到交流与传播。这对新课标的落地起到至关重要的作用。

学术性概念需要实践的检验。没有经过实践检验的学术性概念，还不能看作是真理。因为实践是检验真理的唯一标准。由此看来，教师要了解政策性概念、理解学术性概念、创造实践性概念。

来自我国台湾地区的林文生校长认为："课程语言都是飘浮的，很难复制到实践现场，理论性很强，很多的隐喻。没有人愿意在实践现场去花时间，转化成实践的语言。因为这跟学术升等没有关系。""这几年来一直在改变老师思维心智工具，从理论理解到实践性理解，然后变成他们的素养。"（林文生，《从课程语言的转换谈学习共同体实践》，载"学习共同体"公微号，2018年7月17日）。

本书从《走向实证——给教师的教科研建议》中得到启发，真实可信的教育案例起到中介作用，对实现学术性概念转化为实践性概念有举足轻重的作用。据此，本书还是以案例引出方法论，从案例归纳学理，旨在让教师完成自身学术素养的修炼，成为一个"教育学术人"。

撰写本书的目的在于把个人有限的经验与理论思辨坦陈给教师，期望给教师个人研修和校本研修提供一种样例作为参考，给教育大厦添砖加瓦。

书中引用了专家的理论话语，也吸收了教师的实践经验。从文献研究角度看，既吸收了一次文献的精华，也把零次文献纳入教育文献研究的范畴。把零次文献纳入研究范畴，私以为大大拓展了教育研究的视野，对解决中国本土问题有极为重要的意义。"理论联系实际"是一句耳熟能详的话语，把理论研究指向实践场域才能解决各种复杂的、不确定性的教育问题，也避免了"研究空转"的偏向。

我在此对所引用的理论话语的专家和实践经验案例的教师，一并表示感谢！本书得到了华东师范大学出版社北京分社的各位编辑老师的指导和帮助，再次致谢！